AF720207

Kontaktadresse nach EU-Produktsicherheitsverordnung:
produktsicherheit@fischerverlage.de

»Ich hatte erwartet, dass sich die magischen Praktiken über die Weite des afrikanischen Kontinents stark unterscheiden würden. Aber das taten sie nicht. Das zu erleben, eine Idee dieser ungebrochenen Kraft zu bekommen war eine Erfahrung, die mich zurückführte zu den Anfängen der Dinge. Zu diesen Anfängen vorzustoßen war das Ziel meines Buches.« *V. S. Naipaul*

Auf der Suche nach den Anfängen bereist V. S. Naipaul 2008 und 2009 sechs Länder Afrikas – Uganda, Ghana, Nigeria, die Elfenbeinküste, Gabun und Südafrika. Hier besucht er heilige Stätten, trifft auf Medizinmänner und Stammesoberhäupter, auf Gläubige verschiedener, mitunter mehrerer Religionen. Die Frage stellt sich, warum einerseits die fremden Religionen Islam und Christentum einen solchen Siegeszug antreten konnten und andererseits traditionelle magische Praktiken nach wie vor reale Macht besitzen. Naipaul selbst zeigt sich auf dieser Reise als Zweifelnder, den die Zerrissenheit von Menschen und Ländern verstört und dem sich letzte Antworten entziehen.

»In seinen groß angelegten und lustvoll erzählten Reiseberichten breitet Naipul aus, was er von der Welt erfahren hat – immer nah an der Gegenwart, immer ein leidenschaftlicher Zeitzeuge.« *Urs Jenny, Der Spiegel*

V. S. Naipaul wurde 1932 in Trinidad geboren. 1950 ging er mit einem Stipendium nach England. Nach vier Jahren Studium in Oxford widmete er sich ganz seiner schriftstellerischen Tätigkeit. Es erschienen über zwanzig Romane und Sachbücher, darunter ›Ein Haus für Mr. Biswas‹, ›An der Biegung des großen Flusses‹ und ›Das Rätsel der Ankunft‹. Für seine Werke wurde V. S. Naipaul mit zahlreichen Preisen ausgezeichnet, u. a. dem Booker Prize. 2001 erhielt er den Nobelpreis für Literatur. V. S. Naipaul starb am 18. August 2018 in London.

Anette Grube, geboren 1954, lebt in Berlin. Sie ist die Übersetzerin von Arundhati Roy, Vikram Seth, Chimamanda Ngozi Adichie, Mordecai Richler, Kate Atkinson, Monica Ali, Manil Suri, Richard Yates u. a.

V. S. Naipaul

AFRIKANISCHES MASKENSPIEL

Einblicke in die Religionen Afrikas

Aus dem Englischen
von Anette Grube

S. FISCHER

2. Auflage

Die Originalausgabe erschien 2010
unter dem Titel ›The Masque of Africa. Glimpses of African Belief‹
im Verlag Picador, London

Druck und Bindung: BoD – Books on Demand GmbH,
Norderstedt, Germany
ISBN 978-3-596-37071-9

Für das A-Team
N. S., G. C. G., L. F. de R., Ev. de R., T. T., P. E., D. P. J.
und Andrew Wylie

INHALT

EINS

DAS GRAB IN KASUBI

1

1966 verbrachte ich acht, neun Monate in Ostafrika. Einen Monat in Tansania, ungefähr sechs Wochen im Hochland von Kenia, den Rest der Zeit in Uganda. Ein paar Jahre darauf fand eine Version von Uganda Eingang in einen Roman; das kann man sich nur erlauben, wenn man glaubt, eine angemessene Vorstellung von einem Ort zu haben oder eine für den eigenen Bedarf ausreichende Vorstellung. Zweiundvierzig Jahre nach diesem ersten Besuch kehrte ich nach Uganda zurück. Ich hoffte, dort dieses Buch über die Natur des Glaubens in Afrika zu beginnen, und glaubte, mich dem Thema am besten in einem Land nähern zu können, das ich halbwegs kannte. Doch das Land entzog sich mir.

1966 war ich als Schriftsteller von der Makerere-Universität in Kampala, der Hauptstadt, eingeladen worden. Ich wohnte in einem kleinen grauen Bungalow auf dem Campus, der weitläufig, offen und gepflegt war; die Wege waren asphaltiert und mit Randsteinen eingefasst, an den vergitterten Eingängen standen Wachen. Mein Stipendium (von einer amerikanischen Stiftung) reichte aus, um mir einen Fahrer und einen Koch leisten zu können. Meine Pflichten waren nicht sehr deutlich formuliert, und ich lebte mehr oder weniger für mich selbst, vertieft in ein Buch, das ich mitgebracht hatte, arbeitete jeden Tag konzentriert daran und beachtete Afrika und die Studenten in Makerere weniger, als ich es hätte tun sollen. Wenn ich mich von der Arbeit am Buch und vom Campus erholen wollte, ließ ich mich die fünfundzwanzig Kilometer nach Entebbe fahren, wo der Flughafen war und sich am Ufer des Victoriasees, des größten Sees Afrikas, (wie in anderen britischen Kolonialstädten) ein botanischer Garten befand, in dem es sich angenehm spazieren gehen ließ. Manchmal war der Garten in Teilen überflutet vom Wasser des Sees, das durch den Boden quoll (eine Erinnerung an die Wildnis, die uns umgab, vor der wir jedoch geschützt waren).

Die Fahrt von Kampala nach Entebbe führte über Land; das machte 1966 unter anderem ihre Erholsamkeit aus. Jetzt war es anders. Während des Landeanflugs sah ich unter den schweren grauen Wolken der Regenzeit, wie Entebbe um mehr als nur ein paar Dörfer oder Siedlungen gewachsen war, und ich begriff, dass das Buschland in einer einst unbedeutenden Gegend einer kleinen Kolonie zu wertvollem Bauland geworden war. Die glänzenden neuen Wellblechdächer erweckten den Eindruck, dass dort unten trotz der schrecklichen jüngsten Vergangenheit – vierzig Jahre so schrecklich wie fast überall in Afrika: eine mörderische Tyrannei gefolgt von einem großen Krieg und mehreren kleinen Kriegen – jetzt das Geld in Strömen floss.

Die Fahrt in die Hauptstadt führte nicht länger über Land. Nachdem wir die Verwaltungs- und Wohngebäude des kolonialen Entebbe, die es irgendwie immer noch gab (gut erhaltene rote Wellblechdächer und weiß gestrichene seitliche Dachabschlüsse), hinter uns gelassen hatten, fuhren wir durch ein chaotisches halburbanes Gebiet. Viele billig gebaute Gebäude (Lebensmittelläden, Autowerkstätten, Wohnungen) schienen nur darauf zu warten, wieder eingerissen zu werden, und in der Zwischenzeit sah eins wie das andere aus, die Mauern bunt bemalt mit Werbung für Handys.

So war es auf dem ganzen Weg bis in die Hauptstadt. Nirgendwo waren unterwegs die Stadt und die grünen Hügel zu sehen, für die Kampala früher so berühmt gewesen war. Alle Hügel waren jetzt bebaut; und viele Flächen zwischen den Hügeln, die Senken, waren dem Anschein nach bedeckt mit dem ubiquitären alten Wellblech der Armensiedlungen. Doch mit den Hütten waren Geld und Autos gekommen und für Leute, die nicht genug Geld hatten, die *boda-bodas*, die Fahr- und Motorräder, die für eine kleine Summe eine rasche Soziusfahrt durch den stehenden Verkehr ermöglichten, eine Soziusfahrt, die zu Kolonialzeiten womöglich gesetzwidrig gewesen wäre. Die Straßen waren dem Verkehr nicht gewachsen; selbst jetzt während der Regenzeit waren sie staubig, übersät mit tiefen Schlaglöchern, die durch den Asphalt bis in die fruchtbare rote Erde Ugandas reichten. Ich erkannte dieses Kampala nicht wieder, und sogar zu diesem frühen Zeitpunkt meiner Reise schien mir, als wäre ich an einem Ort, an dem sich eine Katastrophe ereignet hätte.

Später informierte ich mich über die Bevölkerungszahlen. Sie erzählten die Geschichte. 1966 lebten ungefähr fünf Millionen Menschen in Uganda. Trotz der Herrschaft Idi Amins zwischen 1971 und 1979 (der schätzungsweise einhundertfünfzigtausend zum Opfer fielen) und der vergleichbaren Herrschaft des barbarischen Milton Obote zwischen 1981 und 1985, dem es gefiel, wenn sich sein Haar vom Scheitel aus auftürmte auf Art des hier sogenannten englischen Stils, trotz dieser beiden und all den folgenden kleinen Kriegen, die auch nach vierzig Jahren noch andauern (eineinhalb Millionen sind im Norden angeblich vertrieben worden), und trotz der Aidsepidemie leben heute zwischen dreißig und vierunddreißig Millionen Menschen in Uganda. Als würde sich die Natur wider alle Logik selbst übertreffen und den Blutverlust Ugandas wiedergutmachen und nicht zulassen wollen, dass das kleine Land und seine großen Leiden untergingen.

Auf jedem Hügel stand eine Moschee oder Kirche, und überall sonst befanden sich ebenfalls größere ekklesiastische Gebäude. Alle christlichen Konfessionen waren vertreten. Und in den zu dicht bebauten ärmeren Gegenden standen schlichtere Hütten der »wiedergeborenen« Christen, manchmal mit phantasievollen Namen auf riesigen Schildern: Als wäre Religion ein Geschäft, das ein verzweifeltes Verbraucherbedürfnis in all seinen Varianten erfüllte. Moscheen der unterschiedlichen Denominationen wetteiferten miteinander: Sunniten, Schiiten, Ismaeliten; die ismaelitische Gemeinde, die manchen als häretisch gilt, war mächtig in Ostafrika. Es gab sogar eine Moschee und eine Schule der Ahmadiyya-Sekte, die einen im neunzehnten Jahrhundert in Indien geborenen Propheten des Islam verehrt und nicht von allen Muslimen anerkannt wird. Um die Mischung noch bunter zu machen, sollte sich in ein paar Tagen der libysche Revolutionsführer Gaddafi einstellen, schick gekleidet, mit dunkler Brille und mit seiner berühmten weiblichen Leibgarde (zusätzlich zu seinen zweihundert Sicherheitsmännern), um eine riesige libysche Moschee auf einem markanten Hügel im alten Kampala zu eröffnen. Im Geschäftsbezirk der Stadt standen in der Nähe der indischen Firmen zwei relativ neue indische Tempel aus Stein. Nach ihrer Vertreibung unter Idi Amin hatte man die Inder wieder ins Land gebeten, und sie waren zu einem zweifelhaften Willkommen zurückgekehrt:

Eine Lokalzeitung fragte, ob sie zweimal Kompensationszahlungen erhalten hätten, und bat ihre Leser, Kommentare abzugeben. Rote Flaggen flatterten auf den Tempeln, um zu signalisieren, dass sie genutzt wurden.

Bis in die vierziger Jahre des neunzehnten Jahrhunderts war Uganda isoliert, lebte mit sich selbst. Dann kamen arabische Händler aus dem Osten. Sie wollten Sklaven und Elfenbein; als Gegenleistung brachten sie billige Gewehre und Dinge mit, die de facto Spielzeug waren. Der Kabaka Sunna, bekannt für seine große Grausamkeit, hieß die Araber willkommen. Er mochte ihr Spielzeug. Vor allem mochte er die Spiegel; nie zuvor hatte er sein Gesicht gesehen und bekam nicht genug davon. Sunnas Sohn und Nachfolger Mutesa lernte 1861/2 den Forscher John Hanning Speke kennen, der bald darauf die Quelle des Nils entdecken sollte, nahm ihn auf, unterhielt und frustrierte ihn ein paar Monate lang.

Mutesa war erst fünfundzwanzig, fast genauso grausam wie sein Vater, doch gleichzeitig aufgeschlossen, ein intuitiver und intelligenter Mann. Er mochte die Gewehre, die er von Speke bekam; er mochte den Kompass und die anderen Instrumente, die er Speke benutzen sah. Mutesas Volk der Baganda mit seinem Geschick für soziale Organisation, seiner militärischen Disziplin und seinem komplexen höfischen Zeremoniell, das sich über Jahrhunderte entwickelt hatte, war hoch zivilisiert. Die Baganda bauten Straßen, die so gerade waren wie die Straßen der Römer; sie hatten ein gut entwickeltes System der Abfallentsorgung; sie verfügten über eine Flotte auf dem Victoriasee mit einem Admiral und eigenen Marinetechniken, und sie waren zu Invasionen von Busoga am anderen Ufer des Nils in der Lage. Sie bearbeiteten Eisen und stellten ihre eigenen Speere und Messer her; sie wussten, wie man aus Baumrinde Stoffe machte, und sie bauten wunderschöne Strohhäuser – mit so ordentlich gestutzten Dächern, als hätte ein Londoner Schneider sie getrimmt, dachte Speke. Wohlwissend, dass sein Volk zu all diesen Dingen in der Lage war, kam Mutesa scharfsinnigerweise zu dem Schluss, dass der wahre Unterschied zwischen ihm und Speke, der durch und durch ein viktorianischer Christ und immer bereit war, den Heiden zu predigen, ein philosophischer und religiöser sein musste. Mutesa wandte sich gegen den Islam, den er in Teilen angenommen hatte; er bezichtigte die Araber der Lüge; und dreizehn Jahre später, als er den Forscher H. M. Stanley traf, bat er ihn um Hilfe, um englische Missionare nach Uganda zu holen.

Die Folgen dieser vor einhundertdreißig Jahren getroffenen Entscheidung waren jetzt in Kampala zu sehen. Den miteinander konkurrierenden ekklesiastischen Gebäuden auf den Hügeln nach zu urteilen, waren diese ausländischen Religionen wie eine eingeführte ansteckende Krankheit. Sie heilten nichts, lieferten keine endgültigen Antworten, machten jeden nervös, fochten falsche Kämpfe aus und verengten den Geist. Und es drängte sich die Frage auf, ob nicht auch Mutesa, könnte er zurückkehren, der Meinung wäre, dass er einen Fehler begangen hatte und Afrika zu einer eigenen, besseren Synthese von Alt und Neu gelangt wäre, hätte man es in dieser Hinsicht sich selbst überlassen.

Warum hatten sich die aus der Fremde importierten Religionen so verheerend auf den afrikanischen Glauben ausgewirkt? Diese Religionen waren theologisch komplex; ich konnte mir nicht vorstellen, dass es einfach gewesen war, bei null anzufangen und sie hier jemandem überzustülpen. Ich fragte Prinz Kassim. Er war ein direkter Nachfahre Mutesas im islamischen Zweig der Familie, der Mutesas früher Halb-Konversion zum Islam entsprang. Der Prinz meinte, dass ich mich täusche. Sowohl das Christentum als auch der Islam hatten aus einem schlichten Grund große Anziehungskraft für afrikanische Völker. Beide boten den Menschen die Vision eines Lebens nach dem Tod. Afrikanische Religionen dagegen waren flüchtiger und hatten nur eine Welt der Geister und Ahnen zu bieten.

2

Ich wollte meinem alten Bungalow einen Besuch abstatten. Ich hatte im Garten einen Tulpenbaum (gekauft im botanischen Garten von Entebbe) gepflanzt mit dem Hintergedanken, dass ich, sollte ich eines Tages aus irgendeinem Grund nach Kampala zurückkehren, nachsehen könnte, wie es dem Baum ergangen war. Doch der Makerere-Campus war nicht wiederzuerkennen. Mir schien, als wäre er zu einem Teil der übervölkerten, staubigen Stadt geworden. Ein Leserbrief in der Zeitung des Inhalts, dass die Zäune der Universität eingerissen und nicht durch neue ersetzt worden waren, bestätigte mein Gefühl. Doch dann erfuhr ich von einem Dozenten, dass trotz des Auf und Abs der Universitätsgeschichte (ein Vizekanzler wurde zu Zeiten Idi Amins umgebracht, andere altgediente Lehrkräfte waren inhaftiert und verprügelt worden) manche Akten, darunter die Unterlagen, wo die Dozenten untergebracht gewesen waren, noch existierten. Darin stand, dass ich 1966 in Kasubi View Nr. 80 gewohnt hatte.

Der Name der Straße kam mir bekannt vor, doch was die

Nummer anbelangte, war ich mir nicht sicher, und als man mich zum Bungalow begleitete, der vollkommen heruntergekommen war, glaubte ich nicht, hier jemals gewohnt zu haben. Vielleicht zeigte man mir das Haus, weil im Garten kurz zuvor ein großer Baum gefällt worden war, von dem nur noch der Stumpf übrig war. Ich wurde zu dem Stumpf geführt, aber weder ich noch irgendjemand in meiner Begleitung wusste, wie der Stumpf eines Tulpenbaums aussah. Die Umgebung passte nicht. Die Erinnerung an meinen Bungalow und den Garten war eine Erinnerung an offenes Gelände. Hier war alles dunkel und geschlossen. Auf der Seite fiel das Gelände ab und endete in einer Müllmoräne.

Auf dem Campus gab es ein Müllproblem; er schien nicht regelmäßig entsorgt zu werden. Auf den Wegen pickten hier und da Marabus mit ihren langen Schnäbeln in aufgerissenen Abfalltüten, ohne sich von den vielen vorbeikommenden Studenten stören zu lassen. (Speke nennt diese Vögel Adjutanten, und mit ihren zusammengefalteten großen Flügeln und ihren langen, dünnen gelben Beinen haben sie tatsächlich etwas von einer offiziellen Erscheinung in einem langen Gehrock, mit hochgezogenen Schultern und abschätzendem Blick.) Diese wunderschönen Vögel waren hier zu Abfallsammlern geworden, und der Müll, von dem sie sich ernährten, schien ihre Gesichter zu verfärben und mit hässlichen, herunterhängenden Geschwüren zu verunstalten. Sie mussten jetzt mit diesen Missbildungen leben, für die die Natur nicht verantwortlich war. Es war ein trauriger Anblick, und auch für die Studenten musste es traurig sein: Sie drängten sich in schimmligen Räumen und Schlafsälen, in denen Leinen voller Wäsche hingen; im Freien lebten sie hilflos im Müll. Ihre Instinkte mussten rebellieren. Speke hatte hundertvierzig Jahre zuvor voller Bewunderung über die Reinlichkeit der Ugander geschrieben.

Es schien, als hätte sich alles gegen die Universität und die Idee des Lernens verschworen. Und wieder erzählten die Zahlen die Geschichte. 1966 gab es ungefähr viertausend Studenten. Jetzt waren es dreißigtausend. Der Hauptweg, der in meiner Erinnerung zu einem vergitterten Eingang führte, ähnelte jetzt einer betriebsamen Geschäftsstraße. Jenseits davon befand sich das übervölkerte Kampala.

Während meines Aufenthalts in Kampala gab es mindestens zwei Morde auf dem Makerere-Campus (von Nichtstudenten an Nichtstudenten). Im ersten Fall wurde ein junger pakistanischer Autoverkäufer von betrügerischen Interessenten, die angeblich eine Probefahrt machen wollten, auf den Campus gelockt. Nichts schien sicherer als das, doch kaum war der Wagen auf den Campus gefahren, wurde der Verkäufer von einem Mann auf dem Rücksitz garottiert und so lange mit einem Messer in den Hals gestochen, bis er tot war. Im zweiten Fall wurde eines frühen Morgens ausgerechnet ein Wachmann ermordet, als er versuchte, einen *boda-boda*-Passagier zu bestehlen.

Kasubi View, wo ich angeblich gewohnt hatte, hatte vor langer Zeit einmal, wenn man von diesem Hügel zu jenem anderen über die Stadt schaute, den Blick auf die Grabstätte von Mutesa I. aus dem Jahr 1884 ermöglicht. Aber dafür war die Stadt jetzt zu dicht bebaut. Ich glaube auch nicht, dass ich 1966 so weit hatte blicken können. Mit meinem Buch beschäftigt, verfolgte ich die aktuelle Situation nur nebenbei im Glauben, dass ich für lokale Veranstaltungen und Besichtigungen noch alle Zeit der Welt hätte, und ich dachte nicht im Traum daran, dass auf den Straßen des friedlichen Kampala

Armeelastwagen fahren könnten. Aus diesem Grund hatte ich Kasubi zu lange aufgeschoben. Ich hatte ein Empfehlungsschreiben für den Kabaka, Sir Frederick Mutesa, alias Mutesa II., schickte es jedoch erst im März ab. Ich erhielt eine höfliche Antwort – erstaunlich unter den Umständen –, aber da war es schon zu spät.

Obote, der Premierminister, hatte die Armee (unter Amin) in den nahezu ungeschützten Palast des Kabaka geschickt. Die meisten Menschen hielten ein solches Sakrileg – Gewalt gegen einen Mann, der mehr war als ein afrikanischer König, der die Seele seines Volkes verkörperte – für ausgeschlossen. Irgendwie gelang dem Kabaka die Flucht. Er fand als Almosenempfänger eine Zuflucht in England – schmerzlich für einen Kabaka – und starb dort drei Jahre später, 1969, im Alter von fünfundvierzig. Noch immer betrauern manche Leute in Uganda diese Tragödie und seinen frühen Tod. (Auch wenn Sunna mit vierzig starb, Mutesa I. mit achtundvierzig.)

Gegen Ende meiner Zeit 1966 in Ostafrika schaute ich mir die Kasubi-Gräber schließlich doch noch an, wo (damals) zwei Kabaka begraben waren. Ich erinnere mich nicht, den Palast des Kabaka gesehen zu haben; vermutlich war er noch nicht allgemein zugänglich. Und ich erinnere mich nur vage an die Grabstätten. Wahrscheinlich war zur Abschreckung dort noch Armee stationiert. Ich blieb nur eine kurze Weile und durfte (glaube ich) nicht hineingehen. Aber was ich in den wenigen Augenblicken sah, habe ich nicht vergessen, und es nahm im Lauf der Jahre etwas zunehmend Magisches an: einen runden, wunderschön proportionierten Strohbau mit einem hohen konischen Dach, größer als alles, was ich bislang an Strohhäusern gesehen hatte, das Stroh sehr fein, die Giebel wunderbar getrimmt: ein afrikanisches Märchenland.

Jetzt hatte ich endlich Gelegenheit, mehr zu sehen.

Kasubi war jetzt UNESCO-Weltkulturerbe. Etwas außerhalb des heiligen Geländes befand sich ein kleines Büro. Wir nahmen uns dort einen Führer, beziehungsweise er nahm sich uns. Kaum hatten wir das Gelände betreten, standen wir vor einem Strohhaus, das als Eingang fungierte. Es war dunkel, mit zwei Reihen hölzerner Säulen, die das Dach stützten. Die Säulen waren eine Überraschung. Ich hatte nicht gewusst, dass Säulen unter der Kuppel aus Stroh ein Kennzeichen dieser Architektur waren. Linkerhand hinter dem Torhaus lag das Trommelhaus. Es stand voller Trommeln. Trommeln waren heilig; jede hatte ihren eigenen Klang, und zu unterschiedlichen Gelegenheiten wurden unterschiedliche Trommeln geschlagen. Doch unser Führer zeigte uns die Trommeln nicht, und obwohl er erklärte, dass er dem Trommlerclan entstammte, der dem Kabaka diente, bot er nicht an, uns etwas vorzutrommeln. Er fügte hinzu, dass die Trommler des Kabaka kastriert wurden, da sie sich ständig in der Nähe des Kabaka aufhielten und höchstwahrscheinlich seine Frauen zu Gesicht bekamen. Das sagte er vor allem, damit es uns schauderte. Er selbst war nicht kastriert.

Vom Torhaus führte ein gepflasterter Weg so gerade wie die Straßen Bugandas durch das helle offene Gelände zum Hauptgebäude und der Dunkelheit seines Eingangs unter dem Dachüberhang, der bis fast auf den Boden reichte. Am Rand des offenen Geländes standen überall kleine Hütten, manche viereckig, andere rund. In diesen Hütten wohnten die Aufseher, die die Anlage pflegten und sich insbesondere um das Feuer im offenen Hof kümmerten, das das Leben des

Kabaka symbolisierte. Warum war der Boden hier so nackt? Wäre eine Wiese nicht angenehmer gewesen? Schlangen waren auf dem nackten Boden besser zu sehen, lautete die Antwort.

Im Inneren der Grabstätte, links vom Eingang und in der plötzlichen Düsternis nicht sofort bemerkbar, saß eine alte Frau auf einer lila gestreiften Bastmatte. Es war eine von vielen Bastmatten gleich am Eingang, die einzigen Farbtupfen in diesem Teil des Grabs. Die alte Frau war in ein langes, blau gemustertes Baumwollkleid gehüllt, ihre Gliedmaßen zuckten hin und wieder, sie war in sich zurückgezogen und sah nichts, so wie es einer Grabwächterin anstand. Sie war eine Frau des toten Kabaka und als solche privilegiert. Falls der Geist des toten Königs sich meldete, was durchaus geschehen konnte, und irgendeinen Wunsch kundtat, war sie für ihn da. Sie hatte den eingefallenen Mund einer alten Frau und war blass vom Leben in der Dunkelheit. Sie hielt einen Monat am Stück Wache und wurde dann von einer anderen, ebenso privilegierten alten Frau abgelöst.

Kabakas starben nicht. Sie verschwanden und gingen in den Wald. Der »Wald« befand sich direkt vor uns im inneren Teil des Grabes, abgeschirmt von einem Rindentuch, das von ganz oben in der Kuppel bis auf den Boden hing wie ein Feuerschutzvorhang im Theater. In dieser Art von Gebäude war es absolut unerlässlich, dass alle Materialien aus heimischer Erde stammten. Nichts durfte importiert werden. Die religiösen Anforderungen ermöglichten so etwas wie Einheit und eine seltsame Schönheit. Die Kuppel wurde von hölzernen Säulen, bearbeiteten Ästen, getragen, die nicht verbargen, was sie waren, und von zweiundzwanzig runden Balken aus fest zusammengebundenen Schilfrohren. Die zweiundzwanzig Balken standen für die zweiundzwanzig Clans von Buganda.

Das Begräbnis eines Kabaka war keine einfache Angelegenheit. Es war bestimmt von Ritualen, die aus der fernen Vergangenheit stammten (fern, da Menschen ohne schriftliche Überlieferung und Bücher sich nicht weiter als bis zu ihren Großeltern oder Urgroßeltern erinnern können). Die Leiche des Königs wurde drei Monate lang über einem schwelenden Feuer getrocknet. Anschließend wurde der Unterkiefer herausgenommen und mit Holzperlen oder Kaurimuscheln verziert; dieser Knochen wurde dann zusammen mit der Nabelschnur, die ebenfalls mit Perlen versehen war, dem Penis und den Testikeln in einem Beutel aus Tierhaut in der Grabstätte vergraben. Der Rest der Leiche, der nichtwesentliche Mensch sozusagen, wurde woanders hingebracht; doch dieser Teil des Rituals blieb obskur. Ich erhielt keine direkte Antwort.

Vor dem Rindentuch, das den Wald verbarg, standen in einem eisernen Gestell die furchteinflößenden Speere des großen Mutesa, aus Eisen, Bronze und Messing, einige davon wahrhaft herrschaftliche Stücke, die von Reichtum und Mord sprachen: Geschenke von den arabischen Händlern oder durch Tauschhandel erworben. Sie waren die einzigen ausländischen Gegenstände in der Grabstätte. Daneben hing eine Reproduktion von Mutesas großäugigem Porträt; man sah es überall in Kampala, obwohl es ein interessanteres und königlicheres gab, basierend auf einem Foto von Stanley, das er in *Durch den dunkeln Welttheil* verwendet hatte. Das Porträt in der Grabstätte war nicht signiert, und niemand konnte mir sagen, ob es Speke oder Grant 1861/62 (beide hervorragende Zeichner) angefertigt hatte oder jemand anders, der später gekommen war. Das waren die Dinge (vielleicht nicht das Porträt, das später hinzugefügt worden sein könnte), von denen Mutesa wünschte, dass sie an ihn erinnerten.

Das Grab war noch immer eine heilige Stätte und aus diesem Grund von Bedeutung, eine der zweiundfünfzig heiligen Stätten der Baganda. Ein Schrein war kein Ort für private Meditationen. Es war ein Ort, an den Menschen kamen und um Wohltaten baten. Auf der Bastmatte vor den Speeren und Mutesas Bild standen drei Körbe. Je nach Bedürfnis legte man Geld in einen Korb; danach konnte man sich vielleicht – ich fand es nicht heraus – mit einem Wahrsager beraten.

Während ich staunend die Dinge in der Grabstätte betrachtete – die ausgestellten Relikte Mutesas, die Dachkonstruktion – und versuchte, mich in das Jahr 1884 zurückzuversetzen, kam ein kleines schwarzweißes Kätzchen herein und machte es sich vor der alten Dame zum Schlafen bequem. Vielleicht gehörte das Kätzchen der alten Frau oder ihrer Familie. Es freute mich. Katzen gelten hier als Vertraute von Geistern, normalerweise bösen Geistern, und haben es nicht leicht. Doch dann kam ein kräftiger kleiner Junge von irgendwo hinter der alten Dame und begann, beiläufig nach dem Kätzchen zu treten, das aufstand, fortging und erneut versuchte, zu schlafen, bis ihm sein Peiniger folgte. Ich protestierte. Der Führer sagte etwas Beschwichtigendes über den Jungen und das Kätzchen. Etwas dahingehend, dass sie eigentlich Freunde seien. Ich glaubte ihm nicht.

Ein paar Tage später sah ich ein Magazin im ugandischen Fernsehen. Ein Beitrag handelte von den Kasubi-Gräbern. Die Moderatorin sagte – leichthin, als würde sie nur eine Tatsache über das Denkmal verkünden –, dass während des Baus der Grabstätte neun Männer geopfert worden waren. Unser Führer hatte nicht daran gedacht, es zu erwähnen. Im Nachhinein warf es einen dunklen Schatten auf alles, was ich gesehen hatte: den Schirm aus Rindentuch um den mythischen Wald, in den sich die großen toten Herrscher zurückzogen, die blasse alte Frau, die auf der Bastmatte auf dem merkwürdig unebenen Boden saß und darauf wartete, gerufen zu werden. Ich konnte mir nicht vorstellen, wie die Männer geopfert worden waren; ich hatte kein Bild davon im Kopf. Und so überlebte das Magische.

Doch später, als ich von Prinz Kassim, Mutesas muslimischem Nachkommen, erfuhr, dass Menschenopfer früher gang und gäbe waren, wenn die Säulen aufgerichtet oder die Fundamente eines Grabes gelegt wurden, erinnerte ich mich an den merkwürdig unebenen Boden von Kasubi, bedeckt von Bastmatten.

3

Als Speke 1861 nach Uganda kam, war Mutesa Kabaka und herrschte auf despotische Weise an seinem Hof, brachte Menschen um wie »Federvieh« (wie ein Besucher sich ausdrückte) und ging einmal – eine schwierige Geschichte – aus keinem ersichtlichen Grund mit einem Speer in seinen Harem und tötete Frauen, bis sein Blutdurst gestillt war. Doch zu dieser Zeit war Mutesa noch nicht offiziell gekrönt worden. Die Vorbereitungen für seine Krönung dauerten ein ganzes Jahr. Viele Rituale mussten geheimgehalten werden. Das mag erklären, warum Mutesa und seine Mutter, dick und lustig, wenn sie in der Stimmung war, Speke an der Nase herumführten, einmal nett, herzlich und gastfreundlich waren (Speke war von ihnen abhängig, was die Ernährung seiner fünfundvierzig Männer anbelangte) und sich das nächste Mal distanziert verhielten und ihn viele Stunden in der Sonne vor dem Eingang zum Palast warten ließen.

Der berühmteste Teil des Krönungsrituals war weithin bekannt und betraf Mutesas Mutter. Sie musste Mutesas Brüder loswerden, alle bis auf drei, um mögliche Thronanwärter auszuschalten. Er hatte dreißig Brüder, und der rituelle Weg, sie zu töten, war Feuer.

Wie wurde das bewerkstelligt? Wir haben einen Hinweis. Vierundzwanzig Jahre später, 1886, befahl Mutesas junger und eigensinniger Nachfolger Mwanga, der die Nase voll hatte von den lästigen neuen Religionen, die Verbrennung seiner zweiundzwanzig christlichen Pagen. Ein echtes Märtyrertum, das sich wunderbar in die alte christliche Ikonographie einfügte, obwohl die ugandische Kirche noch sehr jung war: Es war etwas, was es festzuhalten galt, und die Kirche von Uganda hat das meiste aus ihrem frühen Pech gemacht. Am Schauplatz des Geschehens befinden sich heute ein paar Mittelschulen, deswegen herrscht dort immer Betrieb. Zudem steht dort eine moderne kegelförmige Kirche, ein architektonisches Abenteuer (im Stil einer Ölraffinerie), dessen Form an einen Scheiterhaufen erinnert und weitere Symbolismen aufweist: Aus dem Dach ragen nackte Balken wie Pfähle aus dem Scheiterhaufen; sie stehen für die Zahl der Märtyrer. Und als wäre das noch nicht genug, können die Passanten einem großen bemalten Schild vor der Kirche entnehmen, wie die Pagen 1886 verbrannt wurden.

Die Pagen in weißen Gewändern, die ihnen von der rechten Schulter fallen, werden zuerst von den Scharfrichtern des Palastes geschlagen, ausgepeitscht und mit Macheten traktiert. Sieben Scharfrichter sind abgebildet, darunter einer, der auf ein Knie gegangen ist und mit einem langen Stab, ähnlich einer Bäckerschaufel, das Feuer schürt. Die Scharfrichter sind alle in braunes Tuch gehüllt, das ihnen von der linken Schulter hängt; dieses Tuch ist aller Wahrscheinlichkeit nach Rindentuch, das die offizielle, religiöse und korrekte Bekleidung ist. Im Vordergrund schwingt ein Scharfrichter eine Klinge und verschafft sich selbst mehr Raum für einen weiteren Stoß, während er heftig am linken Handgelenk eines Pagen zerrt, dessen weißes Gewand bereits vom Blut aus einer klaffenden Wunde am linken Arm gefleckt ist. Der Page kniet mit dem Rücken zu uns auf dem Boden. Das Gesicht wendet er dem Scharfrichter zu, als wollte er sich beschweren (obwohl er als Hofpage viele auf eine brutale Exekution vorbereitet haben muss), und die Finger seiner linken Hand sind weit gespreizt: Diese unwillkürliche Geste ist das einzige Zeichen von Schmerz in dem Bild.

Nach dieser Misshandlung werden die Pagen von den Zehen bis zum Hals in Bastmatten gewickelt – und auf dem gemalten Schild (das schließlich nicht besser ist als der Maler) erscheint dies aus unerfindlichem Grund als liebevolle Aufmerksamkeit seitens der Scharfrichter, als würden die Pagen für die Nacht gut zugedeckt –, bevor sie alle zusammen auf den Scheiterhaufen geworfen werden, wo uns der Künstler auf beunruhigend sachliche Art zwischen den Flammen und dem Rauch am Ende jeder steifen, zusammengerollten Matte ein nacktes Gesicht zeigt.

Mutesas Brüder waren Prinzen, Söhne des Kabaka Sunna. Gemäß der Tradition der Baganda durfte das Blut von Prinzen nicht vergossen werden, es war ein religiöses Verbot; man durfte sie also nicht schlagen und aufschlitzen. Sie konnten nur verbrannt werden – eingewickelt in Bastmatten zweifellos. Das war ihr Schicksal; das musste Mutesas Mutter arrangieren. Unterdessen vertrieben sie sich mit Mutesa die Zeit; sie machten oft zusammen Musik, spielten Flöte, Leier, Marimba und Trommel. Einmal ging Mutesa mit ihnen auf die Kuppe eines Hügels, um ihnen die Ausmaße seines Königreichs zu zeigen. Wenn man nicht weiß, was geschehen wird, entgeht einem das Drama auf Spekes Seiten. Indem er mit ihnen zusammen war, hatten Mutesa und seine Mutter die Brüder, die potentielle Thronanwärter waren, unter Kontrolle und verhinderten, dass sie gefährliche Intrigen schmiedeten. Nur einmal erwähnt Speke, dass die Hälfte der Brüder während einer Musikstunde gefesselt war.

Diesem Teil des grusligen Rituals verdanken wir jedoch eine nette Anekdote. Man stelle sich vor, Mutesa und seine Mutter diskutieren, wen sie als Nächsten verbrennen. Mutesas Mutter nennt einen Namen, aber Mutesa sagt: »Ich mag den Mann.« Der fragliche Mann wird verschont: Es handelte sich um den Urgroßvater von Prinz Kassim, der diese Geschichte erzählt hat.

4

Bei einem weiteren Teil der Krönungsvorbereitungen sollte Speke Zeuge sein. Die Frau, die Mutesas Nabelschnur durchschnitten hatte, war jetzt eine hochgeehrte Person am Hof. Sie fungierte als eine Art Wahrsagerin. Für die Krönung war ihr eine spezielle Aufgabe zugewiesen worden. Sie musste das Grab Sunnas, Mutesas Vater, aufsuchen und genau inspizieren, wie bestimmte Kräuter und Pflanzen (die sie vielleicht gepflanzt hatte) gewachsen waren. Je nachdem, was sie vorfand, würde Mutesa nach seiner Krönung entweder ruhig in seinem Palast bleiben oder in den Krieg gegen seine Nachbarn ziehen. Mutesa zog in den Krieg. Das entsprach seinem Temperament, doch gleichzeitig handelte er in Einklang mit den Geistern, denen er diente; er hätte nie völlig frei sein und nur nach eigenem Gutdünken agieren können. Zu Beginn seiner großartigen Geschichte Roms schreibt der römische Historiker Livius, dass die Römer so großen Erfolg hatten, weil sie das gläubigste Volk der Welt waren; sie handelten erst, nachdem sie die Götter befragt hatten. Für Mutesa galt das Gleiche.

Das moderne Kampala folgt nicht immer dem Grundriss der alten Stadt. Sunnas Grab befindet sich in der Nähe von Mutesas in Kasubi, doch man kann sich ihm nicht auf direktem Weg nähern. Als Speke eines Tages in der Nachbarschaft von Mutesas Palast umherschlenderte, stieß er auf Sunnas Palast. Er wandte den Blick ab, denn es war nicht angebracht, den Palast eines Königs, auch wenn er tot war, zu eingehend zu betrachten. Sunnas Grab musste sich in der Nähe des Palastes befinden. Der Ort heißt Wamala, was »weit genug« bedeutet. Das soll Sunna ausgerufen haben, als er die Stelle seiner Grabstätte bestimmte. Und heute muss man wissen, wo man suchen muss. Die Taxifahrer wissen es nicht immer; sie nehmen an, man will nach Kasubi.

Sunna würde es das Herz brechen. Er war ein furchterregender Krieger, der für die Ewigkeit baute und in die Geschichte eingehen wollte; dementsprechend legte er Kasubi an. Aber Stroh ist Stroh, und nur hundertfünfzig Jahre nach seinem Tod ist nicht mehr viel von Sunna übrig. Sein Grab ist verfallen. Prinz Kassim empfindet es als Schande für die königliche Familie Bugandas; andere halten es für einen Verlust an ugandischer Kultur, von der es sowieso nicht viel gibt.

Um nach Wamala zu gelangen, muss man einer der geraden Buganda-Straßen bis zum Stadtrand von Kampala folgen, das sich immer weiter ausbreitet. Irgendwann schlägt der Fahrer vor, dass es besser wäre, die asphaltierte Straße zu verlassen und eine Abkürzung zu nehmen: eine unbefestigte Straße aus roter Erde, und an diesem Morgen regnet es. Die Erde trägt noch, doch das Wasser steht bereits in den Mulden auf den grasigen Flächen zu beiden Seiten der Straße. Uganda ist ein Land des Wassers. Wenn der Regen nicht aufhört, wird es Überschwemmungen geben, und die rote Straße wird weggewaschen werden. Es sieht ganz nach einem vergeblichen Abenteuer aus, aber wir können nur weiterfahren, und der Fahrer ist guten Mutes.

Wir biegen auf eine andere rote Straße ab, schmal und gewunden. Es sieht alles nach Ärger aus. Doch glücklicherweise hat der Fahrer recht. Wir nähern uns dem Grab, auf das nirgendwo verwiesen wird. Es gibt keinen vergitterten Eingang, kein Torhaus, keine Schilfzäune, keine jungen Männer, die ihre Dienste als Führer anbieten. Der Busch wirkt auf einmal gewöhnlich: Heldentum, Geschichte scheinen auf dieser nassen roten Erde unmöglich.

Und dann sind wir da, fahren direkt auf ein Grab zu, das aussieht wie ein kleineres Kasubi, doch das Dach ist kaputt, große dicke Strohgarben sind hier und da heruntergerutscht, und eine leuchtend grüne Kletterpflanze schlängelt sich durch das Stroh und sieht aus wie Moos. Es könnte der aufgegebene Stall eines verfallenen Bauernhofs sein. Vielleicht wird der Ort eines Tages wieder etwas Magisches und Wundersames ausstrahlen, aber jetzt ist nichts davon zu spüren. Es gibt keinen klar umrissenen Hof, keine kleinen Hütten, weder runde noch viereckige, für Aufseher; keine Aufseher, kein Torhaus, kein Trommelhaus. Auf der einen Seite des Geländes steht eine viereckige graue Hütte aus Holz, modernes Zimmerwerk, ohne religiöse Anmutung und nicht zum Stil des Grabes passend. Sie muss einem Zweck dienen, aber es ist niemand da, den ich danach fragen könnte. Ohne die Grabstätte zu betreten, weiß ich, dass darin nach hundertfünfzig Jahren keine alte Dame auf den Geist des toten Königs wartet, der einen Dienst von ihr fordert. Dafür gibt es heute kein Geld, und es ist eigenartig, dass Rituale, die einst notwendig und lebenswichtig waren und dem Göttlichen jenseits des Geldes dienten, aufgegeben werden müssen, wenn kein Geld da ist.

Mutesas Grab in Kasubi war ebenerdig. Das seines Vaters befindet sich auf einer sechzig Zentimeter hohen Plattform. Betonstufen führen hinauf, und mit dem Kopf stößt man an das heruntergerutschte Stroh. Die Treppe mag modern sein, aber die Plattform wurde mit großer Sicherheit mit der Fundamentlegung und den Menschenopfern geschaffen. Im Inneren herrschen Verwüstung und Dunkelheit, obwohl rechts und links Teile des Dachs herausgefallen sind und das graue Licht des verregneten Tages hereindringt. Nach einer Weile sind Einzelheiten erkennbar: zwei Säulenreihen, die das gewölbte Dach stützen, im Stil der Könige. Linkerhand, dort wo das Dach eingebrochen ist, steht eine neue Ziegelmauer, zweifellos als Stütze für das Dach und vielleicht auch, ein Relikt des alten Glaubens, um den »Wald« zu verbergen, in den sich der Kabaka nach dem Tod zurückzuziehen pflegt. Die Ziegel der Mauer sind aus dem heimischen Lehm und in religiöser Hinsicht gerade noch annehmbar, doch der Mörtel aus importiertem Zement ist eindeutig nicht akzeptabel. Aber Vorstellungen von Richtig und Falsch, die 1860, als Sunna starb, von Bedeutung waren, scheinen belanglos hier, wo das Chaos herrscht.

Nachdem er (an Windpocken) gestorben war, dürften ergebene alte Frauen die Leiche von Kabaka Sunna liebevoll drei Monate lang über einem schwelenden Feuer getrocknet haben. Wo waren die wertvollen Teile dieses Körpers – die mit Perlen oder Kaurimuscheln verzierte Nabelschnur, der ähnlich bearbeitete Unterkieferknochen, der Penis und die Testikeln in einem Beutel aus Tierhaut? Wurden sie hier wie vorgeschrieben vergraben, um sie vor Entehrung zu schützen und zu verhindern, dass andere Personen die außergewöhnlichen Kräfte des Kabaka missbrauchten? Verbarg die Ziegelmauer die Relikte, oder waren sie draußen in der grauen Holzhütte versteckt?

In dem verfallenen Bau war noch ein weiterer königlicher Symbolismus zu erkennen. Fest zusammengebundenes, im Rund angeordnetes Schilfrohr diente unter der Kuppel als Balken; jeder Balken stand für einen Clan der Baganda. Doch unter diesem stolzen Symbolismus – die Clans, der Kabaka, die Kuppel der Welt – herrschte bitterer Verfall. Kein Rindentuch reichte vom Boden bis zur Decke, kein Theaterzauber, um das Geheimnis des Waldes zu bewahren, in dem der Geist des Kabaka auf ewig wohnt. Weit rechts von der Ziegelmauer, auf der anderen Seite des Grabes, wo durch das Loch im Dach das Licht des grauen Tages fiel und wie Dunst wirkte, hing ein Stück Rindentuch herunter wie ein Lumpen an einem Nagel, feucht vom Regen, dunkelbraun und schmutzig. Der Boden war nass. Doch vor dem Gestell mit den kurzen eisernen Speeren des Kabaka lag noch eine Bastmatte auf dem Boden, und drei alte Bastkörbe standen bereit, um die Opfergaben für Sunnas blutrünstigen Geist aufzunehmen, und vielleicht – aber das war in der Düsternis nicht zu erkennen – lagen ein paar dunkle Münzen in den Körben. Das Grab war nicht vollständig aufgegeben. Es war noch immer eine heilige Stätte; ein paar Leute waren noch bereit, den Weg auf sich zu nehmen und den schwierigen Kabaka um eine besondere Gunst zu bitten.

Stanley behauptet, dass Sunna 1820 geboren und 1836 Kabaka wurde und 1860 starb. Er war schon tot, als Speke 1861/62 nach Uganda kam, und Speke, der vor allem Geograph war, schreibt nur nebenbei über ihn. Wenn man etwas über den lebenden Sunna erfahren will, muss man sich an Stanley halten, obwohl er erst viele Jahre später nach Uganda kam, 1875, als er den Kontinent von Osten nach Westen durchquerte. Damals lebten noch viele, die den schrecklichen Sunna gekannt hatten, und Stanley brachte sie mit dem Vergnügen des Zeitungsmannes an einer guten Geschichte zum Reden.

Sunna hatte einen Hund, den er liebte. Er befahl bestimmten Dörfern, Süßkartoffeln anzubauen als Futter für den Hund (eindeutig ein ugandischer Hund), und als der Hund starb, befahl er bestimmten Dörfern, Rindentuch herzustellen, in dem der Hund begraben wurde. Und so war es aller Wahrscheinlichkeit nach Sunna, dem Uganda (und der junge Mutesa) die heraldischen Embleme des Hundes, des Speeres und der Frau verdankte.

Sunna war klein und kräftig gebaut. Er hatte die Angewohnheit, stets nach unten zu blicken. Die Leute konnten seine Augen nicht sehen und waren in seiner Anwesenheit nervös, da sie glaubten, dass jemand sterben würde, sollte Sunna aufblicken. Angeblich verurteilte er an einem Tag achthundert Personen zum Tode.

Die berühmteste Geschichte über ihn betrifft seine Rache am Volk von Busoga. Die sogenannten Wasoga lebten östlich des Nils. Sie waren aus der Allianz mit Buganda ausgebrochen, und Sunna wollte sie bestrafen. Er führte Krieg gegen sie. Die Wasoga waren große Krieger und widerstanden Sunna drei Monate lang. Doch schließlich, zusammengepfercht auf einer Insel im See, waren sie zermürbt genug, um die Kapitulation und eine erneute Allianz anzubieten. Sunna schien zufrieden; es schien sogar, als wollte er den Friedensschluss als festliches Ereignis gestalten. Er bewirtete die Häuptlinge und Krieger der Wasoga großzügig und ließ sie viel Wein aus Kochbananen trinken. Er bat sie in einer scheinbar weiteren Geste der Vergebung, am Abend ihren Kriegstanz aufzuführen. Die Wasoga waren erfreut über die Bitte, gaben jedoch zu bedenken, dass sie diesen Tanz normalerweise mit ihren Speeren tanzten. Er entgegnete, dass sie das an diesem Abend unterlassen sollten; es seien eigene Krieger im Publikum, die es nach drei Monaten mühsamen Kriegs als unfreundlichen Akt interpretieren würden; für sie, die Wasoga, sei es besser, bei dieser besonderen Gelegenheit mit Stöcken zu tanzen.

Der wilde Tanz begann. Dreißigtausend Wasoga verloren sich im Trommeln und Stampfen, im Werfen der Stöcke und Wetteifer der athletischen Bewegungen. Sie bemerkten nicht, dass sie, nur dreißigtausend, von hunderttausend von Sunnas Leuten umzingelt waren. Diese hatten Stricke aus den Fasern der Aloe dabei, das Werkzeug des Scharfrichters. Auf ein Signal hin fielen sie über die Tänzer her, fesselten sie und warfen sie dann Sunnas Kriegern vor, die sie mit Speeren und anderen scharfen Waffen in kleine Stücke hackten, ohne sich die Mühe zu machen, ihre Opfer erst zu töten. Seit langem war es Sunnas Wunsch gewesen, einen kleinen Berg aufzutürmen, eine Pyramide aus dem Fleisch und den Knochen der Wasoga, um sie für ihren Ungehorsam, ihren Mut und all die Ängste des dreimonatigen Kriegs zu bestrafen.

Dieser Akt des Terrors schreckte andere Rebellen ab. Letztlich jedoch wirkte es sich negativ für Sunna aus, im Ruf der Grausamkeit zu stehen. Er hatte einen Lieblingssohn, der groß und stark war und den er nach seinem Vorbild erzogen hatte. Er wollte, dass ihm dieser Junge als Kabaka nachfolgte. Doch die Häuptlinge der Baganda, die von der Extravaganz des Vaters bereits genug gepeinigt waren, fürchteten, dass die Wildheit des Jungen, wenn man sie ihm durchgehen ließe, sie alle ruinieren würde. Und als sich der Junge nach Sunnas Tod zum Kabaka erklärte, verhinderten die Häuptlinge, dass er dementsprechend handelte. Sie umzingelten ihn, fesselten ihn und ließen ihn verbrennen. Dieses Schicksal ereilte nahezu alle der über dreißig Söhne Sunnas. Kaum war er gestorben, kaum war sein schönes Grab errichtet, begann Sunnas Ruhm zu verblassen.

Es war Mutesa, der großäugige Sohn, der schließlich den Thron bestieg, und seine erste Amtshandlung bestand darin, die Häuptlinge enthaupten zu lassen, die ihm zur Macht verholfen hatten. Möglicherweise wurde Mutesas beiläufige Grausamkeit, die er vor seiner offiziellen Krönung an den Tag legte, von dem Wunsch beflügelt, sich als so mächtig wie Sunna zu erweisen.

»Beim Grab meines Vaters« war Mutesas stärkster Schwur. Hätte ich Mutesas eigenes Grab in Kasubi nicht besichtigt, hätte ich das Grab seines Vaters in Wamala für den prächtigsten Strohbau gehalten, den ich je gesehen hatte. Zu Mutesas Zeiten muss er in jeder Beziehung perfekt gewesen sein, mit einer Staffel gläubiger alter Damen in Bereitschaft. Jetzt gab es keine Frauen mehr, überhaupt keinen Funken Leben. Der tote König war wahrhaft verwitwet, und sein Grab war trotz der Opfer, die das Legen des Fundaments und das Aufstellen der Säulen begleitet hatten, eine Ruine. Der Regen drang ein, im Strohdach nisteten angeblich Schlangen, und die heiligen Reliquien, Nabelschnur und Unterkiefer, waren nicht an dem Ort, an dem sie sein sollten.

Die Speere auf dem eisernen Gestell waren kurz und schwarz, nicht wie die langen, polierten, herrschaftlichen Speere, die die Araber dem Sohn schenken und die für so viel Aufsehen in Kasubi sorgen sollten. Rechts neben den kurzen, alltäglichen Speeren standen Sunnas überraschend schmale Schilde, davor lag ein Haufen schwarzer Speer- oder Pfeilspitzen auf dem Boden, anscheinend verstaubt oder schmutzig und in der Düsternis nicht leicht zu erkennen, wollte man das Allerheiligste nicht betreten.

Wir waren auf so kompliziertem Weg gekommen – am Ende durch eine Gegend, in der man sich schon auf dem Land wähnte –, dass ich keine Ahnung hatte, wo wir waren. Doch als wir jetzt das Grab verließen, sah ich durch die Bäume am Ende des Geländes, dass wir uns auf einem der vielen Hügel Kampalas befanden, auf dem Sunna oder sein Geist einen guten Ausblick auf sich nähernde Feinde gehabt hätte. Aber jetzt drängte sich nur das elende Kampala, die Hütten und der Müll, gegen das Grab des Königs. Gegen diese alles aufzehrende Gewöhnlichkeit war Gegenwehr zwecklos.

»Seht meine Werke, Mächt'ge, und erbebt.« Nichts weiter blieb. …

5

1875, als Stanley bei seiner Ost-West-Durchquerung des Kontinents nach Uganda kam, führte Mutesa, damals ungefähr achtunddreißig Jahre alt, Krieg gegen das Volk der Wavuma am Nordufer des Victoriasees. Mutesas Armee war riesig. Laut Stanley, der eine grobe Schätzung abgab (und womöglich übertrieb) waren es hundertfünfzigtausend Mann, zu denen er noch einmal hunderttausend an Gefolgschaft und Frauen hinzufügte (Mutesa war immer mit seinem Harem unterwegs), so dass sich angeblich insgesamt zweihundertfünfzigtausend Personen in seinem Lager aufhielten.

In Mutesas Armee befanden sich jetzt Musketiere, aber das hieß nicht, dass sie dadurch einen überwältigenden Vorteil hatte. Die Wavuma, die nur mit Speeren kämpften, wussten von den Musketen und hatten keine Angst davor. Sie waren geschickte Kämpfer auf dem Wasser. Mutesas Leute waren besser an Land – auf dem Wasser fürchteten sie umzukippen –, und lange Zeit schien der Vorteil auf Seiten der Wavuma zu sein. Auf den Hügeln oberhalb des Victoriasees sammelten sich Zuschauer, um die Schlacht zu beobachten. Die Stiche in Stanleys Buch – die meisten basieren auf seinen Fotografien – zeigen, was die Leute gesehen haben müssen: wunderschöne aufgereihte Boote und die Formationen der beiden disziplinierten Armeen, wenngleich die vielen Einzelheiten der Boote und kämpfenden Männer in der Ferne nur verschwommen auszumachen sind. Die Schlacht muss die Zuschauer frustriert haben, da die Kämpfer sich Zeit ließen und sich nach jedem kleinen Scharmützel zurückzogen. Als Stanley Mutesa bezüglich der Schlacht beraten wollte, schien Mutesa das Interesse daran verloren zu haben und wollte nur über Religion reden.

Krieg war Krach, um dem Feind Angst einzujagen. Mutesa hatte fünfzig Trommler dabei, ebenso viele Flötenspieler und zahllose Männer, die jederzeit bereit waren, mit Kieselsteinen gefüllte Kalebassen zu schütteln. Zudem verfügte er über mehr als hundert Hexenmeister, speziell ausgewählte und phantastisch gekleidete Männer und Frauen (die Wavuma sollten sie zweifellos bemerken), die ihre wirkungsvollsten Zaubermittel mitgebracht hatten, um Mutesa vor dem bösen Blick zu schützen und die Wavuma zu versenken. Vor jeder Kriegshandlung präsentierten sie Mutesa ihre Zaubermittel, der zwar bereits halb Muslim, halb Christ war, doch diese wertvollen Dinge Afrikas – tote Eidechsen, menschliche Fingernägel und so weiter – schätzte und mit großer Eleganz mit dem Finger darauf deutete, ohne sie zu berühren, und dann wie ein Souverän bei einem Empfang wartete, was ihm als Nächstes präsentiert wurde.

Auf diese Weise geschützt, begann Mutesa seinen Befehlshabern zu drohen. Er würde den Feiglingen alle Würde und Weihen entziehen, die er ihnen verliehen hatte. Sie hatten ihr Leben als Bauern begonnen, und so würden sie es auch beenden. Einige wollte er über einem schwelenden Feuer verbrennen. (Verbrennen: Mutesa dachte oft an die Strafe, der er als junger Mann knapp entkommen war.) Der wichtigste Minister, der um die Leidenschaft seines Königs wusste, warf sich vor dem Kabaka auf die Erde und sagte: »Kabaka, wenn du mein Boot morgen vor dem Feind den Rückzug antreten siehst, kannst du mich in kleine Stücke hacken oder bei lebendigem Leib verbrennen.«

Als Stanley Mutesa das nächste Mal sah, war Mutesa bester Laune. Seinen Männern war es gelungen, einen alten Häuptling der Wavuma gefangenzunehmen, und Mutesa wollte den alten Mann lebend verbrennen, um den Wavuma eine Lektion zu erteilen. Stanley redete es ihm aus, und zu aller Erleichterung verhandelte Stanley auch einen Friedensschluss zwischen den feindlichen Parteien.

Das war 1875. 1884 war Mutesa tot und wurde in Kasubi in dem Grabmal beigesetzt, das er nach dem Vorbild des Grabes seines Vaters Sunna in Wamala hatte errichten lassen. Er war in der Tat wie sein Vater. Das Land hatte ihm kein anderes Modell geboten.

Amin und Obote haben also in gewisser Weise Vorfahren. Die britische Kolonialzeit, während der Gesetze galten und es keine Stammeskriege gab, muss als Intermezzo gesehen werden. Aber wie leben Afrikaner mit ihrer afrikanischen Geschichte? Vielleicht lässt das Fehlen einer Schrift und schriftlicher Berichte die Vergangenheit verschwimmen; vielleicht lässt ihnen die mündliche Überlieferung nur Mythen.

Ich hatte Susan kennengelernt. Sie war eine angesehene Dichterin und unterrichtete Literatur an der Makerere-Universität. Sie war noch keine vierzig, schlank und zierlich und hatte eine schöne Stimme. An die Geschichte ihrer Familie war nicht zu denken, ohne Schmerz zu empfinden. Sie hatte ihren Großvater und ihren Vater verloren. Sie hatten nördlich von Kampala im sogenannten Luweero-Dreieck gelebt. Die Gegend war fruchtbar und dicht bevölkert, und die schlimmsten Kämpfe des Bürgerkriegs und der nachfolgenden Kriege hatten dort stattgefunden.

Ihr Großvater hielt Kühe. Er liebte diese Geschöpfe auf die ländliche afrikanische Weise. Er gab ihnen Namen und kannte ihr Temperament, ihre Farbe und die Form ihrer Hörner. Als die Kämpfe ausbrachen, musste er flüchten. Das war während der zweiten Regierungszeit Obotes, nachdem Amin vertrieben worden war, als die Soldaten grausam und schlau waren und nur daran dachten, die Leute aufzuspüren, hinter denen sie her waren. In seinem Versteck machte sich der alte Mann Sorgen um seine Kühe. Sie konnten sich nicht selbst versorgen; bald würden sie anfangen zu leiden. Er dachte an jede einzelne, ihre Bedürfnisse und Gewohnheiten. Schließlich meinte er, es riskieren zu können, nach Hause zu gehen und eine Weile bei seinem Vieh zu bleiben. Er kehrte zurück. Die Soldaten erwarteten ihn. Sie brachten ihn mit einer Axt um und hackten die Gliedmaßen vom Rumpf. Sie stopften die Leichenteile in einen Termitenhügel, einen der roten Ameisenhügel Ugandas, und dort blieb die verstümmelte Leiche, solange der Krieg dauerte. Danach holte die Familie die Knochen und bestattete sie.

Das Schicksal ihres Vaters war noch schlimmer. Er war schon früher verschleppt worden, zu Zeiten Amins, und wurde nie wieder gesehen. Niemand wusste, wie oder wo er gestorben war. Dieses Nichtwissen war besonders schmerzhaft. Die Akte konnte nicht geschlossen werden; die Gedanken kreisten stets um schreckliche Möglichkeiten. Für Susans Mutter war das Thema zu schmerzlich; sie sprach nie darüber.

Es sei keine ungewöhnliche Familiengeschichte, sagte Susan. Viele Menschen konnten ähnliche Geschichten erzählen. Das Luweero-Dreieck, aus dem ihre Familie stammte, wurde von Obotes Soldaten verwüstet.

»Sie installierten ein Terrorregime, herrschten mit Vergewaltigung und Tod. Heute ist die Verwüstung überall zu sehen. Luweero ist ein leerer Distrikt. Das Land ist nicht mehr besiedelt. Es sieht aus wie ein Geisterdistrikt.«

Wie war es, so lange mit dem Terror zu leben?

»Ich war noch sehr klein. Damals war ich fünf, und ich erinnere mich nur, dass es keinen Zucker gab. Wenn man nach Zucker fragte, gab es keinen. Als Amin vertrieben wurde« – 1979 – »war ich acht. Doch als Obote entlassen wurde, war ich vierzehn, und ich bekam mit, was um mich herum geschah. Man hat Angst um seine Eltern und Nachbarn. Man bekommt keine Antwort, weil die Eltern, die einem normalerweise antworten würden, ebenfalls Angst haben. Man sieht die Regierung als Ungeheuer. Jemand übernimmt das Land, in das Gott einen gestellt hat, und kann ungestraft alles tun. Ich verstehe immer noch nicht, warum es Tyrannen gibt und warum sie herrschen dürfen.«

Glaubten die Menschen, dass die Vorfahren sie im Stich gelassen hatten?

»Ich erinnere mich, dass die Leute ihr Vertrauen auf ein besseres Morgen in Gott setzten. Es war der Trotz der Verzweiflung. Aber das bringt einen nicht dazu, gegen den Feind zu kämpfen. Man sieht über ihn hinweg« – sie meinte, dass man sich auf das konzentrierte, was in guten Zeiten zu erwarten war – »und setzt sich nicht mit ihm auseinander. Ich wurde erzogen in dem Glauben, dass Gott gütig ist. Gott errettet uns aus den Klauen des Bösen. Manche meiner

Freunde glauben, dass wir unsere Vorfahren verärgert haben, weil wir andere Religionen angenommen oder die Existenz der Vorfahren geleugnet haben, und deswegen mussten sie Rache nehmen. Ich wuchs als Christin auf, deswegen bin ich nicht auf die traditionelle Weise gläubig. Aber ich weiß, dass es diesen Glauben gibt, und respektiere ihn. Ich wurde nach der Kolonialzeit geboren. Ich empfinde diese Zeit als traumatisch.«

Es gibt also für Susan und Menschen wie sie einen weiteren Grund der Beunruhigung, etwas, was über die Schrecken Amins und Obotes hinaus zurückreicht bis in die Zeit des britischen Protektorats (das Mutesa wünschte). Insgesamt ein ganzes Jahrhundert der Unruhe.

Susan sagte: »Ich bin mir bewusst, dass viele verschiedene Einflüsse um mich konkurrieren. Ich bin ein Schmelztiegel der Erfahrungen. Ich bestehe aus vielen Teilen, die sich ineinanderfügen, statt ein einheitliches Ganzes zu sein.«

Sie sorgte sich wegen ihres Namens.

»Mein Vorname ist Susan. Er wurde mir von meinem Vater gegeben.« Der unter Amin verschwand. »Er hatte eine Tante, die er sehr liebte, und sie hieß so. Für ihn war es eine sentimentale Wahl. Aber ich weiß, dass es ein jüdisch-christlicher Name ist, und als ich zu studieren anfing, hing ich den Namen meines Clans an – Naluguwa. Das heißt ›vom Schafclan‹. Ich empfinde ihn sehr als Teil meiner Identität – es ist mein eigener Name. Ich kann mich Susan Naluguwa nennen, aber ich benutze auch den Nachnamen meines Vaters – Kiguli –, weil ich unter diesem Namen in der Schule eingeschrieben wurde.«

Obwohl er von ihrem Vater stammte, empfand sie jetzt eine Hassliebe für den Namen Susan.

»Ich habe das Gefühl, dass er so sehr Teil der kolonialen Erfahrung ist, und die war nicht angenehm. Wenn eine Person oder eine Rasse kommt und dir so viel aufzwingt, nimmt sie dir alles, und das ist grausam. Sosehr ich den Westen und die Moderne für etwas Gutes halte, so haben sie uns doch unsere Kultur und unsere Zivilisation genommen, und auch wenn sie sanft vorgehen, bringen sie uns dazu, an unseren Wurzeln zu zweifeln. So haben uns zum Beispiel die Missionare einer Gehirnwäsche unterzogen, bis wir unsere Götter abgelehnt haben. Sie haben uns ihre Ideen, Dogmen und Doktrin aufgezwungen und gesagt, dass sie die besten sind. Es gab keinen Dialog, und sie haben nicht versucht zu verstehen, wie wir denken, wie unser kulturelles Erbe und unsere Kultur funktionieren. Mein Volk hatte eine Zivilisation. Sie war anders, aber sie war unsere. Ich habe mir selbst beigebracht, in Luganda zu schreiben.« Nachdem sie ihre Gedichte in Englisch geschrieben hatte. »Ich empfinde es als demütigend, dass wir in der Schule unsere Muttersprache nicht gelernt haben.«

Ihre Schwester arbeitete an einem Buch über Speke, Grant und die Missionare.

»Sie haben uns unser Land weggenommen, unsere Religion, unsere Bräuche und sozialen Strukturen. Unseren König, alles. Als die Königreiche wieder eingesetzt wurden« – seltsamerweise in einem taktischen Manöver von Amin, der den Angriff auf den Palast 1966 angeführt hatte –, »bat unser König um die Rückgabe ›unserer Besitztümer‹.« Er meinte damit alles, was mit dem Königtum und der Kultur Bugandas zu tun hatte. »Der Palast wurde zurückgegeben. Die Menschen hatten große Demütigungen erlitten. Sie hielten den Angriff auf den Palast für ein Sakrileg. Es war ein großes Trauma, dass der König abgesetzt worden war und im Exil starb. Amin ließ die Leiche zurückbringen und bestatten.«

Anfangs hatte Susan gesagt, sie sei Christin; sie respektierte die traditionelle Religion, glaubte aber nicht wie manche afrikanische Traditionalisten, dass Uganda Vergeltung befürchten musste, weil es andere Religionen angenommen und sich von den Vorfahren abgewandt hatte. Doch in ihrem wachen Herzen und Geist befand sich so viel, was nicht mit einer einfachen Definition von Religion zu fassen war, sie hatte so viele unterschiedliche Vorstellungen und Gefühle geäußert, dass sie jetzt als andere Person vor mir stand.

Ich fragte sie nicht nach afrikanischer Geschichte, mündlicher Überlieferung und Mythen. Es gab offensichtlich keine spezifisch afrikanische Weise, mit einer negativen Geschichte oder einer schlimmen Gegenwart umzugehen oder sie zu neutralisieren. Es erschien vielmehr wie der Umgang mit einer sehr lange währenden Krankheit. Eines Tages brach sie aus, und man träumte davon, eines Morgens gesund wieder aufzuwachen. Allmählich versank man in ihr, und man gab die Vorstellung einer raschen Heilung und Genesung auf. Man schloss sozusagen Frieden mit seiner Krankheit, und die Zeit verging. Man lebte auf diese halb gesunde, halb kranke Weise. Und schließlich war es alles, was man kannte. Es war das Leben.

6

Gemäß Tacitus, dem römischen Historiker des 1./2. Jahrhunderts, hielten es die alten germanischen Völker für eine Beleidigung ihrer Götter, sie in Tempeln oder den Mauern eines Gebäudes einzusperren. Es galt als besser, sie unter freiem Himmel zu verehren, in lichten Hainen, in Tälern oder Flüssen: Orten, die dann erfüllt waren vom Geist des Gottes. Und die ugandische Vorstellung von heiligen Stätten ist ähnlich. Die Gräber der Kabakas sind unübersehbare Schreine. Aber es gibt noch andere Schreine, überall in Buganda – Wasserfälle oder auffällig geformte Felsen –, und auch wenn der Besucher die Idee der Heiligkeit der Baganda nicht teilt, wenn er nicht weiß, wie er sich an solchen Orten verhalten soll und die komplizierten Stammesgeschichten nicht versteht, wirken sie doch augenblicklich wie eine Feier der Natur und ein Anspruch auf die natürliche Welt.

Der spektakulärste natürliche Schrein ist der Sezibwa-Wasserfall im Distrikt Mukono, keine fünfzig Kilometer von Kampala entfernt. Prinz Kassim erzählte mir später, dass Mukono für seine Opfer bekannt war. Ich glaube, er meinte Menschenopfer. Doch als ich dorthin fuhr, wusste ich das nicht. Hätte ich es gewusst, hätte es allem einen anderen Anstrich verliehen.

Wir verließen Kampala auf der Straße nach Jinja, und wie immer schien es, als hätte das Chaos halbstädtischer Besiedelung die Natur des Landes vernichtet und die alten Gemeinschaften praktisch zerstört. In der Nähe eines »Handelszentrums« bogen wir auf eine unbefestigte Straße aus roter Erde: Es war wieder das alte Uganda, der grüne Busch schirmte die Straße ab, so dass oft eine Überraschung war, was sich am Ende dieser unauffälligen Straßen befand. Wir sahen ein Schild zum Wasserfall, und dann versperrte mitten im Busch ein hohes Eisentor die rote Straße.

Ein paar junge Männer saßen oberhalb des Tores auf der Straßenböschung, offenbar müßig. Doch einer von ihnen war unser Führer; eine Verabredung war telefonisch arrangiert worden. Er begann auf der Stelle mit der Arbeit, glitt von der Böschung herunter und sagte, der Ort sei kulturell wertvoll. Das war vielversprechend, aber er sprach nicht wirklich Englisch. Ja, er hatte mit diesem Satz sein Pulver so gut wie verfeuert.

Wir hörten den Wasserfall, bevor wir ihn sahen: Auf der Lichtung vor uns stürzte ein Strom oder Fluss, der von links kam, über einen Felsvorsprung, der ungefähr dreißig Meter hoch war. Sie waren völlig unerwartet, diese Lichtung, dieses fließende Wasser, diese Gewalt. Das Wasser spaltete sich vielfach auf, während es den Felsen hinunterstürzte und unten in das Becken krachte. Um dieses Becken, etwas entfernt von dem gewaltigen Wasserfall, befand sich eine üppige grasbewachsene Senke. Alles hier war sehr grün. Wesentlich schmaler, doch immer noch lebhaft floss der Fluss am stilleren Ende des Pools weiter, von links nach rechts, und schlängelte sich am Fuß eines niedrigen Hügels außer Sicht. Auf einer Wäscheleine auf der anderen Seite des grandiosen Wasserfalls hing Männerkleidung zum Trocknen, vielleicht die Sachen der Wächter dieser heiligen Stätte. Oberhalb des verschwindenden Flusses, auf dem sonnigen Hügel weit zu unserer Rechten waren die konischen Strohdächer kleiner Hütten zu sehen, möglicherweise die Quartiere der Wächter.

Die heiligste Stelle ist ganz oben auf dem Wasserfall. Dort wohnt der Geist des Ortes, und eine Geschichte des Stamms erklärt, warum. Das Wasser dort oben wäscht Flüche fort. Man muss barfuß sein, um dem heiligen Ort den nötigen Respekt entgegenzubringen, und man muss sich Gesicht und Hände neunmal waschen.

Ich hatte dort oben einen grünlichen Lattenzaun gesehen und gedacht, dass er die Leute daran hindern sollte, zu nahe an den Rand des Wasserfalls zu treten.

Es war leicht zu begreifen, dass sich die Menschen von der Schönheit dieses Orts rühren ließen. Seine Schönheit war bestimmt immer bekannt gewesen, und seine Heiligkeit muss weit in die Geschichte zurückreichen, doch rätselhaft war, dass die erste offizielle Person, die diesen Ort aufsuchte und seine Qualitäten erkannte, Kabaka Mwanga war, der Nachfolger Mutesas I., der 1886 befahl, seine christlichen Pagen zu verbrennen.

Mwanga pflanzte auch einen Baum, der noch immer in Ehren gehalten wird, ebenso Mutesa II., der von Obote ins Exil geschickt wurde und 1969 in London starb.

Eine Fußgängerbrücke führte über das Becken zu einer felsigen Anhöhe. Ganz oben wuchsen ein paar junge Eukalyptusbäume. Der Führer erklärte, dass sie zehn Jahre zuvor gepflanzt worden waren, was jetzt jedoch allgemein als Fehler betrachtet wurde (vielleicht weil es keine einheimischen Bäume waren), und sie sollten durch rein indigene Bäume ersetzt werden. Die oberste Reihe der Eukalyptusbäume war mit Macheten gefällt worden, es waren nur noch kleine Stümpfe übrig. Ein rutschiger Pfad führte im Zickzack über die frei liegenden Wurzeln anderer Bäume auf die Anhöhe.

Am Ende des Pfads befand sich der erste Teil des offiziellen religiösen Schreins. Er wirkte bescheiden: eine niedrige, nicht sehr tiefe Höhle im Felsen, in der Tonflaschen, Speere und ein paar Körbe mit Opfergaben standen. Der Führer sagte, dass Eier die Standardopfergaben waren. Ein Python lebte in der kleinen Höhle und aß von Zeit zu Zeit die Eier. Ich sah keine Spuren, dass ein Python in die Höhle hinein- oder herausgekrochen war.

Wir gingen den Weg zur Hütte des Schreins. Sie wurde von Bäumen verborgen. An diesem Morgen war kein Wahrsager anwesend, und niemand erbot sich, uns noch weiter hinaufzuführen. Wäre der Wahrsager da gewesen, hätten wir natürlich Gebühren bezahlen müssen. Aber wir waren nur Besucher und hatten keine Bedürfnisse, die nach der Aufmerksamkeit eines Wahrsagers verlangten. Wir hatten keine Fragen an das Orakel des Wasserfalls, und ich hatte das Gefühl, dass wir nicht weiter vordringen sollten.

Später erfuhr ich, dass der Schrein – möglicherweise nur die Hütte – mehrmals von Christen niedergebrannt worden war, die diesen alten Ort seltsamerweise für sich beanspruchten. Ein hoher Kirchenmann war gekommen und hatte den Schrein von den alten Geistern gereinigt. Um die Geister auszutreiben, musste die Kirche natürlich zuerst anerkennen, dass sie existierten. Und um das Durcheinander noch zu vergrößern, stand da ein Schild (nahe der Brücke über den Pool), durch das im Namen der Kabaka Foundation ein gesetzlicher Anspruch auf den Ort erhoben wurde.

Es war Zeit zu gehen und Zeit zu zahlen. Der Führer musste für sein Zugegensein bezahlt werden und dafür, dass er mir den rutschigen Pfad hinauf und über die freiliegenden Wurzeln bei den Eukalyptusbäumen geholfen hatte. Und als wir wieder am eisernen Tor waren, musste ich für den Eintritt bezahlen. So wird es auch bei den Orakeln in der klassischen Welt gewesen sein. Die Welt hatte ihren Preis.

Später hörte ich, was Prinz Kassim über die Opfer im Distrikt Mukono und insbesondere die Opfer am Sezibwa-Wasserfall zu sagen hatte.

Ich hatte ihn nach dem Brand des Schreins gefragt. Mir schien es seltsam, dass so etwas an einem Ort passiert war, der durch den Besuch von Kabaka Mwanga in den 1880er Jahren geheiligt war.

Prinz Kassim sagte: »Der Schrein wurde niedergebrannt, weil an diesem Ort viele Menschenopfer gebracht werden. Erst vor drei Monaten hat man dort die schrecklich verstümmelte Leiche eines Kindes gefunden.«

Wie immer hatte das Heilige viele Facetten.

Prinz Kassim stand für einen wichtigen Teilbereich des ugandischen Puzzles. Er war ein Prinz des Königshauses von Buganda und verwandt mit den Kabakas. Und dank derselben königlichen Abstammung – von der muslimischen Seite Mutesas I. – war er zugleich das Oberhaupt der Muslime Ugandas.

Er sagte: »Es stimmt, dass fremde Religionen das Kommando über die Gesellschaft übernommen haben. Sie brachten die Anführer dazu zu konvertieren, und die Herde folgte. Es gelang, indem sie Schulen gründeten, in denen die jungen Leute lernten, dass es viele afrikanische Götter gab und dass sie Tier- und Menschenopfer forderten. Ich bin keine Autorität in Fragen traditioneller Religion. Ich weiß nicht, wo die traditionelle Religion aufhört und Voodoo beginnt, aber ich weiß, dass die beiden miteinander verwoben sind. In den alten Tagen war der Kabaka das Oberhaupt der traditionellen Religion, aber er dankte zugunsten der anglikanischen Kirche ab und wird jetzt als deren Oberhaupt angesehen. Meine

Einstellung ist, dass die traditionelle Religion ihre Macht aus Mythos und Aberglauben bezieht. Mein Bildungshintergrund sagt mir, dass sie aus einem Haufen Lügen besteht. Ich bin mit der Vorstellung eines einzigen Gottes aufgewachsen, sie ist mir vertraut. Die Araber kamen an den Hof von Kabaka Sunna, weil sie Elfenbein und Sklaven wollten, und gemäß unserer Geschichte stellte ein arabischer Sklavenhändler namens Ibrahim Battuta Sunnas Brutalität gegenüber seinen Untertanen in Frage. Er sagte dem König, dass er sich ihnen gegenüber nicht auf so grausame Weise verhalten könne, da es ein Leben nach dem Tod gebe und er zur Rechenschaft gezogen würde. Der König, der selbst ein Gott war, war überrascht und fasziniert, dass es ein Leben nach dem Tod gab. Vor Sunna glaubten die Menschen, dass der Tod endgültig war und man in die Welt der Geister ging. Sie brachen den Unterkiefer des Königs, um seinem Geist die Macht zu nehmen, und er ging ganz einfach in das Nichts. Der Spruch ›ihm ist das Kinn heruntergefallen‹ bedeutete, dass der König tot war. Danach passierten viele Dinge. Die Religionskriege von 1888 bis 1894 haben die Gesellschaft der Baganda umgekrempelt.«

Ich fragte ihn nach der königlichen Tradition des Musizierens. Speke schrieb sehr viel darüber.

Der Prinz sagte: »Ja, die gab es immer. Was sonst sollte man am Hof tun? Es ging immer ums Tafeln und Feiern und Spaßhaben.«

Aber war es nicht traurig, dass so viele Traditionen verschwunden waren? So vieles, was weit zurückreichte und die Menschen mit der Erde verbunden hatte?

Der Prinz sprach jetzt wie ein Mitglied der königlichen Familie von Buganda. »Nun, es gibt so viel, was zu bedauern ist.

1966 ging der Kabaka ins Exil. Es war und ist immer noch eine Zeit moralischer Degeneration und eine Periode der Anarchie. Nichts wird mehr respektiert, und sogar die Umwelt wird zerstört. Die Kabakaschaft war eine Institution. Sie war eine Quelle der Ehre für die Baganda, und als der Kabaka ins Exil ging, war die politische Institution zerstört. Es war unvorstellbar, dass so etwas passieren konnte. Dass der Kabaka und der Palast angegriffen werden konnten. Buganda war eine eigene Nation, und die Menschen sprachen ihre eigene Sprache. Wenn die Menschen von der Welt erzählen, in der Ehre alles bedeutete, spürt man die Schmach.«

»Wie leben Sie innerhalb dieses Verfalls Ihr Leben?«

»Ich habe eine dynastische Pflicht und bemühe mich, sie zu erfüllen. Um unserer Väter und Vorväter willen muss uns Ehre entgegengebracht werden.«

»Gibt es noch ein Andenken an die Vergangenheit?« Ich dachte an den Palast.

»Es ist alles zerstört. Unser Erbe wurde geplündert und zerstört.« Sunnas Grab wie auch andere Gräber waren in einem schlechten Zustand. »Wir müssen uns unserer Verantwortung stellen. Von Rechts wegen gehören die Gräber uns. Es ist eine einzigartige Architektur. Diese erstaunlichen Strohdächer, die trotz des starken Regens absolut dicht sind. Es gibt viele handwerkliche Fähigkeiten, und es gibt auch noch Menschen, die an ihrer Kultur festhalten und dem König gegenüber loyal sind.«

Doch gegen Ende äußerte Prinz Kassim einen Satz, der erneut seinen Pessimismus geltend machte. Er sagte: »Mit der neuen Religion wurden die Menschen aufmüpfig.« Und das galt natürlich für das Christentum wie für den Islam. Wenn man ihnen angehörte, war man Teil anerkannter und durchorganisierter Weltreligionen mit einer großartigen Literatur und berühmten unverwüstlichen Bauwerken; die Versuchung war groß, sich von den eigenen, wesentlich kleineren Dingen abzuwenden, die aus Stroh waren.

7

In den 1840er Jahren kamen arabische Händler, die auf ihre Art selbst große Reisende und Forscher waren, aus dem Osten des Kontinents nach Uganda auf der Suche nach Sklaven und Elfenbein. Für das, was sie bekamen, gaben sie im Gegenzug schlechte Gewehre und Kinkerlitzchen. Sie schenkten dem Kabaka Sunna einen Spiegel, und dieser blutrünstige Mann war hingerissen, als er zum ersten Mal sein Gesicht sah. Vielleicht aus Dankbarkeit gestattete er den Arabern, über ihren Glauben und vor allem über das Leben im Paradies zu sprechen, das die Gläubigen nach dem Tod erwartete. Heute waren die Araber in Uganda längst keine Bittsteller mehr. Moscheen jedweder Denomination standen auf den Hügeln Kampalas, und der Bruder und Revolutionsführer aus Libyen, der unendlich reiche Oberst Gaddafi kam zu einem Besuch, um die größte Moschee in Uganda, die libysche Moschee, in Anwesenheit von vier oder fünf afrikanischen Präsidenten zu eröffnen.

Der Ugander Habib, ein sehr reicher muslimischer Geschäftsmann, hatte die Verbindung zu Libyen gefördert. Er stammte aus einer der ältesten muslimischen Familien in Uganda. Habibs Großvater war 1846 zu Beginn der arabischen Präsenz konvertiert, und die Familie hatte die schlimmen Jahre der Religionskriege zwischen Muslimen und Christen in den späten 1880er Jahren überstanden. Die Muslime verloren den Krieg und wurden von der britischen Kolonialverwaltung in den Busch im Westen des Landes verbannt.

Habibs Großvater gab den Glauben nicht auf. Er wurde ein Prediger des Islam. Er ging überall zu Fuß hin und wurde einhundertvier Jahre alt. Beim Gehen hielt er eine Hand auf den Rücken; so erinnerte sich Habib an den robusten alten Mann. Marschierend und predigend kam er bis nach Ruanda, das weit entfernt war, und nahm sich dort drei weitere Frauen, eine Hutu und zwei Tutsis. Er hatte einundzwanzig Kinder.

Das Leben von Habibs Vater begann arm. Er war nicht gebildet. Er hielt Kühe – der Kral war fast fünf Kilometer vom Haus entfernt – und hatte eine kleine Werkstatt, in der er Fahrräder und Motorradreifen reparierte. Damit war nicht viel Geld zu verdienen, und er ging in den Kongo, dessen Grenze nahe war. Dort – zweifellos dem Beispiel anderer nacheifernd – schürfte er nach Gold, dann handelte er damit und wurde reich.

»Wir lebten als Großfamilie. Wir aßen alle gemeinsam. Jede Frau hatte ihren eigenen Gemüsegarten, und jede Frau musste eine Woche im Monat kochen. Es war ihre Pflicht, für den gesamten Haushalt zu kochen, und die anderen halfen ihr. Wir waren ungefähr dreißig Leute bei jeder Mahlzeit. Um zehn Uhr morgens versammelten sich die Frauen und Töchter im Garten der Frau, die mit dem Kochen an der Reihe war, und schälten die grünen Bananen. Dann riefen sie die Jungen oder Männer, um das Gemüse oder die grünen Bananen in die Küche zu tragen. Die Jungen holten das Wasser vom Brunnen. Für Wasser und Feuerholz und Kaffeepflücken waren die Jungen zuständig. Das durfte keine Frau tun.«

Sie waren jetzt eine wohlhabende Familie und besaßen ein Auto, und sie waren die Einzigen im Dorf, die in einem Haus aus Beton mit Glasfenstern wohnten. Die anderen Leute hatten Lehmhütten mit Strohdächern. Habibs Familie hatte Latrinen außerhalb des Hauses, und jede Frau hatte ein Zimmer, in dem sie sich waschen und baden konnte.

Als Idi Amin 1979 vertrieben wurde, liefen die Leute aus dem Dorf Amok und brachten Muslime um. Doch Habibs Familie wurde respektiert – sie liehen ihr Auto für Dorfhochzeiten aus, damit die Braut geholt werden konnte – und blieb verschont.

Habib war gut in der Schule, und sein Vater schickte ihn nach Buganda, damit er neben Arabisch auch noch Englisch lernte. 1971, mit achtzehn, war er einer der zweiunddreißig Jungen, die für ein Stipendium ausgewählt wurden.

Er ging nach Libyen und studierte die Scharia und muslimisches Recht. Dort lernte er fließend Arabisch zu sprechen; es war der Wendepunkt in seinem Leben. Er wurde Dolmetscher für die ugandische Botschaft und machte seine Arbeit gut. Es gab nicht viele Leute, die mehrere Sprachen beherrschten und sowohl die afrikanische wie die arabische Lebensweise kannten. Er beeindruckte Amin (damals noch an der Macht in Uganda), und später, nach Amin, fiel er dem Revolutionsführer Gaddafi auf. Das war der Beginn seiner Verbindungen nach Libyen, die in vieler Hinsicht gediehen.

War er Libyer oder Ugander, Afrikaner oder Muslim?

»Ich verstehe mich als Muslim. Mein Großvater wurde mit einem Schilfrohr beschnitten, und mein Vater und ich wurden mit einer Gilette-Klinge beschnitten. Ich erinnere mich noch daran. Wenn der Mann kam, um die Jungen zu beschneiden, wurden sie an einen dafür bestimmten Ort hinter einen Wandschirm geführt. Ich war fünf Jahre alt und sehr neugierig. Ich wollte sehen, was passierte. Ich ging hin, sie haben mich entdeckt und auch gepackt. Darüber ärgere ich mich heute noch.«

Als muslimisches Kind wurde er so erzogen, dass er nichts mit afrikanischer Religion zu tun haben wollte. »Wir wurden im Glauben erzogen, und der besagt, dass die afrikanische Religion heidnisch ist. Uns wurde beigebracht, sie zu verachten. Ich werde nicht zulassen, dass meine Kinder etwas damit zu tun haben.«

Und dann sagte Habib in demselben bestimmten Tonfall: »Jetzt, wo ich erwachsen bin und mehr darüber weiß, verstehe ich, dass die Religion ein Werkzeug war, um unsere afrikanische Denkweise zu kontrollieren. So gehen Imperialisten vor.«

Das hatte ich nicht erwartet. Ich fragte ihn, ob er meinte, was er sagte und die Muslime zu den Imperialisten zählte, die die afrikanische Denkweise kontrollieren wollten. Er bejahte.

Ich hätte gern mehr gehört. Doch er wurde von Geschäftsfreunden gerufen – nach dem Besuch Gaddafis war das Hotel voll von ihnen. Er sagte, er würde noch einmal wiederkommen, aber er tat es nicht. Und am nächsten Tag flog er nach Dubai.

8

Wenn man an die traditionelle afrikanische Religion glaubte, war man in der Defensive. Es gab keine Doktrin, an die man sich halten konnte; es gab nur ein Gefühl der Richtigkeit der überlieferten Sitten und Gebräuche, der Heiligkeit des heimischen Bodens. In kleinerem Maßstab ähnelte es dem Konflikt zwischen dem Christentum und dem Heidentum im vierten und fünften Jahrhundert, während der Zeit des religiösen Wandels in der antiken Welt. Das Heidentum war nicht zu verteidigen; das Beste, was man über die alten Götter und Tempel sagen konnte, war, dass sie seit langem existierten und den Menschen gute Dienste erwiesen. Die Doktrin des Islam und des Christentums, beides Weltreligionen, hatte ein philosophisches Fundament und konnte ausgelegt werden. Die traditionelle afrikanische Religion kannte keine Doktrin; sie brachte sich am besten über Rituale und Dinge wie die hundert furchterregenden Zaubermittel zum Ausdruck, die die Hexenmeister Mutesa I. 1875 vor der Seeschlacht gegen die Wavuma präsentiert hatten.

Und jetzt beginnen diejenigen, die an der alten afrikanischen Religion festhalten, für die Menschen von Buganda eine Kosmogonie zu entwickeln – oder vielleicht auch wiederzuentdecken –, eine Art *Verlorenes Paradies*: eine Geschichte von Gott und den Engeln, den ersten Menschen, ihrem Ungehorsam; dann treten an Stelle der Engel die Vorfahren, es tauchen Medien auf, die die Vorfahren beschwören können. Die Macht Gottes, des höchsten Wesens, das alles weiß und seit Anbeginn existiert, kann nur einer Person von königlichem Rang, dem Kabaka innewohnen. Der Kabaka steht mit der Welt der Geister in Verbindung; die Medien stehen mit den Vorfahren in Verbindung. An diesem Punkt berührt die Kosmogonie die Erde und die Baganda.

Diese Theologie – die problematisch wird, wenn man das *Verlorene Paradies* ausklammert – wurde in der Bambara Lounge des Serena Hotels von Madame Sehenna, der früheren Kulturministerin, skizziert, die jetzt kulturelle und religiöse Ansprachen im Radio hält und ganz allgemein die kulturell verunsicherten jungen Bagander anleitet. Susan brachte sie eines Nachmittags zu uns: eine gebildete Frau mittleren Alters, die manchmal mit einem nahezu englischen Akzent sprach. Wir saßen unter einem schönen geschnitzten Holzdach – das Serena ist voll schöner afrikanischer Schnitzereien – und erfuhren von den Stigmata oder Zeichen des Kabaka.

Er hat einen Fleck auf der rechten Hand und wird mit zwei Nabelschnüren geboren. Nur die Leute des Affenclans, eines der zweiundfünfzig Clans der Baganda, können den Kabaka einsetzen. Wenn er Hof hält, hört er eine Stimme, die oberhalb von ihm und nur für ihn hörbar spricht. Ein spezielles Haus, das keine Frau betreten darf, muss gebaut werden, wenn er sich zurückziehen will. Hier suchen ihn die Engel auf und leiten ihn. Jetzt, da es für die Baganda wieder schlecht aussieht – die Regierung fordert sogar einige der dreiundzwanzigtausend Quadratkilometer heiliges Land von ihnen –, behaupten manche, dass die Einsetzung des Kabaka nicht korrekt erfolgte. Vielleicht wurden gewisse Rituale nicht vollzogen; infolgedessen leiden die Menschen und sind verloren.

Madame Sehenna sagte: »Aber Sie dürfen nicht glauben, dass damit alles zu Ende geht. Wir arbeiten an den Problemen. Viele der Engel, die früher die Kabakaschaft beschützten, sind zurückgekehrt. Es gibt einen Prinzen von königlichem Blut, der mit ihnen in Verbindung steht. Er hat Offenbarungen und erzählt uns davon. Den Prinzen kann man um Rat fragen. Er lebt in seinem Schrein. Sie müssen ein Schulheft kaufen und den Namen Ihres ersten Vorfahren, Ihren Namen und Ihr Problem hineinschreiben.«

Der erste Vorfahre, den Gott kennt, wurde nicht geboren, sondern erschaffen, und dieser Vorfahre stirbt nicht, er verschwindet.

»Das Heft mit Ihrem Namen und Ihrem Problem wird zum Schrein gebracht, und dann erhalten Sie die Antwort. Sie müssen die Antwort kaufen. Die königliche Trommel wird von einem Mann aus dem Löwenclan gestimmt, und der Löwe ist das Symbol von Buganda. Es gibt auch die gefallenen Engel, die unter der Erde leben. Wenn man ihnen ein großes Opfer bringt, Ihre Mutter zum Beispiel oder Ihr Kind, etwas, was Ihnen lieb und teuer ist, schenken sie Ihnen großen Reichtum. So großen Reichtum, wie Sie ihn nicht mal erträumen können. In diesem Fall geht man zu einem Medium und zum See, und dort treffen Sie, wenn Sie eine Frau sind, einen gutaussehenden Mann, einen Geist, der Sie in den See mitnimmt. Wenn Sie ein Mann sind, ist es eine schöne Frau, die Sie mitnimmt und Ihnen den Reichtum gibt, den Sie sich wünschen. Aber wenn man den Geist heraufbeschworen hat, müssen Sie seinen Regeln folgen. Sie können dann keinen Menschen mehr heiraten, weil der Geist des Mannes oder der Frau mit Ihnen lebt. Diese Leute fahren große Autos und leben in Häusern so groß wie Paläste. Den Regeln der Geister kann man nicht entgehen. Wenn man es doch tut, verschwindet der Reichtum, und man wird bestraft.«

Luke war ein paar Tage lang mein Führer. Er hatte mir nicht viel zu zeigen, weil er nicht viel wusste und in einem entlegenen Teil Kampalas wohnte, in dem die Straßen nicht asphaltiert waren. Wenn es regnete, waren die Straßen um sein Haus nicht begehbar, und dann rief er an und sagte ab, was immer wir arrangiert hatten. Später, als wir berechneten, was ich ihm schuldete, führte er diese Tage als Arbeitstage an, weil er sie für mich reserviert hatte.

Er arbeitete an einer der vielen neuen Universitäten Ugandas. Er verdiente 170 000 Schilling im Monat, etwas weniger als 600 Pfund oder 1200 Dollar (950 Euro), was ich als ausreichend für seinen Bedarf betrachtete. Doch er und die anderen Dozenten und viele Studenten streikten. Das bedeutete, dass sein Bedarf umso größer war. Und als er eines Morgens zu spät kam und mit mir zu einem Wahrsager oder Hexenmeister gehen wollte, bekam ich es mit der Angst. Ich machte mir Sorgen wegen der Bezahlung, die diese Leute fordern würden. Ich war der Meinung gewesen, dass wir uns an diesem Morgen Bassajadenzi ansehen wollten, einen berühmten Felsenschrein. Er hatte tags zuvor viel darüber gesprochen. Doch er behauptete, ich hätte ihn nach Hexenmeistern gefragt. Deswegen hatte er einen Freund gebeten, uns zu begleiten, einen Mann, der in Kontakt mit Hexenmeistern stand. Der Freund wartete in einem Polizeirevier auf uns. Diese offiziell klingende Einzelheit ließ mich an meiner Erinnerung zweifeln. Wir brachen auf, um den Freund abzuholen.

Das Polizeirevier befand sich in einem schrecklichen Stadtteil, der Boden rote Erde, überall Kinder, die Abwassergräben abstoßend, und zwischen den heruntergekommenen Hütten lag oft Abfall.

Die leicht abschüssige, unbefestigte Straße, auf die wir bogen, war aufgrund des Regens mit diagonalen Furchen durchzogen, und der Wagen holperte und rumpelte auf besorgniserregende Weise. In einer weiteren Nebenstraße, die immer schmaler wurde und plötzlich von Grün gesäumt war, stand das Haus des Hexenmeisters.

Es war ein sauberes kleines Häuschen, modern, frisch gestrichen und hübsch, eingezäunt mit Betonklötzen. Luke und sein Freund öffneten das breite Tor, betraten den Hof und warteten auf den Hexenmeister in der Haltung von Bittstellern, die kein großes Aufsehen erregen wollten. Der Hexenmeister kam aus dem Haus, er trug eindeutig Freizeitkleidung, ein verwaschenes weißes Unterhemd und eine rote Turnhose. Er blickte mürrisch drein; es gefiel ihm anscheinend nicht, gestört zu werden. Die drei Männer wechselten viele Worte, der Hexenmeister sprach bestimmt, Luke und sein Freund leise, als wollten sie nicht, dass ich sie hörte.

Der Fahrer erklärte mir, dass der Hexenmeister sich darauf berufe, dass es Mittwoch sei und er mittwochs keine Besucher empfange. An diesem Tag sammle er normalerweise Kräuter.

Das war ein kleiner, aber einträglicher Teil seines Geschäfts. Die Menschen in Uganda glaubten an die Zauberkraft von Kräutern; Männer legten Kräuter in ihre Brieftasche, um ihr Geld zu beschützen und mehr anzuziehen.

Erst hatte Luke mich überzeugen müssen, und nun mussten er und sein Freund den Hexenmeister beknien. Sie hatten mir erzählt: »Er ist kein gewöhnlicher Hexenmeister. Er ist modern. Deswegen bringen wir Sie zu ihm. Es wird von Vorteil für Sie sein, ihn kennenzulernen.« Ich wusste nicht, was sie dem Hexenmeister erzählten; sie redeten ununterbrochen. Ich vermutete, dass sie ihn mit dem Versprechen auf gute Bezahlung in Versuchung führten.

In einem Raum ähnlich einer Garage auf der Seite des Hauses war durch die große offene Tür eine Frau zu sehen, die den Betonboden wischte, einen Lappen in einem Eimer tränkte und ihn über den Boden schleifte. Sie nahm sich Zeit dafür, wischte immer wieder dieselbe Stelle und schien sich mehr dafür zu interessieren, was die Männer im Hof sagten. Sie stand auf diese bemerkenswerte afrikanische Weise da, in der Taille vorgebeugt, die Beine gerade; ein nacktes Baby kroch hinter ihr über den Boden.

Luke und sein Freund kehrten zum Wagen zurück und sagten, dass alles geregelt sei. Der Hexenmeister würde uns empfangen. Aber er musste sich zuerst reinigen, bevor er zu seinem Schrein gehen konnte, der sich auf einem eingezäunten Grundstück neben dem Haus befand. Wir sollten vorgehen, die Schuhe ausziehen und auf ihn warten. Wir verließen den Hof, betraten die Straße und standen nahezu sofort auf dem Schreinareal, das einen eigenen Eingang hatte. Ismail, der Fahrer unseres Hotelwagens, war mittlerweile interessiert und ehrfürchtig genug, um seine muslimischen Ängste hinsichtlich der Situation hintanzustellen. Er zog sich mit uns die Schuhe aus und sagte, falls der Hexenmeister sich nicht reinigte, bevor er zu uns käme, würde der Geist, der ihn leitete, sehr wütend werden. Der Hexenmeister selbst habe das gesagt.

Ich konnte förmlich fühlen, wie die Rechnung des Hexenmeisters minütlich höher wurde.

Auf dem Schreingelände verteilt standen fünf kleine Hütten. Es waren moderne gemauerte Hütten; sie waren zu klein, als dass jemand darin hätte wohnen können, und sie waren durch einen zwanzig Zentimeter erhöhten und einen Meter breiten Weg aus rot gestrichenem Beton miteinander verbunden, als wäre das Gelände ein Spielbrett. Vielleicht war dieser rote Weg nur eine weitere moderne Neuerung: Kein Besucher sollte während der Trockenheit durch den Staub und während der Regenzeit durch den Schlamm gehen müssen.

Auf der einen Seite des Eingangs, dort wo wir standen, befand sich so etwas wie ein kleines Büro mit ein paar Büchern, einem Telefon, einem kleinen Safe aus Stahl. An der Wand hing ein gerahmtes, in Grün gedrucktes Zertifikat, die offizielle Lizenz des Hexenmeisters; es sah aus wie die Zertifikate, die in anderen Ländern an professionelle Buchhalter und Apotheker ausgegeben werden. Alles hier war modern und korrekt; kein Gläubiger musste sich schämen.

Unter einem Spiegel befand sich ein kleines Waschbecken mit einem hauchdünnen Stück benutzter Seife. Auf einem ordentlichen, schwarzweiß bemalten Schild deuteten Pfeile in Richtung der Toiletten. Sie befanden sich auf dem Nachbargrundstück, auf dem das Haupthaus stand, und waren durch ein Tor mitten im Zaun zu erreichen. Es ging nicht an, Toiletten auf dem Schreingelände zu errichten.

Während wir diese Dinge bedachten und einige (nicht alle) Feinheiten begriffen, kam ein Assistent oder Dienstbote des Hexenmeisters durch ein weiteres Tor in der Seite und schloss die mit Vorhängeschlössern gesicherten Hütten auf. Es gelang ihm, in einer Hütte ein Holzfeuer zu entfachen. Vielleicht war es ein Willkommensfeuer, ausdrücklich unseretwegen entzündet; vielleicht war es aber auch ein ganz allgemein reinigendes Feuer, das der Inbetriebnahme des Schreins diente.

Wie hoch auch immer die Kosten waren, ich musste bleiben. Nach allem, was für mich getan worden war, konnte ich jetzt nicht mehr ins Hotel zurück. Selbst der Fahrer Ismail, der Muslim war, hätte sich gegen mich gewandt.

Jetzt kam der Hexenmeister. Er hatte die rote Turnhose gegen eine lange Hose getauscht und trug ein Sporthemd. Die Reinigung hatte ihm eine Frische und ein formelles Auftreten verliehen, die ihm zuvor gefehlt hatten. Er war nicht mehr mürrisch und schien bereit fürs Geschäft.

Er ging und setzte sich auf den Boden der Hütte am anderen Ende des Hofs. Die offene Tür rahmte ihn ein. Es war jetzt so, als wären wir wirklich Klienten und er würde uns empfangen, hinter einer Speerspitze sitzend. Die Speerspitze ist eines der Embleme der Baganda.

Lukes Freund erklärte, dass jede Hütte einem anderen Zweck diente. In einer Hütte empfing der Hexenmeister den Klienten und bestimmte seine Bedürfnisse. Eine andere Hütte war eine Art Apotheke; die Medikamente, vom Hexenmeister gemischt, befanden sich in kleinen Gläsern; sie wurden gemäß dem Rat der Geister an den Klienten ausgegeben. Der Hexenmeister musste allzeit bereit sein für die Kommunikation mit den Geistern. Auf diese Art heilte er. Das war der große Unterschied zwischen ihm und gewöhnlichen Menschen. Es erklärte seinen Erfolg.

Wir gingen zu dem Hexenmeister in der Hütte. Er saß in einer priesterlichen Haltung unter einem Porträt des Kabaka. Die Hütte, außen aus Beton und modern, war innen traditionell und afrikanisch; das fremdländische Material des Dachs vollkommen verborgen von Bahnen aus Rindentuch, zusammengenäht wie Rindentuch traditionell zusammengenäht werden musste. Dem Rindentuch, dem besonderen Stoff der

Vorfahren, war eine spirituelle oder magische Qualität eigen, ersichtlich in der Grabstätte des Kabaka in Kasubi, wo es von der Kuppel bis auf den Boden reichte und den »Wald« verbarg, in dem der Geist des Kabaka nach seinem Tod residierte.

In dem Grab musste alles aus einheimischen Materialien sein, und der Hexenmeister wusste, dass er auf seinem Schreingelände (und vielleicht auch in seinem Haus) gegen die Tradition verstieß. Dafür gab es einen Grund. Seit Kasubi hatte sich die Welt verändert. Er musste jetzt mit christlichen Kirchen und muslimischen Moscheen konkurrieren. Er musste mit modernen Materialien bauen; er wollte, dass die Menschen in seinen Schrein kamen und sich wohl fühlten.

Der Hexenmeister kam aus der Hütte. Er ging zu einer nahen Feuerstelle, auf der noch viel graue Holzasche und ein nur teilweise verbranntes Holzscheit lagen. Er sagte, dass er manchmal dort sitze, im brennenden Feuer. Die Geister veranlassten ihn dazu, und wenn er von den Geistern besessen war, spürte er das Feuer nicht. Worte wurden ihm von oben oder von unten, von der Erde eingegeben.

Ismail fiel in seinen muslimischen Glauben zurück und sagte halblaut auf Englisch zu mir: »Ich möchte sehen, wie er das macht.«

Luke und sein Freund hörten es nicht. Sie waren vollkommen gefesselt vom Hexenmeister, der den Zweck der Hütten erklärte. Nachdem das erledigt war, rief der Hexenmeister seinen Assistenten, und der Assistent ging wie ein gut angelernter Mann zum Haus und holte ein dickes, quadratisches Album mit Farbfotos. Die Fotos zeigten Menschen, die den Schrein besucht hatten. Der Hexenmeister blätterte eine nach der anderen die dicken Seiten des Albums um, und Luke und sein Freund und sogar Ismail verstummten, weil wir auf Fotos lokaler Berühmtheiten blickten, die als Bittsteller hierhergekommen waren.

Dann stand die Frage der Bezahlung an. Luke sagte auf seine drohende Art, dass es an mir läge. Ich gab 20 000 Schilling, etwas unter sieben Pfund, vierzehn Dollar (elf Euro). Ich entschied mich für diesen Betrag, weil ich dem Hexenmeister keine Frage gestellt hatte. Zu meinem Erstaunen wurde das Geld ohne Diskussion angenommen, und ich bedauerte, dass die Sorge um das Honorar die Angelegenheit etwas verdorben hatte.

Den Ärger gab es später, als ich meine Rechnung mit Luke begleichen musste. Ich bot ihm – am Telefon – einhundert Dollar (achtzig Euro) an, und er schien damit einverstanden. Doch später am Abend rief er an und fragte nach, ob er richtig gehört habe: Hatte ich ihm einhundert Pfund (120 Euro) geboten? Ich hatte mir schon überlegt, dass hundert Dollar wirklich zu wenig waren. Deswegen bejahte ich und sagte, ich hätte ihm hundert Pfund angeboten. Aber als er am nächsten Morgen kam, um das Geld zu holen, war schnell klar, dass der Handel seiner Ansicht nach noch lange nicht abgeschlossen war. Er zählte das wenige auf, das wir zusammen unternommen hatten, und erklärte, dass zweihundert Pfund ein fairer Preis wären. Seine Methode bestand darin, eine vereinbarte Zahl einfach zu verdoppeln, nicht etwa den Preis in kleinen Schritten zu erhöhen. Ich begann die Verzweiflung Spekes zu verstehen, die er vor hundertfünfzig Jahren empfunden hatte, als er von einem Häuptling nach dem anderen mit dem *hongo* erpresst wurde, der Eintrittssteuer für das Territorium eines Häuptlings. Erst wenn sie gezahlt war, wurde »die Trommel der Zufriedenheit« geschlagen, die den Menschen sagte, dass der Besucher nicht zu belästigen war.

Letztlich verwirrte mich Luke so sehr mit Dollar und Pfund, indem er ständig die Währung wechselte, dass ich ihm einen *hongo* von einhundertfünfzig Pfund bezahlte, bei weitem zu viel.

9

Jede Woche standen zwei, drei Artikel über Hexerei in unterschiedlichen Landesteilen in der Zeitung.

In einem Dorf glaubten die Leute, dass Malaria, eine häufige Todesursache in Uganda, durch Hexerei und Mangos verursacht würde. Sie hatten guten Grund, Mangos und die Krankheit in Zusammenhang zu bringen. In der Regenzeit gab es viele Mangos; zu dieser Zeit pflanzten sich auch Moskitos fort und benutzten dazu noch das kleinste stehende Gewässer. Anderen erschien Hexerei als die einleuchtendere Erklärung. Ein Dorfbewohner sagte: »Malaria wird von Hexerei oder bösen Geistern verursacht. Als ich Malaria hatte, fand ich heraus, dass mein Nachbar dafür verantwortlich war. Und als er aus dem Dorf vertrieben war, wurde ich gesund.« Eine Prozedur – ein Besuch beim Hexenmeister – war notwendig, um den Nachbarn zu entlarven; eine weitere, gewaltsamere Prozedur, wahrscheinlich unter Beteiligung des ganzen Dorfes, war nötig, um den Nachbarn zu vertreiben.

Wenn es um Hexerei ging, war häufig Gewalt im Spiel. In der Osterwoche erwürgten vier Brüder in einem Dorf im Südwesten des Landes ihre zweiundvierzigjährige Tante. Sie entfernten ihren Unterkiefer und ihre Zunge, zweifellos für einen privaten magischen Zweck, und warfen die Leiche in eine nahe Bananenpflanzung. Kurz darauf sammelten sich Hunde in der Bananenpflanzung. Die Dorfbewohner wurden misstrauisch, schauten nach und fanden die Hunde, die die in einer Blutlache liegende Leiche der toten Frau fraßen. Die Frau war wohlbekannt gewesen. Der Verdacht fiel sofort auf die vier Brüder, von denen man vermutete, dass sie Zauberei ausübten. Zwanzig Männer aus dem Dorf machten sich auf die Suche nach ihnen. Als sie sie fanden, schlugen sie mit Stöcken und allem, was greifbar war, auf sie ein.

Zwei Brüder entkamen und stellten sich der Polizei. Die beiden anderen Brüder wurden getötet und in eine Latrine geworfen. Vier Ziegen, fünf Hühner und zwei Schweine, die den Brüdern gehörten, wurden geschlachtet; so wird mit Tieren verfahren, die zufälligerweise übel beleumundeten Menschen gehören. Die Polizei verhaftete fünfzehn Personen. Die beiden Leichen wurden aus der Latrine geholt und zur Obduktion gebracht: eine seltsame legalistische Note in dieser Geschichte ländlicher Grausamkeit.

Manchmal läuft es natürlich auch andersherum: Hexerei tritt in einem Kontext auf, in den sie nicht passt. Die Geschichte beginnt einigermaßen harmlos in einem Dorf, in dem Tiere nach Futter suchen. Eine Kuh dringt in den Hof einer Mittelschule ein, sieht ein zum Trocknen ausgelegtes Hemd und beginnt, es zu fressen. Der Schüler, dem das Hemd gehört, jagt die Kuh in der Hoffnung, sein Hemd wiederzuerlangen. Er schlägt die Kuh mit einem Stock. Ein paar Tage später beginnt das Bein des Schülers – nicht das der Kuh – anzuschwellen, und er wird gelähmt. Die Schüler wissen sofort, wann sie es mit Zauberei und Hexerei zu tun haben. Sie reagieren auf die einzige Weise, die sie kennen. Gemeinsam greifen sie das Dorf an, brennen acht Häuer nieder und versuchen, den Besitzer der Kuh zu lynchen, einen alten siebzigjährigen Mann, dem sie vorwerfen, den gelähmten Schüler verhext zu haben. Bei ihrem Amoklauf durch das Dorf bringen sie einen Hund, sechs Kühe, vierzehn Ziegen, drei Schafe und elf Hühner um; zudem verwüsten sie vier Plumpsklos und die Bananen- und Kaffeepflanzungen von acht Dorfbewohnern. Drei mit Speeren und Macheten bewaffnete Dörfler verstecken sich später in der Schule zum Zweck eines Gegenangriffs; dort werden sie – unfairerweise – von der Polizei verhaftet, und die Sache verläuft im Sand.

Hexerei ist für diese Menschen kein Spaß. Sie können nicht über etwas lachen, was sie fürchten. Die Schüler einer Oberschule, einem Internat in einer größeren Stadt, geraten in helle Aufregung, als sie eines Morgens auf dem Schulhof einen frischen Ziegenkopf und ein ganzes Ziegenfell finden. Sie betrachten diese Dinge als Hexerei-Fetische. Sie beschuldigen den Direktor; auch das Essen in der Schule sei nicht gut, behaupten sie, und als sie an diesem Morgen aufstanden, waren ein paar Fenster eingeschlagen, und die Schule war insgesamt in einem chaotischen Zustand. Das gilt als klares »Zeichen« für Zauberei. Die Schüler haben das Gefühl, dass sie auf unangenehme, teuflische Weise bedroht werden, und behaupten (und jetzt sprechen sie in einem Code, von dem sie erwarten, dass er verstanden wird), dass »große Leute« dahinter stecken. Später marschieren sie durch die Stadt, kräftige junge Männer in Schuluniform, dunklen Hosen und weißen Hemden, und erklären, dass sie streiken werden. Als die Polizei kommt, tritt sie versöhnlich auf; sie versteht ihr Land.

In einer Welt zu leben, die von Hexerei beherrscht wird, in einer Welt, die dazu neigt, sich auf irrationale Weise in ihren Einzelheiten aufzulösen, heißt, nervös und ständig auf der Hut zu sein. Man füge die ewige Angst vor negativen politischen Entwicklungen hinzu, die Furcht, dass ein Land in den Abgrund gleitet, dazu die große Bevölkerung Ugandas, das permanente Gefühl, dass es zu viele Menschen für das verfügbare Land, die verfügbaren Straßen und Jobs gibt.

Das Land kann offen und ungenutzt aussehen (wie für die frühen Forschungsreisenden), aber man weiß nie, wann man geschützte Feuchtgebiete betritt, von denen mittlerweile bekannt ist, dass sie das Wasser für den Victoriasee filtern und reinigen. Und wenn man Antilopen im Gebiet des Mount Elgon jagt, ein traditionelles Jagdrevier, weiß man nie, wann man sich plötzlich auf Land befindet, das von der Uganda Wildlife Authority geschützt wird, deren Aufseher Gewehre tragen und schießen, um zu töten, und wo Wildern im Volksmund heißt, »dem Tod im Wald die Hand zu schütteln«. Es gibt viele Regionen, wo man als Hirte nicht sagen kann, ob man sein Vieh auf Land weiden lässt, das für die Landwirtschaft bestimmt ist, oder ob man es über die Grenze nach Tansania treibt, wo es nicht erwünscht ist. In Kayunga werden Bäume gefällt, um Holzkohle daraus zu machen, und weil es keinen Wald mehr gibt, vernichten Regen und Hagel jetzt die Häuser, Felder und Tiere, und plötzlich haben die Menschen kein Dach mehr über dem Kopf und nichts mehr zu essen. Es ist so leicht, alles immer schlimmer zu machen.

Dieses Gefühl der Nervosität kann leicht in ein Gefühl der Zerrissenheit, in Leid umschlagen. Über dieses Leid, über Menschen, die zu extremem Verhalten getrieben werden, über eine Welt, die nicht mehr kontrollierbar ist, stehen jeden Tag viele Artikel in den Zeitungen.

Mann verbrennt 10 in seiner Hütte: Dies ist eine Meldung aus dem Norden, aus einem Lager für innerhalb Ugandas heimatvertriebene Personen. Der Zweck des Lagers lässt schon auf Spannungen schließen. Darin eingebettet ein Familienstreit: Ein Mann, der eine Rechnung mit seiner entfremdeten Frau begleichen will. Es geschah in einer strohgedeckten Hütte; nachdem sie mit Benzin bespritzt worden war, brannte sie wie Zunder. Sieben der zehn getöteten Menschen waren Kinder. Ein paar gehörten zu anderen Familien; aus Platzmangel waren sie zum Schlafen in diese Hütte gebracht worden. Auf einem Foto waren die kleinen verkohlten Leichen in der ausgebrannten Hütte zu sehen. Sie lagen nebeneinander, um sich im letzten Moment zu trösten, die Gesichter instinktiv nach unten gedreht, um sie zu schützen.

Mein Mann wurde vor meinen Augen in Stücke gehackt: Es handelt sich um einen Artikel aus derselben Ausgabe. Ein Ehepaar, für beide ist es die zweite Ehe. Der Mann hatte fünfzehn Kinder aus der ersten Ehe, sechs aus der zweiten. Das Paar kehrte von einem Markt zurück, als es von einem Mann mit einer Machete angegriffen wurde, der aus einer Bananenpflanzung stürmte. Während er immer wieder zuschlug, beschuldigte der Angreifer den Mann, ein Polygamist zu sein. Abgesehen von einem möglichen Groll der ersten Familie des Mannes, war hier also auch ein christliches Gefühl im Spiel. Nachdem der Mann getötet war, wandte sich der Angreifer der Frau zu. Er hackte ihr eine Hand ab und hätte weitergemacht, wenn nicht ein *boda-boda*-Radfahrer mit einem sehr hellen Licht aufgetaucht wäre. Die Frau wurde ins Krankenhaus gebracht, wo ihr die andere Hand amputiert werden musste. Da sie keine Hände mehr hatte, musste sie gefüttert werden. Sie sagte der Zeitung: »Ich weiß nicht, was aus den Kindern werden soll, und jetzt, wo sie in die Schule zurückkehren, wer wird mir zu essen geben?«

Angeklagt, ihren eigenen Sohn bei lebendigem Leib begraben zu haben: Auch diese Meldung ist aus derselben Zeitung. Eine dreiunddreißigjährige Gelegenheitsarbeiterin, die (ausgerechnet) auf einer Blumenfarm arbeitet, wird beschuldigt, ihren achtzehn Monate alten Sohn in einem Kartoffelacker begraben zu haben. Das Kind war mit gefesselten Beinen in einen Sack gewickelt. Auf dem Foto ist die Mutter zu sehen, eine aufgelöste und hilflose Frau. Ein Nachbar erzählt der Zeitung, dass es so verzweifelten Menschen möglich sein sollte, ihr ungewolltes Kind auf einem Polizeirevier abzugeben. Und in der Beschreibung des vergrabenen Kindes – der Sack, die gefesselten Beine – schwingt ein merkwürdiges Echo eines Hexenmeisters mit, der einem Bittsteller rät, etwas zu opfern, was ihm lieb und teuer ist. Als hätte die arme Frau von diesem Rat gehört und versucht, ihn ganz allein auszuführen.

So viel zum Leid der Armen. Doch für die Bessergestellten, sogar für Mitglieder eines königlichen Clans gibt es vergleichbare Nöte.

»Wir hatten die Unabhängigkeit und haben sie verloren. Von den Jahren der Zerstörung, die auf die Unabhängigkeit folgten, haben wir uns nie erholt. Zwanzig Jahre bis 1984. Traditionen verblassen automatisch. Werden Sie nach Mbarara fahren? Sie sollten dorthin fahren und sich die Zerstörung mit eigenen Augen ansehen. Den verlassenen Palast, in dem wegen der politischen Ereignisse Unkraut wächst. Wenn man kulturelle Beschränkungen aufhebt, herrschen Chaos und Anarchie. Unter diesen Umständen tun die Menschen alles, nur um zu überleben.« Das war auch Prinz Kassims Argument. »Sie werden alles tun, und gleichzeitig wollen sie allen technologischen Fortschritt der Welt. Der Wettlauf um den technologischen Luxus hat die Stelle der Kultur eingenommen. Unsere Religion war nicht grausam. Sie basierte auf der Verehrung der Ahnen. Wenn dein Vater stirbt, achtest du ihn. Bevor du trinkst, bringst du deinen Vorfahren ein Trankopfer dar. Die Zerstörung der Traditionen und der Mangel an kulturellen Beschränkungen bringen nur Unheil, vor allem für ein Volk, das eine Kolonialmacht zusammengewürfelt hat, damit es eine Nation bildet.«

Und jemand aus der Mitte, eine gebildete Frau, nicht arm, nicht aus einem königlichen Clan und aus einem anderen Teil des Landes, eine bekennende Christin mit großem Respekt für ihre Wurzeln: »Die Moderne fegt unsere Kultur hinweg, und das wird sich in einem politischen Aufruhr manifestieren. Ein Konflikt zwischen dem Christentum und der traditionellen Religion. Wenn es eine Trockenheit gab oder wenn sich eine Trockenheit hinzog, sah die Tradition der Lango vor, dass alle Ältesten zusammenkamen und Opfer darbrachten, und dabei fing es an zu regnen. Das hat mir meine Großmutter erzählt. Aber die Missionare haben es Teufelsanbetung genannt. Eine Kultur stirbt nicht – heute nennt man es Hexerei. Meine Großmutter bekam Zwillinge, die starben. Sie mussten auf besondere Weise begraben werden, in leeren Gefäßen, und über dem Grab wurde eine kleine Hütte errichtet, um sie zu schützen und ihnen Schatten zu spenden. Meine Großmutter ging jedes Jahr dorthin, um die Hütte und das Grab zu pflegen, um zu singen und zu tanzen. Als sie Pfingstkirchlerin wurde, musste sie damit aufhören, weil es nicht erlaubt war.

Sie musste die Hütte abbauen, und sie hatte große Angst, dass die Zwillinge kommen und ihre lebenden Kinder umbringen würden. Ich spreche mit mir selbst, damit ich nicht verwirrt werde. Ich denke, es geht immer um den Glauben und darum, was den Menschen guttut. In der traditionellen Religion ging es nicht ums Geld. Es gab einen Gemeinschaftssinn, und die Leute kamen zusammen wegen etwas, was sie alle betraf wie etwa eine Trockenheit.«

Und allmählich, aufgrund der Tragödien, über die in den Zeitungen berichtet wird, und aufgrund der Gespräche mit guten Menschen, gelangt der Besucher zu der beunruhigenden Vorstellung eines armen Landes, das nach vierzig Jahren Bürgerkrieg noch immer verwundbar ist – in seinen Menschen, deren Nerven ständig beansprucht werden, in seiner Landschaft, die ausgeplündert wird – und das auf einen Aufruhr wartet, der womöglich nichts lösen wird.

10

1966 hatte ich nicht im Traum daran gedacht, mich auf die Suche nach der Quelle des Nils zu machen. Niemand von den Leuten, die ich kannte, sprach davon. Sie interessierten sich für Jagdreviere und das Angeln in den Seen im Westen; sie interessierten sich für die Politik des Landes, ihre Kollegen, lange Autofahrten. Damals hatte ich Speke noch nicht gelesen, und die Romantik des großen Flusses war mir fremd, obwohl wir ihn auf dem Weg nach Nairobi – ein regelmäßiger Ausflug – und auf dem Rückweg nach Kampala in Jinja überquerten. Bei Stanley las ich, dass »jinja« die Steine, die

Wasserfälle bedeutet, die Stelle kurz nachdem sich der Victoriasee in den Nil ergießt.

Und jetzt sollte ich von der Busoga-Seite aus sehen, dass dieses Fließen in den Nil ein majestätisches Naturereignis ist: eine große, glatte Fläche Wasser von immenser Kraft, nicht schlammig wie der Kongo oder der Mississippi, sondern frisch, graugrün, gesprenkelt mit geheimnisvollen, kleinen grünen Inseln, zwischen hohen grünen Ufern. Und diese Fläche teilt sich zwischen den Felsen und erwacht zum Leben. Als Speke ihn zum ersten Mal sah, den Ort seiner Träume, saß er auf der Buganda-Seite am Ufer, ließ »den Tag ausklingen« und betrachtete das Spiel des Wassers. Diese Wirkung hat der Ort noch immer, er ermuntert den Besucher, einfach nur zu schauen, die Gedanken Jahrhunderte, vielleicht sogar Jahrtausende in die Vergangenheit schweifen zu lassen, als das, was wir jetzt sehen, bereits existierte (ein Schnelldurchlauf würde vielleicht zeigen, wie Inseln und Vegetation verschwinden und wieder auftauchen), und sie zudem auf eine unvorstellbare, sechseinhalbtausend Kilometer lange Reise nach Norden ins Mittelmeer zu schicken.

Speke sah Tausende »fliegender Fische« über die Steine springen und viele Nashörner und Krokodile im Fluss. Es gibt sie nicht mehr. Speke war selbst ein großer Mörder mit dem Gewehr und einem entsprechend flotten viktorianischen Jägervokabular, und viele Tausende Jäger sollten seinen Spuren folgen. Noch während der ersten Betrachtung des Wasserfalls, während sein Herr zufrieden dasaß und schaute, erschoss Spekes gut ausgebildeter Assistent Bombay ein schlafendes Krokodil.

Im nächsten Jahrhundert wurde in Jinja ein Staudamm gebaut. Dämme verändern das Leben eines Flusses und das

Aussehen der Dinge, und was wir jetzt hier sehen, ist nicht mehr genau das Gleiche, was Speke sah. Flussabwärts ist ein weiterer Staudamm geplant; wenn er gebaut ist, wird der Besucher nicht mehr genau das Gleiche sehen, was wir jetzt vor Augen haben.

Auf einer der Inseln im Victoriasee hat eine Tier- und Naturschutzorganisation ein kleines Schimpansenschutzgebiet eingerichtet – zweiundvierzig Tiere, deren Eltern von Afrikanern getötet und gegessen worden waren. Die Afrikaner lieben, was sie »Buschfleisch« nennen, und würden sich mühelos einen Weg durch die Tierwelt des Kontinents essen, hätten sie Gewehre und wären sich selbst überlassen.

Die Organisation veranstaltet von Entebbe aus Bootsfahrten zum Schutzgebiet. Mir schien das eine unbeschwerte Möglichkeit über den See zu fahren, auf dem vor hundertfünfzig Jahren Mutesa I. mit seinem Hof und seinem Harem auf Booten seiner Flotte picknickte.

Die Gärten oder Anlagen der Naturschutzorganisation sind üppig und wuchern grün bis zum Wasser. Es sollte eigentlich idyllisch sein, doch am frühen Morgen schwärmen die Zuckmücken, fedrig und braun, über dem See. Nach einem Leben in der Luft, einem kurzen Leben, suchen sie nach Stellen, auf denen sie sich niederlassen können, und sie finden sie auf Haaren und Kleidung. Unter dem Bootssteg hängen blassbraun und schwer Spinnweben wie dekorative Girlanden, darin massenweise in die Falle gegangene Mücken – Afrika reich an Leben und Tod. Das Boot fährt los und durch eine weitere Wolke Zuckmücken, die jetzt doppelt so schnell auf Gesichter und Kleidung fallen und sich an windstillen Stellen, insbesondere auf dem Boden des Boots niederlassen.

Dann löst sich die Mückenwolke gnädigerweise auf. Das dunkelgrüne Wasser ist unruhig, und bald sehen wir die Einbäume von Fischern. Je zwei Männer sitzen in den Booten, die so tief im Wasser liegen, dass die Fischer (die vielleicht etwas angeben) mit ihren Körpern über das Wasser zu gleiten scheinen, und es fällt einem leichter, den Zeitungsberichten zu glauben, wonach jedes Jahr fünftausend Personen im See ertrinken.

Die idyllischen Inseln tauchen auf, Wald und Parklandschaft, die Farben im Dunst verschwommen. Was nah erscheint, ist weiter entfernt, als man denkt. Hinter einer Insel steigt dicker weißer Rauch aus einer Fischersiedlung auf, die langsam, aber sicher den See verschmutzt, ihn zu einem Überträger von Typhus und Cholera macht. Zu Mutesas Zeiten muss es schon so gewesen sein, doch Speke, der damit ringt, einen wochenlangen asthmatischen Anfall zu beschreiben, erwähnt es nicht.

Die Fahrt zur Insel der Schimpansen dauerte eineinhalb Stunden. Sofort herrschte Ordnung: gemähtes Gras, ordentlich mit Stroh gedeckte Hütten, Wege und Schilder, die prächtigen gelben Webervögel mit ihren außergewöhnlichen Nestern beschäftigt. Zweimal am Tag werden die Schimpansen gefüttert. Die Boote vom Festland treffen pünktlich zu diesen Terminen ein.

Ein roter Kiesweg führte zu einem Zaun, der das bewaldete, für die Schimpansen reservierte Gelände vom Rest der Insel abgrenzte. Ein enormer Lärm irgendwo im Busch besagte, dass die Fütterung begonnen hatte. Die Schimpansen bekamen kein Fleisch, sondern klein geschnittenes Obst, das von einer Plattform geworfen wurde. Darum wurde mit so heftigen Schlägen gekämpft, dass der Schlag einen Hohlraum zu treffen schien, wenn er auf einem Schimpansen landete. Die Schreie der Schläger und Geschlagenen wurden übertönt von einem ununterbrochenen Kreischen, Genuss ununterscheidbar von Schmerz.

Die Schimpansen mochten Waisen gewesen sein, doch in ihrem Schutzgebiet herrschten die alten Regeln: Größe und Autorität bestimmten die Hierarchie. Das stärkste Männchen lief an der Aussichtsplattform entlang und darüber hinaus und stieß kleinere Männchen um. Nur die ganz Kleinen, die fast noch Babys waren und seltsam melancholisch wirkten, durften ungestört fressen, die Obststücke in den langen, knöchrigen Fingern. Ein, zwei Schimpansen führten kleine Kunststücke für die Besucher auf, indem sie Stöcke oder Zweige durch den Maschendrahtzaun steckten und Obststücke holten, die absichtlich vor den Zaun geworfen worden waren, damit wir den Trick sehen konnten.

Langsam ging die Fütterung zu Ende, und wieder führten die großen Tiere die Herde an; sie bewegten sich behende auf Händen und Füßen und zogen sich in den Wald zurück.

Unwillkürlich musste ich daran denken, dass die Zoos und die Tiere in Zeiten des nationalen Notstands als Erste litten. Ein kleines Schwächeln der Aufsichtsbehörde, und die ausgetüftelte Unterstützung des Schimpansenschutzgebiets würde zusammenbrechen. Die Schimpansen waren geschickt, hatte man uns gesagt; sie ähnelten den Menschen, doch gegen Gewehre waren sie wie alle Tiere der Welt machtlos. Maximal fünfzehn Minuten mit einem Gewehr, und die Schimpansen wären das gleiche afrikanische Buschfleisch wie ihre Eltern. Die Wege des Schutzgebiets, die mit großem Aufwand gepflegt wurden, würden zuwuchern; die ordentlichen Strohdächer der Hütten würden zerfallen und zusammenbrechen.

Als Speke und Stanley hier waren, mussten ihnen der Wald und die Tiere darin für die Ewigkeit bestimmt erscheinen; doch jetzt wirkten sie wie alles andere in Uganda gefährdet.

Wir kehrten auf einer anderen Strecke zurück und fuhren um eine Insel, auf der es eine Fischersiedlung von ungefähr tausend Personen gab. Das sagte zumindest einer der Bootsmänner, aber die Siedlung aus dungfarbenen Hütten – eine neben der anderen – sah aus wie ein sehr dicht bevölkerter Slum auf dem Festland, und ich vermutete, dass wesentlich mehr Menschen dort lebten. Am Morgen war hier der dicke weiße Rauch aufgestiegen. Auf dem Hinweg hatten wir schon ein paar Fischersiedlungen gesehen, und einige davon sahen romantisch aus wie in einem Bilderbuch, dunkle Einbäume lagen auf dem hellen Strand. Aber in dieser großen, slumähnlichen Siedlung gab es keine Elektrizität und nur das Wasser aus dem See.

Bald tauchten am Himmel die schmalen tornadoähnlichen Wirbel der Zuckmücken auf, die uns bereits am Morgen belästigt hatten. Bevor wir in Entebbe ankamen, zeichneten sich fünf oder mehr dieser hellbraunen Wirbel vor dem bleichen Himmel ab, dünn, hoch, zitternd, ständig die Form wechselnd: wie Emanationen des Wassers.

11

Das Volk der Baganda bewies großes Geschick und Können beim Bau von römisch geraden Straßen und herrschaftlichen strohgedeckten Hütten, durch die nicht einmal zur Regenzeit das Wasser drang. Es verfügte über eine ausgefeilte soziale

Organisation; jeder Clan war wie eine Gilde mit eigenen Pflichten. Es verehrte seinen Kabaka und wurde geleitet von Loyalität und Gehorsam. Zusammengenommen machten diese Eigenschaften die Baganda zu einer großen Streitkraft und sicherten ihnen ihr Reich, das ein paar Jahrhunderte überdauerte.

Ihre Geschichte jedoch muss ohne Daten und Aufzeichnungen auskommen, weil die Baganda keine schriftliche Überlieferung kennen. Sie verfügen nur über eine begrenzte, mündlich überlieferte Literatur, ein magerer Ersatz für geschriebene Texte, die über die Jahrhunderte befragt werden können. Seltsamerweise scheint das Fehlen einer schriftlichen Kultur die Akademiker und Patrioten nicht zu bekümmern; es wird nicht darüber gesprochen.

Ich traf nur einen Mann, der über diesen Mangel der ugandischen oder zentralafrikanischen Königreiche nachdachte. Es handelte sich um einen Melancholiker mittleren Alters, der aus einem benachbarten Königreich stammte. Er war ein leidenschaftlicher Verfechter der Königreiche und glaubte an die Macht der weggesperrten und unersetzbaren königlichen Trommel seiner Heimat mit ihrem besonderen Klang. Er litt wegen der jüngsten Vergangenheit. Der schreckliche Milton Obote hatte 1967 die königliche Trommel und zweiundsechzig Insignien weggesperrt, und obwohl die Königreiche faktisch wieder eingesetzt waren, war nichts mehr wie früher, und sein Volk hatte die Trommel noch nicht zurückerlangt. Die Trommel war noch immer mächtig, aber diese Macht litt unter der Gefangenschaft. Der melancholische Mann übertrieb wie ein verwundeter Patriot das zu erwartende Leid: Er lebte mit der Vision, dass dieser Teil Afrikas von einer neuen politischen Kraft hinweggefegt würde.

Er deutete auf eine sehr zurückhaltende Frau, eine Verwandte, die bei ihm war, und sagte: »In ein paar Jahren werden Sie sie hier nicht mehr sehen.« Damit meinte er nicht, dass die Frau auswandern würde; er meinte vielmehr, dass die Mitglieder des königlichen Clans, zu dem seine Verwandte gehörte, Menschen, die für ihre feinen und unverwechselbaren Gesichtszüge bekannt waren, bald verdrängt würden.

Ich brachte ihn wieder zurück zu der Frage der fehlenden Schrift.

Er sagte: »Schrift? Sie kannten noch nicht einmal das Rad.«

Das war mir neu. Doch dann, als ich mir all das vor Augen führte, was ich über das alte Uganda gelesen hatte, schien es mir zu stimmen; obwohl es schwer vorstellbar war, dass auf den geraden Straßen der Baganda alles von Menschen oder Eseln transportiert worden war.

Er meinte, dass die relative geographische Isolation Ugandas in Zentralafrika – umgeben von Seen – zumindest teilweise das Fehlen einer Schrift erklärte. Auch damit schien er mir richtig zu liegen. Die Baganda hatten ihre eigene Sprache; angesichts des Stimulus lese-und schreibkundiger Nachbarn wäre es halbwegs einfach gewesen, eine Schrift zu entwickeln, die dem Klang der Sprache entsprochen hätte. Im benachbarten Königreich Bunyoro fand Speke Menschen, die arabisch schrieben: Manche Leute hatten das Bedürfnis nach Schrift und Schreiben.

Ohne Schrift verfügten die Baganda über keine effektive Möglichkeit, die außergewöhnlichen Dinge aufzuzeichnen, die sie vollbrachten. Vieles in der Vergangenheit, die siebenunddreißig Könige, deren sie sich rühmen, ist verloren und kann nur als Mythos diskutiert werden. Der Verlust geht weiter. Im Zeitalter des Lesens und Schreibens, der Zeitungen, des Fernsehens und Radios sinkt der Wert der rein mündlichen Überlieferung beständig.

Die Baganda bauten Straßen wie die Römer, schnurgerade Straßen, hinauf auf Hügel, hinunter in Täler; ungünstige Senken füllten sie mit großen Papyrusstengeln auf, der in diesem Land mit viel Wasser so üppig gedeiht wie im alten Ägypten. Doch die Baganda leben schon so lange mit den alten Straßen, dass sie sie für selbstverständlich halten; manche sind sogar der Ansicht, die Briten hätten sie gebaut. Und die gewiss raffinierten Werkzeuge und Methoden, um die Straßen auszurichten und zu planieren, sind vergessen.

Ungefähr um 1870 führte Mutesa I. Krieg gegen einen Nachbarn. Für diesen Krieg veranlasste er den Bau einer Straße, die ein Stück am See entlangführte. Stanley sah diese für militärische Zwecke gebaute Straße zwei Jahre später. Sie existiert noch als intakte Straße, nur hier und da war ein bisschen Gras darauf gewachsen, was in dieser fruchtbaren Gegend bemerkenswert ist angesichts der heftigen Niederschläge in der Regenzeit.

Patrick Edwards war der Botschafter Trinidads. Er war ein Afrika-Experte und hatte sein Land ein paar Jahre in Nigeria vertreten. Er interessierte sich für meine Reise und half, wann immer er konnte. Er meinte, ich solle Kampala verlassen und mir außer Buganda ein weiteres Königreich ansehen. Er schrieb einen offiziellen Brief an das Königreich Busoga (das Kabaka Sunna in den 1850er Jahren so spektakulär bestraft hatte). Nach einer Weile erhielt er eine Antwort. Die Offiziellen waren besorgt wegen der außergewöhnlich hohen Ausgaben, die mein Besuch verursachen würde, und spezifizierten, wofür sie anfallen könnten: Essen, Reisen, Hotels. Ich hatte das Gefühl, dass wir dank Patricks Brief hundertfünfzig Jahre zurückversetzt waren in die Welt des willkürlich festgesetzten *hongo*, der für einen Reisenden jederzeit verdoppelt und noch einmal verdoppelt werden konnte, bevor die Trommel der Zufriedenheit geschlagen wurde und der Reisende frei war. Ich beschloss, mich von Busoga fernzuhalten.

Patrick meinte, wir sollten nicht aufgeben und es mit dem berühmteren und schöneren Königreich Toro im Westen versuchen. Im Serena Hotel, in dem ich wohnte, arbeitete zufälligerweise ein Mann, der zusätzlich zu seinen Pflichten in der Personalabteilung des Hotels die Aufgabe des Protokollchefs im Königreich Toro innehatte. Patrick näherte sich dem Mann, der James hieß, auf seine übliche korrekte Weise, und zu gegebener Zeit erfuhren wir von James, dass die Königinmutter von Toro in ein paar Tagen im Hotel absteigen würde.

Am Nachmittag des vereinbarten Tages saßen wir im ersten Stock des Hotels in der Bambara Lounge und warteten auf die Königinmutter. Am anderen Ende der Lounge saßen drei stattliche Frauen von brauner Hautfarbe. Sie waren bereits da, als wir ankamen. Sie bildeten eine distinguierte Gruppe. Eine der drei war auffällig schön und lebhaft. Sie war in einem Rotton gekleidet, der gut zu ihrer Hautfarbe passte. Ich nahm an, dass sie die Königinmutter war, aber wir konnten erst sicher sein, nachdem wir miteinander bekanntgemacht wären. Dies geschah, als James, der Protokollchef des Hofes, kam.

Die Königinmutter und ihre Begleiterinnen verließen daraufhin ihre Ecke und setzten sich zu uns. Die Frauen bei der

Königinmutter waren ihre Schwestern und vermutlich ihre offiziellen Anstandsdamen.

Die Königinmutter sagte, als sie eine Schwester vorstellte, dass diese eine wiedergeborene Christin sei. Das bedeutete, dass sie zur Pfingstbewegung in Uganda gehörte, wo es Hunderte Pfingstkirchen mit extravaganten Namen gab, denen zahlenmäßig nur die privaten Grund- und Mittelschulen gleichkamen. Deren Schilder tauchten an den unwahrscheinlichsten Orten auf (»Tages- und Vollinternat«) wie die Schilder der Kirchen, eine Art durchgedrehtes Privatunternehmen: eine unwahrscheinliche, verquere Erfüllung von Mutesas Wunsch von 1875, britische Missionare zu schicken.

»Wollen Sie errettet werden?«, fragte die Königinmutter. Sie meinte es ironisch.

Doch Ironie hatte keinerlei Wirkung auf ihre wiedergeborene Schwester, die sofort halblaut davon zu sprechen begann, dass wir Jesus bräuchten.

Im gleichen ironischen Tonfall sagte die Königinmutter, dass die andere Schwester mit einem alten Mann verheiratet sei, und überließ es uns herauszufinden, was das heißen sollte.

Die Königinmutter erzählte ihre eigene Geschichte. Sie hatte sie eindeutig schon oft erzählt. Ihr Mann war im auswärtigen Dienst Ugandas gewesen. Er hatte in Lateinamerika gearbeitet, und sie sagte auf ihre fröhliche Weise ein paar spanische Sätze, an die sie sich noch erinnerte. *»Cómo está? Todo va bien?«* (»Wie geht es Ihnen? Alles in Ordnung?«) Sie waren ein glückliches Paar, auch wenn er älter war als sie. Sie hatten drei Kinder, zwei Mädchen und einen Jungen. Eines der Mädchen erkrankte an Leukämie, und sie brachten es in das Royal Marsden Hospital in London. Drei Jahre lang lebte die

Familie in London. Dann musste der Vater, der Diplomat, zurück nach Uganda, um ein paar Dinge zu erledigen. Dort starb er an einem Herzinfarkt; kurz darauf starb das an Leukämie erkrankte Mädchen. Und so wurde die Königinmutter mit siebenundzwanzig Jahren Witwe und Regentin.

Ihr Sohn war jetzt sechzehn. In zwei Wochen würde er das Parlament in Toro eröffnen. Es würde ein großartiges dreitägiges Fest. Prinz Kassim hatte erzählt, dass dies Bestandteil der Kultur und Sitten aus alten Tagen war; es sei bewegend, sagte er, wie verdienstvolle alte Männer den Kindkönig verehrten. Und die Königinmutter erzählte uns etwas mehr über ihren Sohn. Er liebte Tiere. Er ließ nicht zu, dass jemand einen Hund trat oder eine Katze tötete. Sie hoffte, ihn zum Studium nach England schicken zu können. Sie lud uns alle ein, zur Eröffnung des Parlaments nach Toro zu kommen. Und Patrick lud im Gegenzug die Königinmutter für das nächste Jahr zum Karneval nach Trinidad ein.

James, der Protokollchef, schien hocherfreut, dass das Treffen in der Bambara Lounge so erfolgreich gewesen war. Er war in seinem Auftreten so zurückhaltend, trocken und formell, wie die Königinmutter überschwenglich war. Später sagte er in seiner Freude: »Die Mitglieder der königlichen Familie von Toro sind stattlich, gutaussehend und hellhäutig.«

Es war merkwürdig, das aus seinem Mund zu hören. Er selbst war sehr dunkelhäutig.

Ich war der Ansicht, dass ich in Uganda getan hatte, was es zu tun gab, und wollte eigentlich weiter. Doch nach der Einladung der Königinmutter beschloss ich, noch bis zur Eröffnung des Parlaments von Toro zu bleiben.

Aus dem Jahr 1966 hatte ich noch ein paar Erinnerungen

an Toro. Die wichtigste Stadt war Fort Portal, benannt nach einem frühen britischen Vermesser des Protektorats. 1966 gab es dort so etwas wie britisches Leben und viele Teepflanzer. Eines Tages ging ich widerwillig mit einem von ihnen zum Angeln auf dem Lake Albert im Westen und sorgte rasch für ein heilloses Durcheinander, verlor Leine und Fliege an ein unterirdisches Hindernis, was niemanden amüsierte. Die bekannteste Bar war The Gum Pot. Der Herrscher war der Omukama, und sein Palast stand auf der Kuppe eines Hügels. Es kursierten Geschichten über ihn (oder möglicherweise seinen Vater). Wenn er zu viel getrunken hatte, hielt sein Majordomus die Besucher fern mit den Worten: »Der Omukama ist müde.« Als ihm der Sinn nach Verschönerung stand, ließ er die Steine neben der Straße, die zum Palast hinaufführte, grün streichen.

Die Tage vergingen. James ließ nichts von sich hören, was unser Arrangement anbelangte. Patrick mit seinen Vorstellungen diplomatischer Etikette drängte ihn nicht. An dem Samstag, als der Kindkönig das Parlament eröffnen sollte, rief Patrick James am Morgen an, und uns wurde mitgeteilt, dass sehr viele Gäste anwesend seien und wir nicht mehr dazugebeten werden könnten. Das zeremonielle Wochenende verging. James sagte: »Sie kennen doch diese Königsfamilien. Es ist ihnen egal.«

Während der nächsten Tage – vielleicht hatte Patrick eine diplomatische Zurechtweisung erteilt – wurde James immer aufgeregter. Wir waren enttäuscht worden; er fühlte sich verantwortlich und wollte es unbedingt wiedergutmachen. Er wollte, dass wir nach Toro führen. Er wollte sogar, dass wir dort übernachteten. Er wurde hektisch. Er sagte, er habe alles geplant; er bedauerte das Verhalten seiner Königsfamilie so sehr, dass wir es um seinetwillen für kleinlich hielten, nicht nach Toro zu fahren.

In der letzten Minute stand uns eine gute Fee zur Seite, und wir entschieden, nicht über Nacht in Toro zu bleiben, sondern nach Kampala zurückzufahren. Der stets korrekte Patrick zog einen formellen grauen Anzug an für diesen Besuch im Königshaus; wir fuhren in seinem Botschafterwagen, mit der aufgesetzten Standarte von Trinidad.

Die Fahrt nach Fort Portal dauerte vier Stunden. Mindestens die Hälfte davon legten wir auf den geraden königlichen Straßen von Buganda zurück, die im Himmel zu verschwinden schienen, wenn sie einen Hügel hinaufführten. Doch diese Straßen waren in einem schlechten Zustand, auch wenn am Morgen in einem Zeitungskommentar behauptet worden war, die Ugander würden »fälschlicherweise dazu verleitet« zu glauben, die Straßen seien nicht gut. In jeder besiedelten Gegend rüttelten quer über die Straße verlaufende Hindernisse unsere Knochen durch.

Dann gelangten wir auf die von den Briten gebauten Straßen von Toro: Sie waren nicht gerade, sondern kurvenreich, verliefen in Schneisen in der roten Erde, die Sicht oft von Böschungen behindert. Doch aus unerfindlichem Grund – vielleicht war das Gebiet dünner besiedelt und das Verkehrsaufkommen geringer – waren diese Straßen wesentlich besser als die Straßen in Buganda, und wir kamen schneller voran. Auf den Kilometersteinen am Straßenrand stand alle vier Kilometer die Entfernung nach Fort Portal. Die Entfernung schien dahinzuschmelzen, und die Landschaft war großartig: Parklandschaft zwischen Bergketten.

James in Kampala dirigierte uns telefonisch durch die kleine Stadt. Wir kamen zu dem Hügel mit dem Palast. Als wir hinauffuhren, schaute ich mich nach den Steinen um, die von einem exzentrischen Omukama vor 1966 grün gestrichen worden waren. Ich sah keine. Vielleicht waren die Steine entfernt worden, weil sie zu verunstaltet gewesen waren, oder die Geschichte war falsch. Die Aussicht war in alle Richtungen großartig: Wir blickten hinunter auf eine weite Parklandschaft, helles Gras und dunkle Bäume, und die Dächer der kleinen Kolonialstadt Fort Portal.

Es war ein einzelner Hügel; das Panorama war grandios. Mir ging durch den Sinn, dass dieser Hügel immer schon der Sitz eines Königs oder Häuptlings gewesen war; er musste eine Geschichte haben. Wenn die Afrikaner nicht mit den vergänglichen Materialien des Waldes gebaut hätten, würde es die Mühe lohnen, Ausgrabungen anzustellen.

Wir gelangten zu einer mit Kies bestreuten Fläche zwischen dem Palast und einem kleinen, unauffälligen modernen Gebäude. Als wir ausstiegen, wurden wir von einer Gruppe lächelnder, geschäftiger Männer begrüßt, die hin und her liefen, uns fotografierten und eine Menge Lärm veranstalteten. Es mussten die Palastbediensteten sein, von denen James gesprochen hatte. Beruhigenderweise hatte er Wort gehalten.

Im Palast wurden wir in einen kleinen Raum geführt, in dem an zwei breiten Tafeln Kopien von Familienfotos angeschlagen waren. Ohne uns Zeit zu geben, uns von der langen Fahrt kurz auszuruhen, kam augenblicklich ein rotäugiger Bediensteter in einem langen Gewand und mit einem Stock mit dickem Griff und begann, uns einen Vortrag über Toro und die königliche Familie zu halten. Er deutete nicht einfach nur auf die Fotos; er benutzte den Stock mit dem dicken Griff, um heftig auf die Fotos zu schlagen. Er machte eine Menge Lärm und sprach mit einem starken Akzent. Ich konnte ihm nicht folgen, hatte aber den Eindruck, dass er bereits begonnen hatte, sich zu wiederholen.

Oben an der einen Tafel hing ein Foto des alten Palastes: ein großes, strohgedecktes rechteckiges Gebäude. Als die Briten nach Uganda kamen, begannen sich die Afrikaner für ihre runden Hütten zu schämen; sobald sie konnten, bauten sie viereckige Betonhäuser. Auf dem königlichen Hügel von Toro war es zu einer kuriosen Umkehrung der üblichen Praxis gekommen. Der alte Palast war viereckig gewesen, der neue Palast war rund. Er war so gebaut worden, um einen Rundumblick zu ermöglichen, aber er erschien auch wie eine Zurückweisung der alten kolonialen Vorstellung von Modernität. Der neue Palast mit seinen diversen politischen Botschaften war sogar vom Revolutionsführer Gaddafi gebaut worden im Zuge der libyschen Expansion in Afrika. Die Mauern des neuen runden Palastes waren aus Beton, die Abflussrohre waren sichtbar außen angebracht. Das entsprach dem libyschen Stil; auch bei der großen neuen Moschee in Kampala waren die Rohre zu sehen.

Ich hätte gern mehr vom Palast besichtigt, aber das war nicht möglich. Als ich fragte, wo wir uns ausruhen könnten, wurden wir zu dem kleinen viereckigen Gebäude am Ende der Kiesfläche geführt. Im Salon stand ein gepolsterter Stuhl, über den ein altes Leopardenfell (armer Leopard, zum Aussterben verurteilt) gelegt war, ein Zeichen des Königtums. Ich stellte mir vor, wie der junge König dort saß und mit mehreren Personen die Staatsgeschäfte diskutierte. Es gab einen weiteren kleinen Raum, in dem zwei schlichte Diwane an zwei Wänden standen, die Kopfteile stießen aneinander. Hier sollten wir uns ausruhen. Die Toilette hatte keinen Sitz; durch ein großes Loch in der Decke sahen wir die Balken und Sparren des Dachs. Hier endeten James' Arrangements; es war klar, dass kein Telefongespräch die Lage verbessern könnte.

Wir schleppten zwei Stühle auf die große Veranda, und die heiße Luft des mit Kies bestreuten Hofes und der Straße unterhalb davon zog zu uns herauf. Patrick rief James an und sagte, dass Toro wunderschön sei, so schön, dass er hoffe, hier ein Stück Land kaufen zu dürfen. James, dem die Ironie entging, entgegnete, dass wir in das Hotel Mountains of the Moon in der Stadt gehen sollten, wenn wir etwas essen wollten. Wir beschlossen, die Palastbediensteten zu vergessen – wir hatten den Verdacht, dass sie ein Essen für uns organisiert hatten –, und machten uns auf in das Hotel. Später erfuhren wir, dass die Offiziellen gehofft hatten, uns begleiten zu können.

Im Mountains of the Moon, das ich nicht kannte, saßen wir auf der geräumigen rückwärtigen Veranda, am Rand des leuchtend grünen Rasens. Ein hübsches kleines Kätzchen, drei oder vier Monate alt, bettelte erbärmlich maunzend um etwas zu essen. Ich wünschte, ich hätte es mitnehmen können. Ich sprach mit der Kellnerin. Sie sagte, dass das Kätzchen das Letzte des Wurfs sei; die anderen hatten sie beseitigt. Das Kätzchen lebte in einem Abflussrohr in einem Rinnstein aus Beton; dort drin war es gut versteckt und nicht zu sehen. Es war allein in der Welt und blieb – vielleicht nicht mehr lange – aus reinem Instinkt am Leben. Nur der Hunger trieb es zur Veranda. Die Kellnerin brachte eine Untertasse mit Milch. Dieses bisschen Nahrung tröstete das Kätzchen; es hörte auf zu jammern, und ein wenig später sah ich es im Hotelgarten, nicht weit von seinem Abflussrohr, wie es sich die Pfoten leckte.

Nicht weit von hier, im Königreich Unyoro, westlich von

Buganda, kaufte Speke gegen Ende seiner Reise einem Unyoro-Mann ein kleines Kätzchen ab. Er schreibt nicht, warum er es getan hat, aber der Grund kann nur gewesen sein, das Geschöpf ein paar Tage länger am Leben zu halten. Der Unyoro-Mann wollte das Kätzchen verspeisen; es sei ein gutes Essen, sagte er. Er bat Speke, ihm das Kätzchen zurückzugeben, wenn es so aussah, als würde es sterben. Es ist eine sonderbare Episode in dem Buch, nur vier Zeilen lang, und Speke enthüllt nicht, wie die Sache endete.

James hatte etwas davon gesagt, dass uns die Palastbediensteten zu Orten und Leuten bringen würden, die etwas mit traditioneller afrikanischer Religion zu tun hatten. Doch seit unserer Ankunft war mein Interesse an diesem Teil des Programms zunehmend geschwunden. Und das war nur gut so, denn als wir in den Palast zurückkehrten, kam der rotäugige Bedienstete auf die religiösen Dinge zu sprechen, die wir sehen wollten, und sagte, dass sie alle Wagen weggeschickt hätten, und da wir nicht alle in Patricks Botschafterwagen passten, müssten sie mit einem *boda-boda*-Motorrad vorausfahren. Das sollte dreitausend Schilling kosten. Es war nur ein Pfund (1,20 Euro), doch in ugandischen Schilling klang die Summe furchterregend, und ich wollte gar nicht daran denken, wie viel wir später für eine Audienz bei einem örtlichen Wahrsager würden zahlen müssen, wenn wir uns jetzt gleichgültig gegenüber dem Betrag zeigten.

Ich erklärte, dass wir auf diesen Programmpunkt verzichten würden. Es schien ihnen nichts auszumachen. Doch wir sollten uns ins Gästebuch eintragen. Vor allem Patrick, weil er von uns beiden der wichtige Mann war. Und weil er ein wichtiger Mann war, sollte er allein auf einer ganzen Seite unterschreiben.

Sie gingen mit ihm in das kleine Palastzimmer mit den Fotos. Nach einer Weile kehrte er mit einem gerahmten Erinnerungsfoto zurück: Es war am Morgen mit viel Lärm und Geschäftigkeit aufgenommen worden. Patrick dankte ihnen. Sie forderten eine Gebühr dafür. Siebentausend Schilling. Etwas mehr als zwei Pfund. Patrick gab ihnen 20 000 Schilling. Er wartete auf das Wechselgeld, doch sie behaupteten, dass er sie falsch verstanden habe. Der Preis betrage nicht 7000 Schilling, sondern 74 000 Schilling. Vierundzwanzig Pfund und fünfzig Pence oder siebenunddreißig US-Dollar (30 Euro). Patrick, der zu baff war, um zu streiten oder über Pfund und Dollar nachzudenken, zahlte. Erst nach unserer Abfahrt wurde er wütend und konnte lange Zeit nur an den *hongo* – und nichts anderes war es – denken, den sie ihn hatten entrichten lassen.

Auf dem gesamten Rückweg nach Kampala, auf den kurvigen Straßen von Toro und den geraden Straßen von Buganda, gingen Kinder in Schuluniform unter der sengenden Sonne nach Hause zu ihren schlichten Unterkünften. Es war kurz nach drei Uhr, die tote Zeit eines tropischen Tages: die Hitze in all dem Grün ist zu dieser Zeit am schlimmsten, die Frische des Morgens und was immer an Optimismus der neue Tag vielleicht gebracht hatte, längst verbrannt. Das Licht und die Hitze tauchten die Landschaft, durch die wir fuhren, in eine düstere Helligkeit: kleine Häuser, kleine Felder, kleine Menschen, etwas Erbaulicheres wurde den Kindern auf der Straße nicht geboten. Uganda war Uganda. Schulen und Schuluniformen, die die Illusion von Möglichkeiten vermittelten, ließen sich noch organisieren; viel schwieriger war es, eine starke Wirtschaft zu schaffen. Die meisten der Kinder, die wir sahen, würden keine Arbeit finden –

manche von ihnen trödelten auf dem Nachhauseweg herum, schlugen trotz der Hitze die Zeit tot.

Die letzten Meldungen zum Arbeitsmarkt, die in den Zeitungen als gute Neuigkeiten verkauft wurden, besagten, dass trotz der Selbstmordattentäter und des Chaos sechstausend Ugander als Security-Personal im Irak arbeiteten. Zudem wurde berichtet, dass Nordkorea Englischlehrer aus Uganda angefordert hatte.

ZWEI

HEILIGE ORTE

1

Jemand, der mich vor dem Flughafen von Lagos warnen wollte, hatte mir erzählt, dass die Nigerianer gern mit Unmengen von Gepäck reisten. Ich hatte es so verstanden, dass es in Lagos schwierig sein würde, mein Gepäck zu bekommen. Aber wir hatten schon Probleme mit dem Gepäck, bevor wir in London abflogen. Jemand hatte mit Gepäck eingecheckt und war dann verschwunden. Wir warteten eine Weile, um dann vom Piloten zu erfahren, dass der verschwundene Passagier neunzehn Gepäckstücke aufgegeben hatte. Ich dachte, ich hätte mich verhört. Aber die nigerianischen Fluggäste zuckten nicht mit der Wimper, und später, in Nigeria, verstand ich, warum. Warum sich wegen neunzehn Gepäckstücken aufregen, wenn gerade ein nigerianischer Bonze die Welt mit siebenunddreißig Gepäckstücken bereiste, noch dazu mit einem Diplomatenpass, der ihm nicht zustand?

Nigerianer haben ihre eigenen Vorstellungen von Status. Sie geben an mit Dingen, die andere Menschen ernst nehmen, und Diplomatenpässe, die vielfache Immunität gewähren, waren ein Spielzeug, das sie mit der Unabhängigkeit und Eigenstaatlichkeit erhalten hatten. So ein Spielzeug, nahezu einen Fetisch, zu besitzen unterschied die Männer von den Jungen, und bedeutende Leute wetteiferten um diese Erhebung in den Adelsstand. Man sollte meinen, dass ein Mann mit siebenunddreißig Koffern einen ausreichend großen Auftritt hinlegte. Doch nach Ansicht der Nigerianer hatte der Mann noch einen wesentlich größeren Auftritt, er drückte seiner Größe sozusagen das Siegel auf, wenn er bei der Einreise vor aller Augen auch noch unbehelligt durch den Diplomatendurchgang schlendern konnte.

An diesem Morgen oder Nachmittag in London warteten wir im Flugzeug, doch der Mann, der seine neunzehn Gepäckstücke aufgegeben hatte, tauchte nicht auf. Schließlich gab der Pilot bekannt, dass die neunzehn Gepäckstücke aus dem Flugzeug geholt werden mussten. Das würde dauern, denn das Flugzeug war voll; viel mehr als nur neunzehn Koffer mussten entladen werden, bis die herrenlosen Gepäckstücke gefunden waren. Schließlich war die Aktion erledigt. Wir hatten mittlerweile zweieinhalb Stunden Verspätung. Die ganze Zeit über saßen wir müßig im Flugzeug, betrachteten die Flughafengebäude und die Betriebsamkeit des Flugfeldes.

In Lagos war es schrecklich. Nach der Passkontrolle, die täuschend zügig und relativ übersichtlich erfolgte, herrschte Chaos. Drei Flugzeuge waren kurz nacheinander gelandet; es gab jedoch nur ein Förderband für die Gepäckausgabe. Von Zeit zu Zeit schlitterten die dicken schwarzen Koffer der Nigerianer die Gepäckrutsche aus Aluminium herunter, wie Bruchstücke abkühlender Lava. Diese Koffer, die im Stil unerwartet konservativ und aus einer Art Stoff waren, sahen alle merkwürdig ähnlich aus.

Im dämmrigen Licht standen die Leute um das Förderband, andere lehnten an der Wand. Wieder andere drängten sich um die Stelle, an der die riesigen Koffer auf das Band purzelten, wie Menschen, die an Magie glaubten und meinten, nahe der Quelle zu sein bedeute, halbwegs dem Erfolg nahe zu sein. Wichtigere Personen schritten auf und ab mit ihren Assistenten (in Anzügen oder schöner nigerianischer Kleidung), die zum Flughafen gekommen waren, um sie zu begrüßen, und jetzt wie alle anderen auf das Gepäck warteten. Nach der stilvollen Business und First Class waren hier alle Unterschiede aufgehoben. Das Entladen und Neubeladen unseres Flugzeugs hatte die ursprüngliche Ordnung im Frachtraum durcheinandergebracht.

Ich stand an der Wand hinter einer nigerianischen Familie, die ebenfalls aus London kam und noch ganz aufgekratzt war. Sie hatten ein paar kleine Rollkoffer, aber bislang noch kein weiteres Gepäck. Aus keinem mir ersichtlichen Grund versetzte die jugendliche Tochter mit verbissener Miene ihrem wesentlich jüngeren Bruder mehrmals einen heftigen Tritt oder einen bösartigen Hieb. Die Attacken mussten weh tun, doch der Junge versuchte nicht einmal zurückzuschlagen; stattdessen ging er wie ein kleines Hündchen oder Kätzchen mit kurzem Gedächtnis immer wieder zu dem Mädchen und wurde erneut getreten und geschlagen.

Während ich diesen Ausschnitt nigerianischen Familienlebens beobachtete, wurde ich von einem Mann im dunklen Anzug und mit farbiger Krawatte angesprochen. Er schien mir zu verstehen zu geben, dass er ein Chauffeur sei und auf mich warte. Er wirkte in all dem Krach und der Hoffnungslosigkeit um mich herum so wohlmeinend und korrekt und einleuchtend, dass ich alles vergaß, was man mir über den Flughafen von Lagos eingebleut hatte. Nachdem er sich vorgestellt hatte, hielt ich während des Wartens immer wieder Ausschau nach dem Mann im Anzug und der flotten Krawatte; er wurde zu meinem Anker in der wogenden, hüpfenden Menge. Manchmal (zweifellos aus dringenden privaten Gründen) verschwand er in dem Gedränge um das Förderband, und dann wurde ich panisch, bis ich plötzlich seine rote Krawatte wiedersah.

Als er mich nach langer Zeit zu einem Wagen führte (mit meinen zwei kleinen Gepäckstücken), ging ich nur allzu gern mit ihm.

Im Flughafengebäude war es chaotisch zugegangen. Und draußen war alles bedrohlich: Unverputzte Betonstreben oben, unverputzte Betonpfeiler vorn und eine Art Vordach, das keinen Schutz bot. Es regnete. Die im Regen glänzende Straße war schlecht beleuchtet. Nach dem Mief im Flughafen fühlte sich jeder Regentropfen, der schräg unter das lächerliche Vordach fiel, kalt und stechend an. Aus der Dunkelheit tauchten Bettler auf, um die Ecke, aus dem Nirgendwo: Zuerst wirkten diese Gestalten geisterhaft, dann sehr real und kräftig. Sie alle boten Hilfe an, und jeder Einzelne wirkte bedrohlich. Zu dieser Nachtzeit schienen die Frauen besonders beunruhigend.

Ohne zu begreifen, wie es passierte, verlor ich hier den Mann im Anzug. Alleingelassen mit einem anderen Mann, der behauptete, mein Fahrer zu sein, erfuhr ich, dass der Mann im Anzug selbst kein Fahrer war; er organisierte am Flughafen Fahrer für Leute wie mich.

Der neue Mann wusste jedenfalls, wohin ich wollte, und ich erlaubte mir, mich von ihm fahren zu lassen.

Es war eine langsame, lange Fahrt ans andere Ende der schlafenden Stadt. Der Fahrer schien unsicher, was die Route anbelangte.

Alle möglichen Zweifel überkamen mich, doch dann ragte wundersamerweise das Hotel vor mir auf.

Der Mann, der mich in mein Zimmer brachte, zog auf dramatische Weise die Vorhänge auf und sagte wie ein Impresario: »Der Atlantische Ozean!« Ich musste ihm glauben. Es war zu dunkel, um etwas erkennen zu können, und ich war zu müde, um mich zu konzentrieren. Mir war, als hörte ich Brandung, Ozeangeräusche (wie ich dachte) gedämpft von Glas und Beton; und das war alles. Dann sagte der Mann etwas über den Fernseher, nahm sein Trinkgeld, verschwand und ließ mich allein mit den Mängeln des kleinen, kargen Raums: Der Safe war kaputt, der Kühlschrank war leer.

Ich rief an der Rezeption an. Sie wollten jemanden schicken, der den Safe reparierte. Er kam sofort, ein verdrossen dreinblickender Kerl im Blaumann, auf dessen Rücken in großen weißen Buchstaben *Schlosser* stand. Er hantierte ein bisschen am Safe herum und erklärte, ihn repariert zu haben. Er machte eine kleine Vorführung, doch kurz darauf funktionierte er wieder nicht, und die keineswegs pikierte Rezeption schickte den Schlosser erneut. Er kam so prompt wie zuvor, doch mittlerweile hatte ich das Gefühl, dass das Zimmer nicht zu retten war und ich ein anderes nehmen sollte.

Auch das nächste Zimmer war inakzeptabel. Und dann schickten mich die Leute an der Rezeption hinauf und hinunter, von einem Stock in den anderen, von einem ungeeigneten Zimmer zum nächsten. Ich hatte allmählich den Eindruck, dass ich Geld in die Hand nehmen müsse, wenn ich ein gutes Zimmer sehen wollte. Und zugleich kam mir der Gedanke – als ich mich daran erinnerte, was ich unten gesehen hatte –, dass man mich im falschen Bereich des Hotels (es gab mehrere Bereiche und separate Gebäude) untergebracht und dieser Fehler mich in ein sogenanntes nigerianische *maison de passe* geführt hatte.

Mir fiel ein, dass ein Freund mich irgendwie gewarnt hatte, aber auf so verschlüsselte Weise, dass ich ihn nicht verstanden hatte. Dieser Freund war jetzt in Dubai am Persischen Golf. Er hatte seinerseits einen vertrauenswürdigen Freund in Kano, fünfhundert Kilometer entfernt im Norden Nigerias. Ich rief sie beide an, und obwohl es ein sehr früher Sonntagmorgen war, verhielten sie sich fabelhaft.

Der Mann in Kano musste über eine gewisse Autorität verfügen und vielleicht auch über die Gabe der präzisen Sprache. Das Verhalten des Personals veränderte sich augenblicklich. Ich bekam ein Zimmer in einem anderen, tauglicheren Gebäude. Der Mann in Kano sagte, dass ich es sofort beziehen und nicht bis zum Morgen warten sollte. Wie das Hotel fügte ich mich diesem Rat gern. Ich wurde mit dem Hotelwagen hingefahren. Alle waren höflich. Eine neue Welt, ein neuer Tag. Es war jetzt halb drei.

Später, als ich mich in meinem Zimmer eingerichtet hatte, klingelte das Telefon. Der Anrufer war empört, fast zornig. Es war ein Chauffeur. Er erklärte, dass er zum Flughafen geschickt worden war, um mich abzuholen, dass er mich jedoch nicht gefunden habe. Er hatte stundenlang gewartet.

Da begriff ich, dass ich zu leichtfertig auf einen Anzug und eine Krawatte hereingefallen war und mich am Flughafen quasi hatte entführen lassen. Auf dem Tisch in meinem Zimmer lag eine Karte, die Gäste vor diesen Dingen warnte und zu jedweder Art von Vorsicht riet, bevor man in ein Taxi stieg. Mir wurde klar, dass ich das Glück des Unbedarften gehabt hatte – das gibt es tatsächlich: Es hatte mich auf all meinen Reisen im Leben begleitet und mich sicher in diesem Hotel abgeliefert.

Das war mein erster Tag in Nigeria.

In jedem Augenblick sind viele Bewusstseinsebenen aktiv, und vielleicht wird es selbst im Augenblick des Todes so sein, auch wenn er schmerzhaft sein sollte. Und so war mir trotz der Angst, die am deutlichsten spürbar war, und trotz der Müdigkeit nach den vierzehn, fünfzehn Stunden der Reise in der offenen Lobby des ersten Gebäudes eine schöne und geheimnisvolle Skulptur aufgefallen: afrikanisch, aber realistisch, und nicht offenkundig magisch: die lebensgroße Figur eines verschleierten Mannes mit einem Zylinder, einem langen Gehrock und einem dicken Stock in der Hand. Der Hut und der viktorianische Gehrock verliehen der Figur einen merkwürdigen europäischen Anstrich. Der Schleier war wie ein Netz und wurde vor der Stirn vom Hut gehalten, so dass er ein wenig vom Gesicht abstand. Im Büro des neuen Gebäudes stand eine kleinere Ausgabe der Skulptur, und eine blassblaue Version befand sich auf dem Briefpapier des Hotels.

Es war demnach ein bekanntes Motiv, aber niemand, den ich fragte, konnte mir zuverlässig erklären, wofür die geheimnisvolle Figur stand. Oder man wollte es mir nicht sagen. Angeblich war sie ein Sinnbild für Lagos oder eine Figur des Maskenspiels. Das half mir nicht weiter.

Abhilfe leisteten später die *Reisen ins Innerste Afrikas* von Mungo Park (1771–1806). Er hatte über zweihundert Jahre zuvor, in den späten 1790er Jahren (seltsamerweise zur Zeit der Napoleonischen Kriege: Damals brachte ein Krieg nicht alles andere zum Stillstand) mit dem Pferd und zu Fuß diesen Teil Afrikas bereist. Ich hatte Parks Buch vor vierzig Jahren gelesen und gemocht, doch (wie bei so vielen anderen Büchern, die unsere Bildung ausmachen) viele Einzelheiten vergessen. Von der Lektüre geblieben war mir die Vorstellung von Staub, Grausamkeit und Entbehrungen, den Entbehrungen des Autors und seiner Gefährten, überwiegend afrikanische Sklavenhändler, die ihre angeketteten Sklaven, krank, halb krank, auf halber Ration aus dem Landesinneren achthundert Kilometer an die Küste trieben, wo sie in die Frachträume der Atlantikschiffe verkauft wurden.

Die Gestalt mit dem Hut, dem Schleier und dem Stock taucht früh in Parks Buch auf. Park nennt sie Mumbo Jumbo. Der Name änderte später seine Bedeutung und stand pejorativ für den Hokuspokus oder Kauderwelsch, den wir alle kennen. Doch keines der englischen Wörterbücher, die ich konsultierte, weder das Oxford Dictionary noch das Chambers, erwähnt, dass Mungo Park den Ausdruck als Erster gebrauchte.

Am 8. gegen Mittag traf ich in Kolor ein, einer ansehnlichen Stadt. In der Nähe der Zugangsstraße gewahrte ich an einem Baum hängend eine Art Kostüm für eine Maskerade, gefertigt aus Baumrinde, das, wie mir auf Nachfrage mitgeteilt wurde, Mumbo Jumbo gehörte. Das ist ein seltsamer Popanz, bekannt in allen Mandingo-Städten und häufig von den heidnischen Einheimischen eingesetzt, um ihre Frauen zur Raison zu bringen.

Afrika war polygam. Die Frauen stritten oft, und einem Mann fiel es bisweilen schwer, für Ordnung in seinem Haushalt zu sorgen. Dann rief er Mumbo Jumbo. Entweder verkörperte er ihn selbst, oder er beauftragte einen vertrauenswürdigen Bekannten. Kurz vor Einbruch der Dunkelheit begann der Mumbo Jumbo im Wald vor dem Dorf auf furchterregende Weise zu schreien. Dieses schreckliche Geschrei kündigte den Dorfbewohnern das Kommen des Mumbo Jumbo an, und wenn es dunkel war, kam der

Mumbo Jumbo in seiner merkwürdigen Verkleidung tatsächlich, mit Stock, Zylinder, verschleiertem Gesicht und Gehrock.

Mumbo geht durch das Dorf zum Versammlungsort, dem Äquivalent unseres Dorfplatzes. Dort finden sich die Dorfbewohner ein; keine verheiratete Frau darf fernbleiben, auch wenn sie meint, dass der Mumbo Jumbo ihretwegen gekommen ist. Es wird gesungen und getanzt; um Mitternacht erklärt der Mumbo Jumbo, wer die ungehorsame Frau ist. Sie wird ergriffen, nackt ausgezogen, an einen Pfahl gebunden und bis zum Morgengrauen vom Mumbo Jumbo mit dem Stock geschlagen. Die Dorfbewohner kreischen vor Vergnügen; sie verhöhnen die Frau und zeigen keinerlei Mitgefühl.

Afrika ist nicht mehr polygam; nur die Muslime haben mehrere Frauen. Abgesehen von den Muslimen betrachtet sich Afrika als christlich, auch wenn uralte Ideen, Glaubensvorstellungen und Bräuche die christliche Oberfläche unterwandern. Und es ist leicht zu verstehen, dass die Figur des Mumbo Jumbo einem modernen Afrikaner peinlich sein kann und dass Leute, die genau wissen, wofür er steht – die Schauspielerei, die Komödie der alten Buschkultur –, nicht recht wissen, was sie einem Fremden über ihn erzählen sollen.

Mungo Park gelangte nicht in das Gebiet des heutigen Nigeria, aber er war nicht allzu weit entfernt. Der Unterschied zwischen seinem Westafrika und dem, was wir heute sehen, ist unermesslich. Das mag auf der Hand liegen, aber gerade deswegen ist es so leicht zu vergessen. Doch es ist der notwendige Hintergrund, um Nigeria einschätzen zu können. Heute ist Nigeria reich dank seiner Ölvorkommen. Gleichwohl ist das moderne Nigeria etwas Neues; es ist erst acht oder zehn Generationen alt, und einige der begabtesten Nigerianer tragen diese Last der Neuheit.

Ich war Edun vorgestellt worden. Er war ein gutaussehender, athletischer Mann über fünfzig und Investmentbanker. Er schien sich noch immer zu wundern, dass er geworden war, was er war. Die Welt war neu für ihn. In dieser neuen Welt erschien ihm alles möglich, und auch sein Patriotismus war von ganz neuer Art und bestand darin, dass er wünschte, die Menschen würden ihre neuen Möglichkeiten begreifen.

Er war in Manchester, England, geboren. Er war demnach ein Immigrant mit dem Tatendrang des Immigranten. Das war nicht etwas, was man mit Afrika assoziierte. Es war neu. Hundert Jahre früher hätte es das nicht gegeben; das Afrika jener Zeit wäre dem Afrika Mungo Parks sehr ähnlich gewesen.

Als Edun drei war, holten ihn seine Eltern zusammen mit einem älteren Bruder zurück nach Afrika. Der Bruder starb, und Edun wurde nach England zurückgeschickt; er absolvierte seine gesamte Ausbildung dort. Seine Eltern waren leidenschaftliche Verfechter von Bildung; das hatten sie aus Afrika mitgebracht. Als Kind hatte Edun ihr Anliegen gespürt. »Meine Mutter sagte, wenn du eine gute Ausbildung hast, wirst du nie zurückblicken.« Wenn Besucher aus Nigeria kamen, fragten sie den kleinen Jungen immer, in welcher Klasse er war und welchen Rang er in der Klasse einnahm. Und während er älter wurde, bemerkte Edun, dass er sich von seinen karibischen Freunden unterschied, die bedenkenlos die Schule aufgaben. Diese Freunde (Nachkommen der Menschen, die zu Zeiten Mungo Parks zur Küste getrieben worden waren) sagen jetzt zu Edun: »Also, wir haben die Schule geschmissen, aber du hast weitergemacht.«

So etwas über Menschen aus der Karibik zu hören, war sonderbar für mich. In Trinidad hatten wir einige Folgen der Geschichte überwunden. Es gab dort eine angesehene Gruppe schwarzer Fachleute; ihre Kinder spiegelten das Selbstvertrauen ihrer Eltern wider. Wir konnten diese Menschen mühelos von der breiten schwarzen Bevölkerung unterscheiden. Schwarz und gewöhnlich, schwarz und angesehen: Diese zwei Vorstellungen hatten wir im Kopf, und man könnte sogar sagen, dass die Hautfarbe zum Ansehen der Angesehenen noch besonders beitrug. Vielleicht hatte diese Gruppe Zeit gebraucht, um größer zu werden; ich glaube, dass sie fünfzig, sechzig Jahre nach der Abschaffung der Sklaverei zu entstehen begann. Den karibischen Kindern in England (ein paar von ihnen Nachkommen der Menschen, die zu Zeiten Mungo Parks zur Küste getrieben worden waren) fehlte dieser professionelle Hintergrund, die Vorstellung dessen, was möglich war; sie behielten ihre alten Denk- und Verhaltensweisen bei.

Früh in seiner Karriere als Banker, als er in einer internationalen Bank in Washington arbeitete, hatte Edun eine Erleuchtung. Sie war schlicht. Während eines Gesprächs sagte ein nigerianischer Freund zu ihm: »Eines Tages möchte ich meine eigene Bank besitzen.«

Zu dieser Zeit konnte sich Edun vorstellen, dass ein Koch ein eigenes Catering-Unternehmen besitzen wollte oder ein Handwerker eine eigene Werkstatt oder ein Fahrer einen eigenen Autoverleih. Aber eine Bank! Dennoch war es damals schon möglich, dass ein Nigerianer eine Bank besaß; die Formalitäten waren nicht unüberwindlich. Von jemand anders erfuhr ich, dass in Nigeria sehr schnell 126 Privatbanken gegründet wurden. Die meisten waren einfache Depositenbanken, doch viele davon entwickelten weitergehende Bankgeschäfte; heute, nach der Regulierung, gibt es noch fünfundzwanzig nigerianische Banken. Eduns Freund besitzt jetzt eine Bank. Auch Edun selbst gründete gemeinsam mit einem Freund eine Bank; diese Bank fusionierte später mit einem bedeutenden südafrikanischen Geldhaus; ihre Zweigstellen sieht man in vielen afrikanischen Ländern.

Edun sagte: »Das ist hier die Denkweise. Ich hatte sie nicht, da ich nicht im Land aufgewachsen und ausgebildet worden bin, aber ich habe sie mir bald angeeignet. Die Leute sagen oft: ›Hier kannst du alles werden. Hier kannst du bis nach ganz oben aufsteigen.‹ Und diese Denkweise ist unsere große Stärke.«

Und Edun, der in England aufgewachsen ist, blieb die andere Seite dieser nigerianischen Denkweise erspart, die Seite, die alten Glaubensvorstellungen und Magie verhaftet ist, die Seite, die der Rationalität widersteht.

2

Der Bauunternehmer sagte: »Sie kennen Edun? Sagen Sie ihm, er soll mir noch einen Auftrag verschaffen.«

Ich erwiderte, ich würde für ihn tun, was ich könne.

Er war ein korpulenter, aber muskulöser, fünfzigjähriger Mann und ziemlich groß. Als ich ihn bat, sich selbst und seine Zugehörigkeiten zu beschreiben, sagte er: »Ich bin ein christlicher Bauunternehmer, der Yoruba ist.«

Er wusste demnach viel über die Kultur der Yoruba?

In einer Folge offenbar zusammenhangsloser Aussagen,

die dennoch Bedeutung hatten, sagte er: »Ich habe viel gelesen. Mein Hintergrund ist stramm katholisch. Meine Mutter bekam eine päpstliche Medaille, als man wirklich noch etwas dafür tun musste. Ich war in der Himmlischen Kirche Christi (Celestial Church of Christ; CCC). Dann ging ich zur White Garment Church – eine orthodoxe Form der Christlichen Cherubim und Seraphim Bewegung (C&S).«

Warum nannte er sie orthodox?

»In den Büchern, die ich gelesen habe, ist sie eher afrikanisch als westlich. Sie ist uniformer. Man benutzt die Bibel. Der Gottesdienst dauert für gewöhnlich vier Stunden. Er beginnt weltweit um zehn Uhr morgens.«

Während des Gottesdienstes wurde viel gesungen und getanzt. Das gefiel ihm. Ebenso das Verbrennen von Weihrauch. Die Gestaltung des Gottesdienstes war interessant.

Hatte die Kirche ihn spirituell verändert?

»Ich würde nicht sagen, dass sie mir einen neuen Blick auf mein Leben eröffnet hat.« Doch dann revidierte er diese Aussage. »Eines Tages habe ich ein kleines Mädchen gesehen, das vom Heiligen Geist besessen war und gereinigt wurde. Ich erschrak über die Dinge, die sie gebeichtet hat – die Dinge, die sie im Geisterreich der Dunkelheit getan hatte. Dieses Erlebnis hat mich gläubiger gemacht. Ich glaube jetzt, dass es ein Alpha und ein Omega gibt, das auf dich aufpasst. Einhundertzwanzig Millionen Nigerianer oder durchschnittliche Nigerianer können mit den Wechselfällen des Lebens nur fertig werden, indem sie sich dem Alpha und Omega zuwenden. Andere Menschen nennen es anders. Vermutlich bin ich ein Optimist. Ich lebe hier und habe auch andere afrikanische Länder gesehen, und ich danke Gott für Nigeria. Ich war in Liberia nach dem Krieg und in Sierra Leone, und ich war in Angola vor und nach dem Krieg. Der durchschnittliche Nigerianer ist gebildeter als andere Afrikaner. Wenn ein Mann wirklich gebildet ist, ist er rationaler. In Nigeria gibt es Bildungsmöglichkeiten, durch die man sich immer weiter verbessern kann.«

Ich fragte ihn, was er über den traditionellen afrikanischen Glauben wusste.

»Wir haben viele Gottheiten, die international bekannt sind. Es gibt heilige Orte oder Schreine und Feste. Es gibt hier einen Hain. Er ist von der UNESCO als Weltkulturerbe anerkannt, und dort gibt es das Fest von Osun Osogbo. Anhänger der Göttin versammeln sich in Scharen und beten mit den Priestern und Priesterinnen, damit ihre Wünsche erfüllt werden. Das schiere Ausmaß der Menschenansammlung ist ehrfurchtgebietend. Die Leute kommen aus Brasilien, Kuba, den USA und Haiti. Es dauert eine Woche. Am letzten Tag geht eine Jungfrau mit einer großen Kalebasse auf dem Kopf zum Fluss. Legionen Menschen folgen ihr, und sie gießt den Inhalt der Kalebasse in den Fluss, es ist ein Trankopfer. Ich konnte die Jungfrau nicht sehen, ich stand im Gedränge.«

Die Yoruba haben viele Götter und Göttinnen, ihre Geschichten sind kompliziert. Hatte der Bauunternehmer schon als Kind von ihnen gehört? Er verneinte. Seine Kenntnisse erwarb er sich als Erwachsener durch Gespräche mit anderen Nigerianern, und sie öffneten ihm die Augen. Er hielt es nicht für *juju*. Er mochte das Wort nicht. Es hatte negative Konnotationen.

Er sagte: »Die Priester und Priesterinnen hassen das Wort. Sie nennen es Tradi-Religion oder Tradi-Medizin. ›*Juju*‹ ist abwertend. Es *gibt* Zauberei. Denken Sie nur an das Mädchen. Das Mädchen, von dem ich Ihnen erzählt habe. Denken Sie nur daran, was sie gesagt hat – wie sie zu den Bäumen gegangen sind und Chaos und Unfälle verursacht haben, und wie sie die Leute in Elend und Armut gestürzt haben. Sie war in Trance, und während der Reinigung sprach sie offen darüber. Ich glaube an diese dunkle Seite. Ich bin sehr vorsichtig. Ich halte mich zurück, wenn Leute mich bedrohen. Ich weiß nicht, aus welchem dunklen Abgrund sie kommen und welche Mächte sie einspannen können, um mir zu schaden.«

Ich hatte eine romantische Vorstellung von diesen erdverbundenen Religionen. Mir schien, sie führten uns zurück an den Anfang, den philosophischen Urknall, und aus diesem Grund schätzte ich sie. Sie zeichneten sich durch eine Art eigene Schönheit aus. Und hier war die Vergangenheit noch lebendig. Menschen wie der Bauunternehmer waren ihr nah, und seine Worte (mit ihrem Shakespeare'schen Echo) brachten eine neue Idee auf: der dunkle Abgrund des Heidentums. Andere sprachen auf ihre Weise ebenfalls davon; und mir schien, dass die einfachen Menschen, die auf alles eher instinktiv reagierten, die größere Angst hatten. Die Angst war echt, nicht geheuchelt, und ich dachte, dass sie es war, nicht (wie manche behaupteten) die Vorstellungen von Schönheit, Geschichte und Kultur, die die Vergangenheit und die Götter am Leben erhielt.

Ein Stadtrat von Lagos sagte: »Sogar der Pastor aus der Kirche geht, wenn er kann, still und leise zum traditionellen Priester und zum Schrein. Der durchschnittliche Afrikaner hat große Angst vor dem Heidnischen, und das Heidnische existiert. Muslime und Christen praktizieren Vergebung und können Ihnen nicht schaden. In der heidnischen Religion gibt es keine Vergebung. Es ist eine Religion, die nur Auge um

Auge, Zahn um Zahn kennt. Es gibt Regeln, an die man sich strikt halten muss, und wenn man gegen sie verstößt, stirbt man oder wird verrückt. Sie bestraft rasch, und sie bleibt dabei. Die Leute halten sich an das, was die Priester in den Schreinen oder die Götter verlangen. Wie Sie sehen, ist die heidnische Religion fest verwurzelt.«

3

Es gibt einen König von Lagos. Er wird Oba genannt. In ganz Nigeria gibt es Obas oder Häuptlinge, manche erben diesen Posten, andere werden von der Regierung ernannt (und bezahlt). Den Oba von Lagos umgab nichts von der traditionellen, geheimnisvollen Aura des Kabaka von Uganda; er hatte keine Untertanen, flößte keine religiöse Ehrfurcht ein. Dieser Oba war ein Geschäftsmann und ehemaliger Polizist. Ich hatte gehört, dass sein Obatum von jemandem in Frage gestellt worden war; die Sache war noch gerichtsanhängig. Unterdessen regierte der Oba und wurde allgemein anerkannt. Er blickte auf eine lange und erfolgreiche Karriere im Polizeidienst zurück; er hatte es bis nach ganz oben geschafft und war als Stellvertretender Generalinspekteur in Pension gegangen.

Der Oba kannte Edun, und Edun meinte, ich sollte ihn besuchen. Als ich einverstanden war, griff er zu seinem Handy und rief den Oba an. Das war typisch für Edun. Er verschwendete keine Zeit; das war ein Grund für seinen geschäftlichen Erfolg. Während des Telefongesprächs bekam ich mit, dass der Oba seine Zweifel hatte, vielleicht in Bezug auf Schriftsteller im Allgemeinen, vielleicht in Bezug auf meine Person im Besonderen. Edun überredete ihn: Es sollte kein richtiges Interview werden, und er wollte nicht direkt zitiert werden. Ein Termin wurde vereinbart, und Edun versprach, mich zu begleiten. Darüber freute ich mich, weil die königliche Audienz dadurch besser zu handhaben wäre.

Er war ein König des Volkes hier in Lagos, und er wohnte in einem beliebten Stadtviertel, in der Nähe einer sehr langen Straße, die gesäumt war von Händlern und ihren kleinen Läden. Die Nigerianer lieben es zu handeln; an den unwahrscheinlichsten Orten findet man Händler. Der Besucher, der nur eine ständig in Bewegung befindliche Menschenmenge sieht, fragt sich, wer die Käufer und wer die Verkäufer sind und (da die gehandelten Quantitäten oft minimal sind) welcher Zufall zur Wahl ihrer jeweiligen Rolle geführt hat. Ein Käufer kann mühelos zum Verkäufer werden und umgekehrt.

In der langen Straße mit den Händlern, nach einem Haus, an dessen oberem Stockwerk mit holprigen Buchstaben geschrieben stand, dass es einer königlichen Familie (nicht unserem Oba) gehörte, bogen wir in eine Seitenstraße und sahen vor uns einen Bogen aus zwei ineinander verzahnten Vs aus Beton, eines auf den Kopf gestellt. Dieser Bogen markierte das königliche Anwesen. Rechts davon befanden sich weitere kleine Läden, manche verkauften Krimskrams aus Plastik; direkt davor standen Obstverkäufer mit Körben. Links zweigte die eigentliche königliche Straße ab. Ein großes schwarzes Eisentor versperrte den Weg. In einem kleinen Häuschen saß ein Wachmann. Edun ließ das Fenster herunter, und der Wachmann winkte uns weiter. Wir fuhren an einem kleinen, in jeder Hinsicht unauffälligen Betonhaus vorbei; es war der alte Palast des Obas aus einer Zeit, bevor in Nigeria Öl gefördert und Geld verdient wurde. Der neue Palast befand sich direkt vor uns. Er sah aus wie ein Mittelklassewohnhaus.

Die Leute davor wirkten zuerst gewöhnlich, doch dann sah das Auge mehr. Die Menschen, Männer und Frauen, waren Bedienstete des Obas. Ihre Augen leuchteten, sie blickten erwartungsvoll und lächelten. Es waren Trommler darunter; andere schlugen alte Metallteile aneinander. Ich fühlte mich an Trinidad in den 1940er Jahren erinnert, als die Steelbands perfektioniert wurden. Ausrangierten Autofelgen wurde ein angenehmer metallischer Klang entlockt. Männer hielten die Felgen um des reinen Klangs willen mit der linken Hand hoch in die Luft und schlugen mit kleineren Metallteilen dagegen. Doch vor dem Palast des Obas von Lagos waren es Frauen, die dieses metallische Geräusch erzeugten und die Besucher dabei anlächelten.

Edun nahm knisternde neue Geldscheine aus der Tasche seiner formellen nigerianischen Tunika und reichte sie den Musikern, die daraufhin aufhörten zu spielen. Von diesem Teil des Rituals hatte ich nichts gewusst und war nicht darauf vorbereitet. Ich hatte kein Geld dabei.

Wir gingen die Stufen zum neuen Palast hinauf in die Eingangshalle aus Marmor. Links befand sich ein kleines Empfangszimmer mit einem weißen Thron zwischen zwei roten Stühlen. Dort war niemand. Vor uns lag der Audienzsaal. Wir wurden von einem groß gewachsenen Mann in einem cremefarbenen Gewand aus Seide hineingebeten. Die Yoruba-Männer sind groß. Außer uns war niemand da. Der Saal war von beachtlichen Dimensionen, ungefähr zwölf Meter lang, an den Seitenwänden standen Sofas, und zwei blaue und cremefarbene chinesische Teppiche lagen nebeneinander in der Mitte des Raums. Hinter dem Thron und zwei Stühlen am anderen Ende war durch eine halb offene Tür ein Speisezimmer zu sehen.

Der Stuhl des Obas war hoch und hatte einen königlichen Baldachin. Rechts und links davon stand je ein ebenso gut gepolsterter kleinerer Stuhl. Wir setzten uns auf ein Sofa an der rechten Wand. Die Häuptlinge, die draußen gewartet hatten, kamen herein und nahmen auf den Sofas uns gegenüber Platz. Noch bevor er erschien, umgab den Oba auf diese Weise eine hoheitliche Aura. Es fiel schwer, sich dieser Aura zu entziehen. Und als er schließlich aus dem Speisezimmer kam, stand ich wie alle anderen instinktiv auf.

Er war mit einer langen hellblauen Tunika bekleidet. Um den Hals und an den Handgelenken trug er dicke Perlen aus roten Korallen. Auch er war sehr groß, was ihn noch beeindruckender machte. Und er wirkte überhaupt nicht absurd, als er unter dem Baldachin seines Throns Platz nahm.

Er setzte sich, und in der darauf folgenden Stille warf sich Edun, mein Schirmherr, zu meinem Erstaunen flach auf den chinesischen Teppich und brachte auf afrikanische Weise seine Ehrerbietung dar.

Drei Häuptlinge in seidenen Gewändern warfen sich halb zu Boden und brachten ebenfalls ihre Ehrerbietung dar, stützten sich auf Knie und Ellbogen, ein bisschen wie Sprinter in Startblöcken. In dieser respektvollen Haltung schnippten sie rhythmisch mit den Fingern, schlugen die Handflächen zusammen und stimmten einen Singsang an. Der Oba nahm dies alles gnädig entgegen.

Ich fand es außergewöhnlich. Dieses Verhalten entsprach sehr dem Ritual des Respekts, dessen Zeuge Speke 1861 am

Hof (damals noch bestehend aus großen Hütten und Einzäunungen aus Elefantengras) von Mutesa I. gewesen war, und Uganda war weit entfernt von Nigeria. Speke beschrieb das Ritual als das »Nyanzig«; er glaubte, dies sei das Wort, das die Untertanen sagten, wenn sie flach auf dem Boden lagen. Dreizehn oder vierzehn Jahre später behauptete Stanley, dass Speke sich getäuscht habe. Die Menschen, die den Kabaka auf diese Weise begrüßten, brächten damit nur ihren Dank zum Ausdruck.

Nachdem die Häuptlinge dem Oba ihre Ehrerbietung bezeugt hatten, stand Edun wieder auf und sprach den Oba in Englisch an. Er erklärte ihm, wer wir waren und was wir wollten. Der Oba machte mit der linken Hand eine Willkommensgeste und deutete auf den Stuhl zu seiner Linken. Ich ging und setzte mich auf den Stuhl.

Eine Frau betrat den Audienzsaal. Sie ging in die Hocke und lächelte den Oba an. Er machte eine Geste – es war wie ein kleines privates Schauspiel –, dass sie zu ihm kommen sollte, und sie setzte sich auf den Stuhl rechts von ihm.

Ich sagte ein paar Worte über mein Interesse an den alten Kulturen und Religionen der Welt. Als der Oba ansetzte zu sprechen, suchte er nach einem passenden Thema. Er entschied sich für die Geschichte von Lagos und seine Stellung als Oba. Er sagte, dass er als Oba der Treuhänder der Menschen von Lagos sei, der Treuhänder der Toten, der Lebenden und zukünftiger Generationen. Es war bewegend. In einem anderen Land hatte ich Großgrundbesitzer auf diese Weise sprechen hören und den Eindruck gewonnen, dass sie darin ausgebildet worden waren. Über ihren Besitz sprachen sie auf besondere Art. Sie sagten nie, dass ihnen etwas gehörte. Sie sagten vielmehr, »Als ich dies erbte« oder »Als es auf mich kam«, als hätten sie mit großem Wohlstand auch eine Philosophie und die Idee der Treuhänderschaft gewonnen, eine Art und Weise, wie ein vergängliches menschliches Wesen mit vergänglichem Reichtum umgehen konnte. Ich glaubte, etwas davon aus den Worten des Obas herauszuhören. Vielleicht wollte er auf diese Weise den Streit um seinen Status als Oba beiseiteschieben. Und in diesem Audienzsaal, angesichts der Majestät des Obas, seines unbestrittenen Stils schien der Streit bedeutungslos.

Er sprach über die Geschichte von Lagos. Es war portugiesisch gewesen, bevor es britisch wurde. (Portugal: Wie oft wird es an den abgelegensten Orten erwähnt! Wenn man die Außenposten des portugiesischen Reichs in Afrika und Asien sieht, wenn man die Hitze der trostlosen Küsten und die Unfreundlichkeit des grauen Ozeans spürt, wenn man eine Vorstellung der unermesslichen Entfernungen hat, die viele Monate eines sowieso schon entsagungsreichen Menschenlebens forderten, dann kann man nicht umhin, erneut den Elan dieses Volkes zu bewundern, das auf der Höhe seiner Macht nicht mehr als eine Million Menschen zählte.) Der Oba sprach von einem Scharmützel zu Beginn des neunzehnten Jahrhunderts – ich konnte ihm hier kaum folgen –, das für die Geschichte von Lagos wichtig gewesen war. Er sagte, dass vor dem alten Palast, an dem wir vorbeigekommen seien, Kanonen aus diesem Krieg stünden. Er hoffte, dass wir sie besichtigen wollten.

Edun erhob sich und beendete unsere Audienz mit ein paar Worten. Ich stand auf und verneigte mich vor dem Oba, und auf dem Weg aus dem langen Audienzsaal verneigte ich mich vor jedem Häuptling, und sie verneigten sich ihrerseits vor mir. Edun hatte noch eine private Angelegenheit oder

Gefälligkeit zu erledigen und blieb zurück. Ich ging allein hinaus und die Stufen vor dem Palast hinunter. Dort sah ich die Perlhühner und Truthähne, königliche Geschöpfe, die jedoch in ihrem eigenen Dreck standen. Die Musiker waren noch da samt Trommeln und Metallteilen. Sie waren freundlich. Wahrscheinlich wären sie weniger freundlich gewesen, wenn Edun ihnen nicht Geld gegeben hätte.

Ein paar Häuptlinge kamen heraus und führten mich zu dem früheren Palast. Er war kleiner, eher ein Pavillon als ein Palast, um einen Hof errichtet, ein Drahtgeflecht war unter dem offenen Dach eingezogen. In alten Zeiten saßen der Oba und seine Häuptlinge hier auf Matten und sprachen über den Hof hinweg miteinander. Diese kleine Anlage und ihre schlichte Anordnung rückten den neuen Palast ins rechte Licht; er war ein Beweis dafür, wie weit es Nigeria gebracht hatte und wie viel Geld es jetzt gab.

Vor dem kleinen Palast standen die drei kleinen, ja stummeligen portugiesischen Kanonen, von denen der Oba gesprochen hatte. 1813 war darauf geprägt. Vielleicht waren es Mörser gewesen, die über kurze Distanz Eisenkugeln verschossen. Sie sahen aus, als wären sie für die Schützen mindestens ebenso gefährlich gewesen wie für die Leute, auf die geschossen wurde.

Es war ein merkwürdiger Gedanke, dass diese schlichte Technik einst dazu beigetragen hatte, ein Kolonialreich zu schaffen. Es war ein bisschen wie Reichtum in Zeiten der Inflation. Wer als Erster Geld hatte, war reich; wie viel Geld andere Leute später hatten, war unwichtig.

Ich sah jetzt auf dem Giebel des neuen Palastes ein elegantes Mosaik, das eine Mumbo-Jumbo-Szene darstellte. In dieser Version war Mumbo Jumbo nicht allein; er verfolgte

Frauen. Diese Szene wurde wiederholt in einer großen freistehenden Skulptur am Ende des Geländes. Es war ein hübsches, humorvolles Stück. Eine verängstigte Frau rannte vor Mumbo Jumbo davon, ihr Mund offen, die Arme entsetzt nach oben gestreckt; sie war sehr dünn und schwarzweiß bemalt: sehr wirkungsvoll.

Vor der Skulptur lag Abfall. Das bedeutete nicht etwa Ablehnung oder Vernachlässigung; ich betrachtete es mittlerweile als die afrikanische Art.

Einer der Häuptlinge, die mich herumführten, hatte eine ganz eigene Interpretation der Skulptur. Es handele sich um Gestalten bei einer Beerdigung, sagte er. Sie würden bei einem Todesfall gefeiert. In dieser Interpretation war Mumbo Jumbo mit seinem Zylinder, seinem Schleier und seinem Gehrock nichts weniger als der Tod. Sollte diese Interpretation zutreffen, wäre es seltsam, diese Figuren so liebevoll auf dem eleganten Mosaik am Palast des Obas darzustellen.

Endlich kam auch Edun heraus, und wir kehrten auf dem Weg zurück, den wir gekommen waren. Erneut fuhren wir an einer breiten Aussparung an der Straße vorbei, auf die die Händler viele kleine Schalen und Tonscherben mit Opfergaben gestellt hatten, um sich das Glück gewogen zu machen. Diese Opfergaben wurden jeden Tag neu dargebracht, und sie waren nicht so öffentlich, wie sie aussahen: Die meisten Menschen wussten, dass es gefährlich war, diese Dinge, die von Wahrsagern zubereitet und für höhere Wesen bestimmt waren, als Erste anzuschauen.

4

Am Strand (oder der Marina, wie manche sagten) von Victoria Island, einer der Inseln von Lagos, auf der der Atlantikküste abgewandten Seite – die Portugiesen hatten sich erstaunlich gute Orte ausgesucht –, tauchten manchmal am Donnerstag, öfter am Freitag und am Wochenende schöne rotbraune Pferde auf. Ein, zwei waren auf frischen Grasflächen neben der Straße angebunden, in der Nähe von Baustellen, doch die meisten standen gesattelt und aufgezäumt und ruhig zusammen mit ihren Besitzern in der großen Hitze und warteten auf Kundschaft: die Kinder der wohlhabenden Schicht von Lagos, deren Eltern wollten, dass sie reiten lernten. Die Besitzer setzten sich dann weit zurück, und die Kinder saßen zwischen ihren Armen.

Diese Pferde waren der Ausschuss des örtlichen Poloclubs. Anfänglich, so wurde mir erzählt (ich hatte keine Möglichkeit, es zu überprüfen), wurden die ausgesonderten Pferde einfach freigelassen und mussten sich ihr Futter selbst suchen; sie suchten nach Abfall. Die Frau eines europäischen Diplomaten, die den Anblick nicht länger ertrug, ließ die Tiere erschießen. Mein Freund aus dem Polo spielenden Norden (der am Abend meiner Ankunft dafür gesorgt hatte, dass mir das Hotel ein anständiges Zimmer gab) meinte, es wäre die barmherzigste Art, mit den Tieren umzugehen; es ersparte ihnen Verfall und Leiden. Aber die Frau des Diplomaten lebte nicht mehr in Nigeria, und von jemand anderem erfuhr ich, dass die Marina-Pferde jetzt richtige Besitzer hatten und für Geld arbeiten mussten. Manche von ihnen sahen noch gut aus, konnten sich noch elegant bewegen, aber sie waren alle auf dem absteigenden Ast.

(Zwei oder drei Jahre zuvor hatte ich gehört, dass diese Grausamkeit jetzt auch in Trinidad praktiziert wurde, wo aufgegebene Pferde auf der Suche nach Futter an einem beliebten Strand gesehen wurden. Ich glaube nicht, dass es so etwas schon gab, als ich dort aufwuchs. Es entsetzte mich, dass so ein großes Tier, das beständige Aufmerksamkeit brauchte, so schlecht behandelt wurde. Diese unerfreuliche Nachricht blieb mir im Gedächtnis, und bald stellte ich fest, dass Pferde in den meisten Ländern voller Undankbarkeit behandelt wurden: gequält zu Lebzeiten, und getötet und in Stücke geschnitten, wenn sie als Rennpferde nichts mehr taugten. Wie es scheint, gibt es keinen Tierrennsport, der nicht mit Grausamkeit verbunden wäre. Die armen Windhunde müssen ständig an der Grenze ihrer Leistungsfähigkeit rennen, bis sie mit ungefähr drei Jahren getötet oder freigelassen werden.)

Wann immer ich in Lagos Pferde am Strand sah, tröstete ich mich mit dem Gedanken, dass es im feudalen Norden des Landes eine Pferdekultur gab und sie dort vielleicht besser behandelt würden.

Mein Freund aus dem Norden sagte: »Es mag eine Pferdekultur geben. Aber die Nigerianer sind keine Tierfreunde.«

Nach kurzer Überlegung war mir klar, dass er wusste, wovon er sprach. Nirgendwo gab es freilebende Hunde oder Katzen. Christliche Vorurteile und afrikanische Vorstellungen von Geistern und Dämonen machten ihnen das Leben schwer, insbesondere Katzen, und auch die Muslime bildeten keine Ausnahme, obwohl in anderen muslimischen Ländern gern eine Geschichte über den Propheten erzählt wurde: Er wollte eine Katze nicht wecken, die auf seinem Gewand eingeschlafen war.

Adesina, ein Selfmademan und heute ein bedeutender Manager, war der einzige tierliebende Nigerianer, den ich kennenlernte. Er war sechzig. Seine Mutter hatte ihn als Kind streng behandelt und häufig geschlagen. Doch von ihr hatte er seine Liebe zu den Tieren. Im Haus seiner Familie gab es immer Katzen und andere Tiere; wenn er morgens erwachte, waren sie da, und seine Mutter hatte die Regel aufgestellt, dass kein Tier, das in ihrem Haus groß wurde, getötet werden durfte. Jetzt würde er bald pensioniert, und danach wollte er etwas für die Tiere in Nigeria tun.

Vor Adesina waren alle Kinder als Babys gestorben. Als Adesina geboren wurde, glaubten seine Eltern, er sei ein Wiedergänger dieser Kinder, der zurückkehrte, um sie zu quälen, und um ihm Angst einzujagen und ihn zum Bleiben zu veranlassen, fügten sie ihm im Gesicht kleine Schnitte zu. Die Narben der Schnitte waren noch zu sehen, Adesina zeigte sie gern, aber sie waren nicht so auffällig, wie er glaubte.

Adesinas Vater wurde 1904 geboren. Um die Geschichte seines Vaters etwas zu verstehen, musste man die wichtige Geschichte der Konversion (zum Islam oder Christentum) in Nigeria verstehen. Adesinas Vater ging nicht zur Schule. Er konvertierte zuerst zum Katholizismus, wurde damit aber nicht recht froh. Er verstand den Gottesdienst nicht, der in Latein gehalten wurde. Später lernte er Araber kennen, die der Transsahara-Handel in den Norden Nigerias geführt hatte. Diese Araber waren Lehrer und Missionare. Sie übersetzten den Koran ins Yoruba und predigten in Yoruba. Das verstand Adesinas Vater, und er konvertierte zum Islam. Fortan strebte er danach, ein guter Muslim zu sein. Adesina war in seinen Augen kein guter Muslim, weswegen der Vater nicht in Adesinas Haus aß. Aber er war aufgeschlossen. Er ließ die Mitglieder seiner Familie die Bibel lesen und diskutierte gern mit Freunden, die Zeugen Jehovas waren.

Es scheint, als wäre Religion zu einer – vielleicht der einzigen – intellektuellen Aktivität in dem jetzt gebildeten Haushalt geworden. Der jüngere Bruder von Adesinas Vater blieb Christ, während der dritte Bruder an der traditionellen afrikanischen Religion festhielt. In seiner Jugend konnte Adesina aus der ganzen Bandbreite nigerianischer Glaubensrichtungen wählen. Theoretisch war er Muslim wie sein Vater, doch er mochte den Onkel, der die traditionelle Religion praktizierte, weil er Tieropfer darbrachte und Adesina in seinem Haus immer Fleisch der Opfertiere zu essen bekam. Seine Eltern missbilligten das und schlugen ihn, dennoch ging er immer wieder in das Haus des nicht konvertierten Onkels. Er ging hin, sah bei der Opferung zu, aß Fleisch, kehrte nach Hause zurück und wurde geschlagen.

Es war eine schwere Kindheit. Er musste um halb sechs aufstehen, sich waschen und in die Moschee gehen. Anschließend besuchte er die Schule; nachmittags musste er auf den Markt, um das *Foo-foo* zu verkaufen, das seine Mutter gemacht hatte. *Foo-foo* war ein Nahrungsmittel, das vor allem aus gestoßener Yamswurzel bestand; die Leute glaubten, dass es einfach herzustellen war, doch das stimmte nicht. Das *Foo-foo* seiner Mutter war gut, und Adesina hatte keine Mühe, es zu verkaufen, aber er musste den ganzen Nachmittag auf dem Markt bleiben. Am frühen Abend kehrte er nach Hause zurück, und um halb neun lagen alle im Bett.

1958, als Adesina zehn war, verlor sein Vater seinen gesamten Besitz. Der Grund war politisch und sehr nigerianisch: Der Stamm der Familie wurde beschuldigt, mittels Zauberei einen mächtigen Mann eines anderen Stammes umgebracht zu haben. Adesinas Vater rief den Jungen zu sich. Er musste sich setzen, und dann sprach der Vater mit ihm wie mit einem Erwachsenen. Das verlangte die Tradition der Yoruba. Die Häuser der Großfamilie waren alle um das Haupthaus herum gebaut, und wann immer es etwas zu besprechen gab, versammelte sich die Großfamilie im Hof und diskutierte. Jeder, vom Jüngsten bis zum Ältesten, kam zu Wort. Adesinas Vater erklärte ihm, dass sie jetzt arm seien, doch es bestünde Hoffnung für die Familie, wenn Adesina hart arbeite und bete. Adesina verstand; er kannte die Familiengeschichte aus den Diskussionen im Hof.

Unter der Woche arbeitete er auf den Feldern der Familie. An den Wochenenden verdingte er sich als Hilfsarbeiter auf Baustellen, schleppte Ziegel, mischte Zement. Er lernte ein paar Dinge; zum Beispiel dass ein Maurer mit zwei Helfern hundert Ziegel oder Blöcke pro Tag setzen konnte. Er sparte das Geld, das er auf den Baustellen verdiente; er musste sich seine eigene Kleidung kaufen, und an Weihnachten und Silvester ging er gern auf Partys. Seinen Eltern gefiel das nicht. Als er von einer Silvesterparty nach Hause kam, wurde er geschlagen. Doch mit vierzehn konnte er seiner Mutter fünf Pfund geben. Sie brauchte das Geld für eine Operation. Danach kamen sie besser miteinander aus.

Er besuchte keine weiterführende Schule, sondern nahm Privatunterricht. Er kaufte sich Bücher und las sie nachts im Schein einer Laterne. Seine alten Lehrer halfen ihm. Sie brachten ihm Englisch und Arithmetik bei. Er las Geschichtsbücher, um sein Englisch zu verbessern. Buchhaltung interessierte ihn, insbesondere die IAA, die International Accountants Association. Er absolvierte drei Teile eines Buchführungskurses der IAA, doch sein englischer Chef in der Firma, in der er arbeitete, wies ihn darauf hin, dass der Kurs nicht in allen Ländern anerkannt wurde. Adesina gab die Kurse auf und lernte, um vereidigter Wirtschaftsprüfer zu werden. Er wurde unterstützt von seinem Chef, der sagte, wenn er drei oder vier Stunden am Tag konzentriert lerne, könne er erreichen, was immer er wolle.

Er war fünfunddreißig, als er Wirtschaftsprüfer wurde. Während der vielen Jahre des Lernens arbeitete er. Er übernahm auch niedrige Arbeiten, es machte ihm nichts aus. Sein Vater hatte ihm erklärt, dass er jetzt das Oberhaupt der Familie sei und Verantwortung trage; das nahm er ernst. Durch Zufall bekam er eine Stelle bei der Schweizer Firma Nestlé. Jeden Donnerstag ging er zur Rennbahn und wettete. Eines Donnerstags traf er dort einen Cousin, der zu einem Vorstellungsgespräch bei Nestlé eingeladen war. Er begleitete den Cousin zu dem Vorstellungsgespräch, und dort kam er auf die Idee, dem verantwortlichen Schweizer zu sagen, dass er selbst auch eine schriftliche Bewerbung eingereicht hätte. Es kam zum Streit. Ein Yoruba-Angestellter intervenierte, Adesina wurde zu einem eigenen Vorstellungsgespräch gebeten und erhielt die Stelle. Er beeindruckte die Leute mit seinem Rechentalent. Er benutzte keine Umwandlungstabellen, hatte schnell Antworten parat und machte keine Fehler.

Er begann in der Firma aufzusteigen, indem er alle möglichen administrativen Aufgaben erledigte. Zu dieser Zeit wollte er unbedingt Expedient werden, um sich auf diese Weise mit dem Hafen vertraut zu machen und Seeleute kennenzulernen und vielleicht als blinder Passagier das Land verlassen zu können. Er glaubte, dass alles für ihn möglich wäre, wenn er als blinder Passagier in ein wohlmeinendes Land käme. Aber er wurde kein Expedient. Er blieb im Büro und wurde Finanzplaner in der Buchhaltungsabteilung. Zuerst wurde er von einem Engländer ausgebildet und dann von einem Nigerianer, einem der ersten Buchprüfer im Land. Was anfänglich eine Enttäuschung gewesen war (für den blinden Passagier in spe), brachte ihn auf den Weg, an dessen Ende er jetzt angelangt war.

Fünfundzwanzig Jahre Arbeit und Ehrgeiz (und darin impliziert: das Wegstecken von Enttäuschungen) hatten ihn zu einem modernen Mann gemacht, doch während dieser vielen Jahre waren ihm traditionelle Vorstellungen von Familie und Stamm und alte Glaubensgewohnheiten, die weiter zurückreichten als die Konversion seines Vaters und seines christlichen Onkels, eine Stütze gewesen.

Adesina sagte: »Alle wohlhabenden Leute oder Krieger unseres Stammes befragten ihren Wahrsager, bevor sie aufbrachen oder irgendetwas unternahmen. Wenn es ein Problem gab, gingen sie zum Wahrsager. Mein Großvater hatte seinen eigenen Wahrsager oder *babalawo*. Sie gehörten zur Großfamilie, es war ein eigener Beruf. Auch die Obas der Yoruba haben eigene Wahrsager. Sie bilden die höchste Ebene der Wahrsager und werden bei den Yoruba ›Arabas‹ genannt. Jemand sagt vielleicht: ›Ich glaube, in der Stadt wird es ein Problem geben. Was soll ich tun, um es zu verhindern?‹ Der Wahrsager wird das Ife befragen. Sie werden Rituale vollziehen, um das Problem zu verringern oder zu beheben. Das Ife wird es uns sagen. Es gibt zwei Arten von Ife. Das eine ist eine Kette, und das andere besteht aus sechzehn Samenkörnern. Der Wahrsager wird die Kette oder die Körner werfen und die Antwort des Orakels oder Ife interpretieren.«

Adesina hatte einen sehr guten Wahrsager gekannt, der jedoch gestorben war. Er hatte für den multinationalen Konzern Unilever gearbeitet. Nach seiner Pensionierung unterhielt er in seinem Haus eine traditionelle afrikanische Kirche. Er führte sie wie eine richtige Kirche und veranstaltete Gottesdienste.

Adesina sagte: »Er war gebildet und kannte den Koran und die Bibel. Der Mann hat mir gesagt, dass es drei astrale Hochsprachen gibt – Hebräisch, Arabisch und Yoruba. Wenn man den Koran genau kennt, weiß man, dass das Ife ursprünglich aus Mekka stammt. Gemäß dem Koran sind die Yoruba Araber vom Stamm der Yahuba, und die sechzehn Samenkörner wurden einem Mann namens Setiyu gegeben. So steht es im Koran. Weil er Invalide war und von einem Ort zum anderen getragen werden musste, bekam er das Ife. Während des Hidschra, als der Prophet fliehen musste, wurde Setiyu getötet. Er war das erste Ife.«

Ich wusste, dass Adesina kompliziert war. Jetzt begriff ich, dass er komplizierter war, als ich angenommen hatte.

Als ich ihn kennenlernte, bei einem Essen in einem Restaurant mit jemand anderem, trug er einen Anzug und eine Krawatte, die Kleidung des nigerianischen Geschäftsmannes, aber an ihm wirkte sie wie eine schützende Rüstung. Er war kein gutaussehender Mann; sein Gesicht mit den jetzt flachen Narben auf den Wangen war klein und verkniffen. Anfänglich sprach er nicht viel; vielleicht war er unsicher wegen seines Aussehens. Erst als er über die Tiere seiner Mutter sprach, begann er mich zu interessieren.

Später, als er sich öffnete und mir seine Geschichte erzählte, begriff ich – oder begann ich andeutungsweise zu begreifen –, welche Strecke er zurückgelegt hatte. Er hatte mit nichts angefangen in einer weit zurückliegenden Welt. Jetzt war er Geschäftsführer einer großen Firma; er arbeitete für einen der reichsten Männer des Landes. Einmal, als wir durch das Stadtzentrum fuhren, zeigte er mir das Haus dieses reichen Mannes: Es war aus Glas und Marmor, wie eine Bank.

Adesinas Geschäftssprache war halb modern. Seine Spezialität waren »Zahlen und Kalkulationen«, Logistik und Strategie. Er war stolz auf das, was er tat, und ich rechnete damit, dass er irgendwann sagte, sein Erfolg sei ein Tribut an das Land und seinen Fortschritt. Aber er sagte nichts dergleichen. Er war im Gegenteil, was Nigeria anbelangte, in jeder Beziehung pessimistisch, und er sprach von sich selbst nicht als Angehörigem der Elite. Er redete mehr über die Armen, die in manchen Distrikten »Erosionswasser« tranken und zu neunt in einem Zimmer schliefen. Vielleicht hatte er zu lange warten müssen, und die Wartezeit war zu anstrengend gewesen, demütigender als er sich damals eingestanden hatte. Vielleicht war es nur die Ermutigung durch das Ife, der Sog der Vergangenheit gewesen, die in den schweren Zeiten verhindert hatten, dass er aufgab.

Er meinte, dass Nigeria jetzt den Preis für die Kolonialzeit zahle, die nicht lange vor der Geburt seines Vaters begonnen hatte. »Die Franzosen wollten diese Region aus bestimmten Gründen in kleinere Gebiete unterteilen. Die Briten hatten ihre eigenen regionalen Interessen. Kein Nigerianer war an der Regierung beteiligt. Wir hatten keine Ahnung, wie man ein Land regiert. Die Missionare durften nicht in den Norden. Deswegen ist der Norden sehr muslimisch, und wir sind eine Stammesgesellschaft. Jede politische Partei, die gegründet wurde, war eigentlich eine regionale Partei. Und bei der Unabhängigkeit vergrößerte die britische Form parlamentarischer Demokratie die Verwirrung. Dann kam der Biafrakrieg und dann die Staatsstreiche. Alle unsere Präsidenten und Premierminister kamen per Zufall ins Amt. Niemand war dafür ausgebildet oder darauf vorbereitet.«

Er glaubte nicht an den nigerianischen Boom.

»Es gibt keinen Boom. Es war ein kleiner Börsenboom, von dem die Elite profitierte, und das auch nur kurze Zeit. Ich weiß es, weil auch ich dabei Geld gemacht habe. Booms werden am Bruttosozialprodukt gemessen und an den Einkommen der Ärmsten – aber was können sie sich mit diesem Einkommen auf dem freien Markt kaufen? Die meisten Nigerianer sind am liebsten selbständig, doch die Landwirtschaft ist eine reine Subsistenzwirtschaft. Achtzig Prozent unserer Landfläche werden nicht bewirtschaftet. Die Bauern haben ein paar Ziegen und ein paar Yamsfelder. Die Landwirtschaft ist nicht mechanisiert, und außer den Kaninchen, die ihnen in die Falle gehen, essen die Bauern kein Fleisch. Neulich war ich in einem Bundesstaat, in dem es gute Bauern gibt. Aber die Orangen und Tomaten, die sie anpflanzen, verrotten. Man braucht eine Infrastruktur, um eine verarbeitende Industrie aufzubauen, aber dafür gibt es keine Unterstützung. In was sollen Nigerianer, die aus dem Ausland zurückkommen, investieren?«

Es war sinnlos, auf Politiker zu setzen, wenn man etwas verändern wollte. Den Politikern ging es nur um Geld. Sogar die alte Religion wurde in die Politik gezogen und missbraucht. Shango war der Gott des Donners; bei Shango zu schwören war einer der schrecklichsten Eide, denn wenn man den Eid brach, nahm Shango Rache. Und das war der Grund, warum die Politiker während des Wahlkampfs nicht einfach nur das Versprechen forderten, sie zu wählen, sondern verlangten, bei einem der alten Götter zu schwören, die alle so unerbittlich waren wie Shango.

5

So wie Adesina von ihm erzählt hatte, glaubte ich, dass sein bevorzugter Wahrsager oder *babalawo* der Mann gewesen war, der bei Unilever gearbeitet und nach seiner Pensionierung eine traditionelle afrikanische Kirche (samt Gottesdiensten) in seinem Haus geleitet hatte. Dieser Mann konnte angeblich sogar Besucher voraussagen. Ich nahm an, dass Adesina diesen weisen Mann regelmäßig konsultiert hatte und seit seinem Tod etwas ratlos war. Aber er war auf der Suche nach weisen Männern. Er kannte einen, den er mir vorstellen wollte; dies würde mir auch ein besseres Verständnis von Nigeria ermöglichen.

Ich war bereits zu einem besseren Verständnis gelangt – zufälligerweise. An einem verregneten Tag kurz nach meiner Ankunft, als ich erst eine sehr vage Vorstellung vom Grundriss der Stadt hatte, bot sich mir der Anblick der Slums von Lagos. Ich hatte es nicht darauf angelegt, ich war unterwegs zu einem geschäftlichen Termin. Der Fahrer kam zu spät; die Abkürzung, die er nahm, führte uns über Straßen, die so überschwemmt waren, dass der Autoverkehr zum Stillstand kam.

Die Straße, auf der wir uns befanden, war kaum eine Straße zu nennen. Die Abflüsse waren übervoll; der Regen hatte die Rinnsteine in eine unsägliche dunkle Sauerei verwandelt, riss Plastikflaschen und Gemüseabfälle mit sich, und dieser ganze Schmutz trieb und stürzte auf der einen Straßenseite in die eine Richtung davon, auf der anderen Seite in die andere Richtung. In dieser wütenden Flut tat jedes Hindernis seine Wirkung: Miniaturstromschnellen entstanden, das Wasser fand immer einen Weg. Standbesitzer, vor allem Obstverkäufer, zogen sich ein Stück vom Straßenrand zurück und dann noch ein Stück. Auf einem zuversichtlichen schwarzweißen Schild stand in kleiner professioneller Kursivschrift: *Pfeffersuppe ist jetzt fertig*. Die Vorstellung von Essen passte nicht allzu gut zu dem vorbeirauschenden Abfall.

Wohnblocks, die sich auf einer tieferen Ebene befanden als die Flut, sahen patschnass und verrottet aus – leicht vorstellbar, dass sie zusammenbrachen –, und zugleich wirkten sie verraucht, als würden im Inneren Feuer brennen. Sie sahen also gleichzeitig kalt und heiß aus. Es musste schrecklich sein, dort zu leben, zu erwachen, zu schlafen. Um diese Blocks standen niedrige, flache Behausungen, anscheinend von einem Ende bis zum anderen mit unebenem alten Wellblech bedeckt, darunter kein offensichtlicher Platz für Straßen oder Wege.

In der Ferne am Ufer des Bachs befand sich eine große Fischersiedlung, ein heruntergekommenes Venedig, Hütten auf Pfählen über dem dunklen Wasser, das die Hütten versorgte und das sie ihrerseits verschmutzten.

Später unterhielt ich mich mit ein paar Stadträten über das, was ich gesehen hatte. Ich erklärte, dass ich es nicht für möglich hielt, die Gegend zu sanieren; sie sei zu groß; es könne nur neu gebaut werden. Die Stadträte waren Politiker, abgebrühte Leute, daran gewöhnt, zu den Armen von Lagos zu gehen, doch auch sie waren der Ansicht, dass für das Gebiet am Fluss nichts getan werden konnte. Die Menschen in der Fischersiedlung und den benachbarten Slums waren Migranten, ständig unterwegs, und sie wurden ebenso ständig durch Neuankömmlinge ersetzt. Diese Leute schickten ihre Kinder nicht gern in die Schule; sie schickten sie lieber auf die Straßen, wo sie hausieren und handeln sollten, um das Einkommen der Familie zu vergrößern. Es waren keine sesshaften Menschen, die eine stabile Gemeinschaft bildeten. Man konnte ihnen keine neuen Häuser mit sanitären Einrichtungen bauen. Man konnte mit ihnen nicht darüber reden, die Armut zu mildern. Man konnte nichts für sie tun; und sie vermehrten und vermehrten sich.

Ein Stadtrat sagte: »Der Islam erlaubt vier Frauen, und die Katholiken erlauben keine Geburtenkontrolle, und Nigerianer sind sehr religiös.«

Ein anderer Stadtrat sagte: »Apathie ist eine Begleiterscheinung der Bevölkerungsexplosion. Die Menschen werfen den Abfall in die offenen Abwasserkanäle. Wenn es regnet, treibt der Müll überall hin. Sie breiten sich immer weiter aus und bauen ihre Hütten über den Kanälen. Wir sind ausgerüstet für zweitausend Menschen, aber wir haben es hier mit zwanzigtausend zu tun. Es geht nicht.«

Das hatte ich im Kopf. Ich dachte, Adesina hätte mir mehr zu zeigen. Doch trotz der Leidenschaft, mit der er bei einem früheren Treffen darüber gesprochen hatte, schien ihn diese Seite der Dinge jetzt nicht besonders zu interessieren, und ich hatte das Gefühl, dass er an diesem Morgen mit den Gedanken ausschließlich bei dem *babalawo* war, den wir besuchen wollten.

Adesinas neuer *babalawo* (so er es denn wirklich war) lebte auf dem Festland. Eine zehn Kilometer lange Brücke samt Schnellstraße verband Victoria Island und das Festland, und es schien an diesem regnerischen Samstagvormittag, dass auf der Straße eine gute Auswahl des Lebens der Insel und des Festlands zur Besichtigung vorgeführt wurde.

An den Bushaltestellen und Taxiständen standen die üblichen Menschenmengen ruhig und resigniert im Regen. Auf der einen Seite der Straße war kaum Verkehr, auf unserer Seite dagegen war das Verkehrsaufkommen sehr dicht. Jungen oder junge Männer, Hausierer, scharten sich mitten auf der Straße und wurden sofort aktiv, wenn der Verkehr zum Stehen kam. Sie verhökerten eine große Bandbreite an Waren. Sie verkauften Farbfotos. Sie hielten verschiedene Nahrungsmittel in durchsichtigen Plastiktüten (gekochte Perlhuhneier, merkwürdig zerdrückte Kartoffeln) in die Höhe, auseinandergezogene Miniaturakkordeons aus Telefonkarten; gefälschte Designersonnenbrillen, gefälschte Designeruhren, Brieftaschen, sogar Kleidung. Es war eine Industrie; hinter diesen Jungen standen Lieferanten, die die Waren jeden Abend und jeden Morgen herschafften.

Die Häuser neben der Straße waren solide, aus Beton und mit Glasfenstern; dahinter lagen die Slums. Zwischen den Wohnhäusern gab es Bildungseinrichtungen vor allem für Computerkurse. Das Industriegebiet Ilupeju – Nahrungsmittel, Textilien – war mit einem Tor verschlossen. Jenseits des Geländes befand sich ein großer Bus- und Güterbahnhof, auf dem nassen Boden lag viel Müll.

Es sah aus wie das ungeordnete halb großstädtische Stadtbild von Lagos, das ich bereits kannte. Es waren Orte, die darauf zu warten schienen, abgerissen oder fertiggestellt zu werden, aber sie waren voller Energie. Sie deprimierten mich nicht sonderlich. Ich dachte, das Durcheinander beschränke sich auf die Oberfläche und könnte mit Hilfe der Ressourcen Nigerias eines Tages, wenn die Menschen bereit dazu wären, beseitigt werden.

Wollte mir Adesina nur das zeigen? Er war ein paar Jahre jünger als ich, und möglicherweise war ich weiter gereist und hatte hoffnungslosere Orte gesehen als er – auf Jamaika, in Bombay, Kalkutta und vielen indischen Dörfern.

Wir kommen an einer Kirche vorbei, »Berg des Feuers«. Neben den nigerianischen Autobahnen stehen immer Kirchen mit gewaltigen Namen. Man ist darauf bedacht, keinen zu wiederholen. (Andere Namen auf dieser Strecke: Die erlöste Kirche Gottes, Christus Apostel Kirche.) Dann die verblichenen Betonkasernen der nigerianischen Luftwaffe, wie von Rauch mattiert. Eine Weile später die moderne Pracht des Inlandflughafens, die einiges dazu beiträgt, die Skyline zu verbessern. Der große Gebäudekomplex der Concord Press (»Wahrheit ist beständig«) ist verlassen; die Firma wird liquidiert. Siedlung neben Siedlung, unbefestigte Straßen, nass, rot und schmutzig, überall stehen Kinder herum: Die Kinder des nigerianischen Booms profitieren von einem neuen Gesundheitswesen und werden bald die Slums der Städte vergrößern. In einer Siedlung hängen an relativ neuen Häusern ungeschickt beschriftete Schilder, die besagen, dass die Häuser gepfändet sind: Auf dieser Ebene wird der Boom zur Pleite, die ungeschickt beschrifteten Schilder eine zusätzliche Beleidigung.

Die Stadt, in die wir fahren, ist groß und wohlhabend trotz des Mülls. Man erkennt es an der Anzahl der Banken: Zenith Bank, Skye Bank, Ocean Bank. Wir nähern uns dem Territorium des *babalawo*. Wir brauchen einen Führer, biegen ab und fahren auf eine parallele Straße, um Adesinas Bruder abzuholen. Er ist freundlich, trägt ein geblümtes Hemd und wirkt weniger kompliziert als Adesina. Er muss schon einige Zeit auf uns gewartet haben, aber es scheint ihm nichts auszumachen. Er setzt sich neben den Fahrer und dirigiert uns zu einer schmalen, holprigen Seitenstraße mit offenen Abwasserkanälen. Hier gibt es viele kleine Holzbuden, in denen medizinische Kräuter verkauft werden, um Syphilis, Gonorrhö und Brustkrebs zu heilen. Die Läden wurden hier eingerichtet, um von der Nähe des echten Medizinmannes, unseres *babalawo*, zu profitieren und ihm ein wenig Konkurrenz zu machen. Wir sind also auf dem richtigen Weg. Das Ziel unserer Suche kann nicht mehr weit sein. Aber wir finden ihn nicht. Wir fahren schlammige Straßen auf und ab und fragen. Nichts.

Dann wollte Adesinas Bruder anhalten, um einen weiteren Führer aufzunehmen. Wie sich herausstellte, kannte Adesinas Bruder die Adresse des *babalawo* nicht und hatte ihn deshalb engagiert. Dieser neue Führer erwartete uns. Auch er musste schon einige Zeit gewartet haben, und auch ihm machte es nichts aus. Nachdem er uns ein paar schmale ununterscheidbare Straßen hatte entlangfahren lassen und ständig Leute gefragt hatte, war klar, dass auch der neue Führer ratlos war und nicht wirklich wusste, wo der *babalawo* wohnte. Dann kam der neue Mann auf die Idee, dass wir einen der kommerziellen Motorradfahrer, *okadas*, die gegen eine Gebühr Mitfahrgelegenheiten boten, bitten sollten, vorzufahren und uns zu dirigieren. Und der *okada* kannte die Adresse. Sein Preis war bescheiden, einhundert Naira oder 0,8 Dollar (0,6 Euro).

Vermutlich hatten wir das falsche Wort benutzt. In Lagos war mir gesagt worden, dass ich nie nach dem Hexenmeister oder Juju-Mann fragen sollte, falls ich aus irgendeinem Grund in einem Dorf einen Hexenmeister brauchte. Es war besser, nach dem Medizinmann zu fragen. Juju war ein zu herabsetzendes Wort; die Leute wollten es nicht verstehen.

Und der *okada* brachte uns schnurstracks zu der Seitenstraße, in der sich das unauffällige Haus des *babalawo*, des Wahrsagers oder Zauberers befand. Es war niedrig, aus blankem Beton, mit einem Wellblechdach und einem Eingang in der Mitte.

Vom Wagen aus gesehen, wirkte dieser Eingang in der Mitte wie ein schwarzes Loch, und als wir die nasse Straße und den nassen Hof überquert hatten und davor standen, sahen wir, dass der Korridor auch dunkel war, sogar zu dieser helllichten Tageszeit. Auf der Schwelle standen Slipper, zweifellos von jemandem im Haus. Adesina, sein Bruder und der neue Führer waren darauf vorbereitet; sie trugen Slipper. Doch ich zögerte. 1962 hatte ich mir in Delhi einen Pilz geholt, nachdem ich etwas zu freizügig barfuß durch Tempel und Gurdwaras gegangen war. Adesina bemerkte mein Zögern und sagte, ich solle die Schuhe anbehalten. Das war afrikanische oder nigerianische Höflichkeit: Natürlich war es unschön, mit schmutzigen Schuhen durchs Haus zu stapfen.

Der Boden des Korridors war aus Beton, grau und glatt. An manchen Stellen wies er Risse auf. Die Frau des Hauses betrat den Flur und begrüßte uns höflich, und aus diesem schmalen Flur wurden wir in einen kleineren, noch dunkleren Raum geführt und dann in einen weiteren dunklen schmalen Flur, eigentlich nur eine Trennwand, von dem aus auf einer Seite ein Schlafzimmer mit einem ungemachten grauen Bett zu sehen war. Auf der anderen Seite befand sich das Sanctum des Wahrsagers, des Kräuterarztes, des Zauberers, des *babalawo*.

Das Allerheiligste war sehr klein. Unsere kleine Gruppe – wir waren zu fünft – füllte den Raum. Es gab eine Bank und einen Schemel, doch unsere beiden Führer mussten stehen bleiben. Ich setzte mich auf das Ende der Bank.

Der *babalawo* saß auf einem niedrigen Schemel. Er war sehr dünn, trug ein weißes Gewand, das vom Waschen im hiesigen Wasser grau geworden war, und eine weiße Baumwollkappe, die mit einem schlichten Wellenmuster in Blau und Gelb bestickt war.

Das winzige Zimmer war voller Dinge. Ein verrosteter elektrischer Ventilator stand auf dem Boden, neben den Füßen des *babalawo*, und schien kaputt. An der Decke hing ein weiterer Ventilator, der sich in einem besseren Zustand befand. Er war nicht in Betrieb, sollte jedoch bald für uns eingeschaltet werden. Ein merkwürdiger Stecker würde in eine merkwürdige Steckdose gesteckt, und der Ventilator sollte sich über uns in Bewegung setzen und für eine angenehme Brise in dem stickigen Zimmer sorgen. Es gab hier moderne Annehmlichkeiten. Ein mysteriöses Objekt nahm viel Platz ein: Es war ein Teil einer elektrischen Werkbank, ein Stück Tischplatte aus neuem Satinholz mit einem Elektromotor in einem grauen Gehäuse. Es war eindeutig ein Fundstück von einiger Wichtigkeit, das der *babalawo* nicht aufgeben wollte; er saß daneben.

Ohne um den heißen Brei herumzureden, fragte er nach unserem Anliegen.

Ich wusste nicht, was ich sagen sollte. Ich konnte schlecht sagen, dass ich nur gekommen war, um mich umzusehen.

Doch Adesina wusste, wie mit Wahrsagern umzugehen war. Als Erstes wollte er wissen, ob unser Besuch gut für ihn, den *babalawo*, sei.

Das war die Art Frage, die dem *babalawo* gefiel. Er antwortete sofort, dass wir von immensem Wert für ihn wären. Mein Eindruck war, dass Frage und Antwort ein rituelles Element hatten. Beide Parteien waren zufrieden.

Auf einem kleinen Tisch vor dem *babalawo* lagen ein paar seiner Zaubermittel. Ein Schulheft, das mit der Rückseite nach oben dalag und sensationell schmutzig war. Es war bedeckt von einem Pelz aus Dreck, als hätten wieder und wieder ungewaschene Daumen und Finger damit hantiert; die mathematischen Tabellen auf der Rückseite des Hefts hatten gelitten: Der Schmutz und der Pelz hatten ein paar der aufgedruckten Zahlen vom Papier abgelöst. Nicht weit davon entfernt lagen eine Zündholzschachtel, in dem gleichen Zustand wie das Schulheft, ein Gratisflaschenöffner, den ich nur als solchen erkannte, weil ich das kleine Ding schon oft gesehen hatte, und eine kleine grüne Flasche, die locker zugestopft war mit etwas, was ich nicht genau ansehen mochte.

Adesina und der *babalawo* verhandelten jetzt das Honorar für die Konsultation. Der *babalawo* verlangte eine Menge: fünfhundert Pfund oder tausend Dollar (790 Euro). Adesina, der an diese Unverschämtheit gewöhnt war, blieb ruhig und begann ihn runterzuhandeln. Sie einigten sich schließlich auf eine wesentlich geringere Summe.

Jetzt musste ich meine Frage stellen.

Ich war vorbereitet. Ich fragte: »Wird meine Tochter heiraten?«

Die Frage verwirrte den *babalawo*. Er sagte: »Ich habe geglaubt, nur Schwarze hätten solche Probleme.«

Aber er war willens, eine Meinung abzugeben. Er nahm das schmutzige Schulheft und deckte auf, was darunter lag. Sechzehn Kaurimuscheln (ich vermutete, dass es sechzehn waren: Adesina hatte von sechzehn Samenkörnern gesprochen, die zum Wahrsagen geworfen wurden), zwei winzige Kalebassen, die nicht größer als Murmeln und mit einem Stück Schnur verbunden waren, und eine kleine Blechfigur wie der Griff eines Apostellöffels. Die Kaurimuscheln waren oft benutzt worden. Ich kannte graue Kaurimuscheln mit braunen Rillen in der Mitte, aber diese Muscheln waren vom vielen Gebrauch glatt und wunderbar weiß.

Er reichte mir die Muscheln und sagte: »Blasen Sie darauf, nennen Sie Ihren Namen und werfen Sie sie auf den Tisch.«

Ich tat, worum er mich gebeten hatte. Er nahm die winzigen Kalebassen und murmelte einen Zauberspruch. Nach einer Weile begannen die Kalebassen von einer Seite zur anderen zu schwingen. Das hieß nein. Wenn die Kalebassen vor und zurück geschwungen wären, hätte die Antwort ja gelautet.

Der *babalawo* sagte: »Das Mädchen wird nicht heiraten. Sie haben viele Feinde. Um den Zauber zu brechen, müssen wir viele Rituale durchführen. Sie werden Geld kosten, aber das Mädchen wird heiraten.«

Alle im Raum waren aufgeregt. Adesina, sein Bruder, der Führer: Sie waren Wachs in der Hand des *babalawo*.

Ich sagte: »Aber das ist gut. Ich möchte nicht, dass das Mädchen heiratet.«

Der *babalawo* blickte entsetzt drein. Er musste glauben, dass ich ihn verspottete. Vermutlich rettete nur die Ehrfurcht Adesinas und der anderen die Situation.

Ich deutete auf die Apostellöffelfigur und fragte: »Was ist das?«

Er nahm die kleine Figur und sagte: »Er reist nachts. Er geht zu den heiligen Stätten, zu denen ich ihn schicke, und kommt mit Neuigkeiten zurück.«

Und Adesinas Bruder und der Führer, korrekt gekleidet mit ihren nigerianischen geblümten Hemden, vergrößerten mein Ansehen wieder ein wenig, indem sie schrecklich ehrfurchtsvoll dreinblickten.

Adesina sagte: »Er würde gern etwas über die Schöpfung und die Götter erfahren.«

Wieder vermochte es Adesinas offensichtlicher Eifer, den *babalawo* zu beruhigen. Ein Freund des Wahrsagers, ein Mann, der sich hier auskannte, kam herein und schloss den Ventilator an. Zu meiner Überraschung setzte sich das Ding über unseren Köpfen in Bewegung.

Der *babalawo* begann über die Götter zu sprechen. Er ließ sich Zeit. Er stellte die Dramen nach, die er beschrieb, und er brauchte so lange für die ersten Schritte der Schöpfung, dass ich Angst hatte, wir würden den ganzen Nachmittag in dieser stickigen kleinen Zelle verbringen. Irgendetwas in der Luft reizte bereits meine Nase, ein Zeichen für bevorstehenden Ärger. Beiläufig goss der *babalawo* Flüssigkeit aus einer Flasche an die Wand neben ihm und vermehrte den Schmutz in diesem Raum; er habe, erklärte er gleich darauf, eins der Orakel an der Wand »gefüttert«. Eins der Orakel war gefüttert und schlief. Um den Namen eines anderen Gottes nennen zu können, müsste er zuerst einem noch nicht gefütterten Orakel ein Trankopfer darbringen. Dafür bräuchte er etwas Geistiges; er meinte etwas Hochgeistiges: Schnaps.

Adesina schickte den Führer los, um den Schnaps zu holen. Und der *babalawo* fuhr fort mit seinen Geschichten über die Götter, hielt immer wieder inne, damit Adesina die Gelegenheit hatte, zu übersetzen und auszuschmücken.

Ich verzweifelte allmählich. Die Zelle des *babalawo* wurde mehr und mehr zu der Schiffskabine in dem Marx-Brothers-Film *Room Service*, die sich zunehmend mit Menschen füllt. Irgendwann betrat ein junger Mann mit Polohemd die Zelle. Er wollte den *babalawo* unter vier Augen sprechen. Der *babalawo* verscheuchte ihn barsch wie ein Mann, der keine Zeit für Dorffaulenzer hatte. Der junge Mann mit dem Polohemd zog sich missmutig zurück, und der *babalawo* erzählte weiter seine bedeutsamen Geschichten über die Götter – und gestikulierte viel mit seinen knochigen Fingern –, die ihm jetzt wichtiger waren als das kleine Geschäft, das ihm der junge Mann im Polohemd vielleicht gebracht hätte.

Der *babalawo* unterbrach sich und sagte: »Ich glaube, ich habe schon gesagt, dass ich den Namen dieses Gottes nicht erwähnen kann, solange ich ihm kein Trankopfer gebracht habe.« Er deutete erneut auf den schmutzigen Fleck an der Wand.

In diesem opportunen Augenblick kehrte der Führer mit einer viereckigen Flasche nigerianischen Gins zurück. Der *babalawo* hatte bereits einen Schluck aus seiner eigenen Flasche getrunken, und jetzt stießen alle auf den Gott an.

Das Handy des *babalawo* klingelte. Der *babalawo* drückte auf die Lautsprechertaste. Der junge Mann, der gerade hier gewesen war, machte dem *babalawo* Vorhaltungen. »Die Leute, die bei dir sind, werden eine Menge Geld machen aus dem, was du ihnen erzählst. Erzähl ihnen nicht alles.«

Der *babalawo* war vollkommen ruhig. Der Gin hatte eine beruhigende Wirkung auf alle. Der *babalawo* bot an, uns die Orakel in seinem Hof zu zeigen. Wir folgten ihm aus seiner kleinen Zelle in einen sehr schmalen Durchgang, in dem kaum zwei Personen nebeneinander gehen konnten. Wir waren jetzt nahe an der Begrenzungsmauer: Das kleine Haus stand auf einem sehr kleinen Grundstück. Und in einer Ecke befanden sich die drei Schreine mit den Orakeln, die der *babalawo* mit eigenen Händen erschaffen hatte und die aussahen wie etwas Toilettenartiges und Unappetitliches. Für den Gläubigen musste es ein großartiges Erlebnis sein, dass er die heiligen Dinge sehen durfte; ich dagegen verspürte in diesem Augenblick ein auffälliges Kitzeln in der Nase: Das Asthma kündigte sich an.

Ich fand, dass wir aufbrechen sollten. Der Moment kam bald, da Adesina, der vielleicht eine ernsthafte persönliche Konsultation gewünscht hatte, begriff, dass diese aufgrund meiner Leichtfertigkeit nicht mehr möglich war; die Gelegenheit war vorbei.

Er machte mir keine Vorwürfe, und bald kehrten wir auf dem schmutzigen roten Weg zum Auto zurück. Eine magere Hündin mit geschwollenen Brustwarzen kam aus dem Hof des *babalawo*; ein paar Kinder hatten sie gequält. Adesina schrie sie an. Er fand die richtigen Worte und den richtigen Ton. Die Kinder zogen sich sofort zurück. Die Hündin lief auf die Straße und trottete unverzagt davon, den Schwanz in die Höhe gestreckt, ihre Würde intakt.

Und dann fuhren wir wieder an den kleinen Läden und Behausungen der Siedlung vorbei, den Werbeschildern für außergewöhnliche medizinische Kuren, den Anzeigen für Musikveranstaltungen und immer wieder an Kindern, und dann an den Häusern mit den großen, demütigenden Schildern: *Dieses Haus ist gepfändet.*

Am nächsten Tag in Lagos erzählte ich im Hotel einem Mann, wo ich gewesen war und was ich getan hatte. Er hatte wirklich Angst um mich. »Das sind böse Leute. Auch wenn man nichts von ihnen will, werden sie einem schaden. Man geht mit einem Problem hin und kommt mit zehn zurück.«

Und in der Tat hatte sich das Kitzeln in meiner Nase zu etwas entwickelt, was nach Antibiotika verlangte und mich mit dem Verlust wertvoller Tage bedrohte.

6

Der Oni von Ife: ein denkwürdiger Titel. Hatte man ihn einmal gehört, hatte man ihn als Klang im Kopf (vor allem wenn man nicht wusste, was er bedeutete), und er konnte mit seinen leicht austauschbaren Vokalen phantastische Formen annehmen. Sogar Dickens, der Meister der erfundenen Namen, parodierte ihn in seinen Schriften (vielleicht in einer journalistischen Arbeit, aber ich war nicht mehr sicher). Jetzt fand ich heraus, dass der Oni das religiöse Oberhaupt der Yoruba in Nigeria war und Ife ein Ort irgendwo im Landesinneren und in Reichweite: eine halbe Tagesfahrt von Lagos entfernt.

Die notwendigen Arrangements wurden getroffen, und ich fuhr hin. Der Oni würde an diesem Tag nicht anwesend sein, aber andere Leute würden mich empfangen. Der Oni war in England. Wie viele bemittelte Nigerianer verbrachte der Oni seinen Sommerurlaub für gewöhnlich dort; angeblich besaß er ein Haus in London. Das hatte ich nicht erwartet. Es veränderte meine Vorstellung von ihm.

Wir verließen Lagos auf einer gut befahrbaren, ordentlichen Straße. Auf der anderen Spur rollten Abertausende Autos langsam in die Hauptstadt: die nigerianische Paralyse an Wochentagen. Am späten Nachmittag und Abend war es umgekehrt: Es war einfach in die Stadt zu kommen und weniger einfach, sie zu verlassen. Wir hatten also Glück. Am Stadtrand folgten großzügig angelegte Bürokomplexe und lange Mauern, auf denen große Kirchen angekündigt wurden. Und schließlich waren wir auf dem offenen Land. Das Land war grün: nicht dunkelgrün wie alte Urwälder, sondern von frischem Grün wie Land, das regelmäßig bewirtschaftet wurde und immer noch fruchtbar war und nur Regen und Sonne brauchte, um neue Vegetation hervorzubringen. Adesina hatte gesagt, dass achtzig Prozent der nigerianischen Landfläche nicht landwirtschaftlich genutzt wurden, aber ich war nicht davon überzeugt. Ich war verzaubert von der leeren grünen Landschaft, wie ich sie so noch nie zuvor gesehen hatte, nicht auf Trinidad, nicht in Indien: weitläufig und grün und leer.

Die Straße nach Ife war Teil einer geplanten transafrikanischen Autobahn. In der Nähe von Lagos bestand sie aus zwei breiten Fahrbahnen, und so wie es in Indien die Fahrt verkürzte, die Wracks überladener kleiner Lastwagen zu beiden Seiten der Straße zu betrachten – manche lagen auf dem Rücken, andere auf der Seite, manche hatten keine Räder mehr, bei den einen war die Vorderachse gebrochen, bei den anderen die Hinterachse –, verlieh es hier in Nigeria der langen Straße und dem einförmigen Grün eine dramatische Note, nach den großen Sattelschleppern Ausschau zu halten, die von der Fahrbahn gerutscht oder geschlittert oder sogar vorsätzlich heruntergefahren und liegen gelassen worden waren und die jetzt verrosteten und verrotteten, weil das am billigsten und einfachsten war.

Ibadan war eine große Stadt auf dem Weg. Es gab eine in Kolonialzeiten gegründete Universität und Zweigstellen vieler britischer Schulbuchverlage. Es war eine Überraschung, als sie auftauchte, weil nichts in der Landschaft darauf hingewiesen hatte, dass eine große Stadt folgen würde. Sie war einfach da, am Ende des Grüns, so wie in Argentinien Buenos Aires am Ende der Pampa aufragt. Ibadan, eine Stadt mit niedrigen Häusern auf weitläufigen Hügeln, erstreckte sich bis weit in die Ferne, bis zum Horizont. Es gab keine städtischen Annehmlichkeiten, keine öffentlichen Gärten oder Parks.

Ein vergleichbares Geheimnis umgab auch Ife. Es tauchte ebenfalls einfach auf, und es war unglaublich laut. Wir folgten den Straßenschildern und fuhren zum königlichen Anwesen des Oni. Wir waren ein paar Minuten zu früh, und es war niemand da, der uns begrüßte oder herumführte. Das Gelände war groß und schien organisch gewachsen zu sein. Es bestand aus einer Reihe kleiner Gebäude im Regierungsstil, ununterscheidbar, manche einstöckig, andere zweistöckig. Vor einem Haus in der Ecke drängten sich Leute auf der Treppe, die einer Diskussion im Inneren zuzuhören schienen. Uns wurde erklärt, dass es sich um eine Scheidung handelte. Wenn alle Gebäude auf dem Gelände im traditionellen afrikanischen Stil erbaut gewesen wären, zum Beispiel mit den schönen Strohdächern Kampalas, dann hätte das Anwesen so beeindruckend gewirkt wie Grants Zeichnung des königlichen Hügels in Kampala 1861/62.

Mein Besuch war von einem Schulbuchverlag arrangiert worden – hier war es immer nötig, Schirmherren zu haben –, und ein paar Leute vom Verlag sowie ein großer Mann in nigerianischem Gewand kamen und begrüßten uns. Der große Mann war vom Tourismusbüro, das hier sehr wichtig war; er verlieh unserer Gruppe eine Art offiziellen Status. Der große Mann und die Verlagsgruppe führten uns – und unseren Fahrer: nigerianische Höflichkeit – in einen großen, klimatisierten Audienzsaal, einem Theater nicht unähnlich, und wir setzten uns in Plüschsessel.

Der große Mann vom Tourismusbüro erklärte, dass der Oni nicht anwesend sei, doch sein Stellvertreter und ein paar andere Häuptlinge würden uns willkommen heißen. Wir sollten den Hintergrund und das Wesen der Häuptlinge nicht unterschätzen. Es seien sehr gebildete Leute. Und eine Weile später wiederholte er diese Aussage, obwohl niemand sie in Frage gestellt hatte. Es wirkte, als wäre er, der Mann vom Tourismusbüro (und vielleicht hatte es vor kurzem ein Missverständnis mit einem Touristen gegeben), verpflichtet, die Dinge ins rechte Licht zu rücken: Häuptlinge waren keine einfältigen Dörfler.

Bald darauf traten die Häuptlinge ein. Sie stellten sich gemäß einer bestimmten Rangfolge neben dem Thron des Oni auf. Sie trugen wunderbare bestickte Gewänder aus Seide und sahen so viel prachtvoller aus als wir, dass ich befürchtete, sie würden uns jeden Augenblick für unwürdig erachten und uns wegschicken.

Es folgten Ansprachen. Der große Mann erklärte den Häuptlingen, dass ich aus Trinidad sei. Das hatte eine erstaunliche Wirkung auf den Häuptling, der der Stellvertreter des Oni war. Er sagte gemäß der Übersetzung des großen Mannes: »Du, der du das Land deiner Vorfahren verlassen hast, bist in das Land deines Vaters zurückgekehrt. *Wali, wali, wali.* Komm, komm, komm.«

Es war bewegend. Die Angst wegen meines Aussehens erschien mir jetzt töricht. Ich antwortete auf die freundlichen und poetischen Worte, so gut ich konnte. Patrick Edwards, der Botschafter von Trinidad in Uganda, der unser Land zuvor einige Jahre in Nigeria vertreten hatte, hatte mir von dieser Willkommenszeremonie in Ife erzählt. Er hatte geweint, und jetzt verstand ich, warum.

Unsere Gruppe (die mittlerweile ziemlich umfangreich war) unternahm eine Tour durch einen Teil des Palastes. Der große Mann vom Tourismusbüro erzählte, dass das Stück Ife, auf dem wir uns befanden, die Quelle der Zivilisation war. Es war allen Yoruba und der schwarzen Rasse insgesamt heilig. Er wiederholte es mehrmals, und ich dachte, dass in vielen Kulturen nationale Traditionen auf diese Weise eingeimpft wurden.

Am Ende des Audienzsaales befand sich ein mit Kaurimuscheln dekoriertes Tor, das in einen kleinen Garten führte. Der Garten war angelegt und ordentlich: Einfassungen aus grauem Beton und flache harte Beete aus roter Erde, in denen abgesehen von einem alten, kranken Baum nicht viel wuchs.

Auf einem Schild stand: »Die Quelle des Lebens«. Es bezog sich auf einen betonierten Brunnen in der Mitte. Der Brunnen beherbergte die heilige, unsterbliche Erinnerung an die Frau des allerersten Oni von Ife. Sie war sehr schön, und ihre Ehe mit dem Oni war glücklich. Es wäre eine perfekte Ehe gewesen, wenn sie ein Kind bekommen hätte. Für den Oni war es wichtig, ein Kind zu haben. Aber sie bekam kein Kind. Deswegen opferte sich die gute Frau. So konnte der Oni eine andere Frau heiraten, und sie wurde ein Wassergeist und für immer die Beschützerin des Oni und seiner Familie. Das war der Ursprung des Brunnens. Angeblich hatte er keinen Grund. Das Wasser roch brackig, und als ich hineinblickte, sah ich, dass eine sehr bleiche Nessel darin wuchs.

Die Tradition wollte es, dass die Füße des Oni bei der Inthronisation mit Wasser aus dem Brunnen gewaschen wurden. Und weil der Brunnen ihn und seine Kinder beschützte, musste der Oni es dem Brunnen mitteilen, wenn er Ife verließ.

In einem viereckigen Innenhof am Ende des Gartens wurde Essen ausgegeben; es hatte etwas mit unserem Besuch zu tun. Frauen hatten in großen Edelstahltöpfen gekocht und hantierten jetzt mit langen Löffeln. Ein paar Leute aus unserer Gruppe konnten der Idee, etwas zu essen, nicht widerstehen und setzten sich. An der Mauer hinter den Tischen hingen viele Farbfotos von bedeutenden Personen, die einmal hier gewesen waren; auf einem Foto war ein früherer Erzbischof von Canterbury zu sehen.

Wir kehrten mit unseren Führern in den klimatisierten Audienzsaal mit den bequemen Stühlen zurück und verließen ihn durch die Tür, durch die wir ihn betreten hatten. Vor dem Haupteingang stand auf einem Podest die etwas gedrungene Büste einer Frau, ihre Gesichtszüge nur angedeutet. Ich hatte sie gesehen, als wir hineingegangen waren, mir war jedoch nichts zu ihr erzählt worden.

Das wurde jetzt nachgeholt. Sie war die große Heldin der Yoruba. Ihre Geschichte lautete in etwa folgendermaßen: Irgendwann in der fernen Vergangenheit bekämpften die Yoruba einen traditionellen Feind und standen am Rand der Niederlage. Diese Frau ging zum Orakel und sagte: »Bitte verrate mir das Geheimnis der Macht unseres Feindes.« Das Orakel sagte: »Kein Problem. Ich werde dir das Geheimnis der Macht eures Feindes verraten. Doch zuerst musst du mir geben, was dir am wertvollsten ist.« Das Wertvollste der Frau war ihr einziger Sohn. Sie ließ ihn opfern. Dann wurde ihr das Geheimnis des Feindes offenbart, und der Feind wurde besiegt. Bis heute verehren die Yoruba die Frau und ihren Sohn. Ja, der Sohn hat dank seiner Opferung die Züge Christi angenommen und in dieser Form Einzug in das Pantheon der Yoruba gehalten.

Es war die perfekte Geschichte für einen Ort, der die Wiege der Zivilisation und der schwarzen Rasse war. Hätte ich die Geschichte gleich bei meiner Ankunft gehört, hätte sie keine große Bedeutung für mich gehabt. Doch jetzt, nach dem Treffen mit den ernsten Häuptlingen und nach dem Besuch des Gartens, in dem sich die Quelle des Lebens befand, verstand ich ein bisschen mehr. Damit Mythen zum Leben erwachen, müssen sie von anderen Mythen gestützt werden, und in Ife gab es ausreichende Unterstützung dieser Art.

Es gab noch mehr zu sehen: in einem weiteren Garten, der etwas entfernt, aber noch in der Stadt war. Das zentrale Objekt dort war der Stab eines alten Yoruba-Kriegers, der ein Riese gewesen war. Das Holz des sehr langen Stabes war zu Stein geworden. Der Stab stand aufrecht in dem Garten, der so gut angelegt und ordentlich war wie der Garten der Quelle des Lebens. Der weiß gewandete Priester, der den Stab hütete, erzählte, dass er seit einiger Zeit versuche, die Regierung dazu zu bringen, den Stab zu überdachen, um ihn vor dem Wetter zu schützen und zu verhindern, dass er verwitterte und schrumpfte.

Die Geschichte des Stabes war folgende: Am Anfang aller Dinge herrschte der Riese über die Yoruba. Er beschützte sie und machte sie wohlhabend. Zu gegebener Zeit wurde der Riese in die Welt der Geister gerufen. Er ließ seinen Stab und sein Horn zurück mit der Anweisung, dass das Horn geblasen werden sollte, wenn die Yoruba ihn brauchten. Eines Tages blies ein müßiger junger Mann, der die Geschichte nicht ernst nahm, das Horn. Eine riesige Gestalt schritt daraufhin über die Erde und brachte mit ihrem Schwert rechts und links Menschen um. Eine Frau lief zu dem Riesen und sagte: »Wahnsinniger, siehst du denn nicht, was du da tust? Das sind deine Leute.« Der Riese hob einen abgetrennten Kopf am Haar hoch und sah, dass der Kopf tatsächlich einem Yoruba gehört hatte. Er war tief beschämt, legte seine Waffen ab und schwor, nie wieder auf die Erde zurückzukehren. Doch bevor er sich endgültig zurückzog, wollte er dem Volk der Yoruba einen letzten Segen erteilen. Er versprach ihnen, dass sie im Krieg immer erfolgreich wären. Dann ging er.

Seine Waffen blieben, wo er sie hatte fallen lassen. Im Lauf der Jahre, vielleicht Jahrtausende versteinerte der Stab, und jetzt ist er eines der heiligen Relikte von Ile-Ife. Zu dem Stab gehörte ein Schrein. Er befand sich in dem grünen Gestrüpp am Ende des Gartens. Doch wir standen unter Zeitdruck; wir mussten andere Dinge an anderen Orten besichtigen und erklärten dem Priester in Weiß, dass wir seinen Schrein später anschauen würden.

7

Der Bundesstaat Osun gilt als sehr religiös, er ist voller Schreine und heiliger Orte. In vielen Ländern der Alten Welt war es früher auch so. (Sogar in England, das heute nicht als religiöses Land gilt, gibt es viele heilige Stätten aus nahezu allen historischen Epochen.)

Wir wollten zu einem heiligen Hain von großer Schönheit, doch zuvor mussten wir die Erlaubnis des Oba von Osun einholen. Die breite Straße von Ife nach Osun, die für die Menschenmassen des Festivals gebaut war – für die Leute der schwarzen Diaspora und von überall auf der Welt, die zum Höhepunkt des Flussfestes kamen, wenn die Jungfrau mit der großen Kalebasse auf dem Kopf zum Fluss geht und die Opfergaben in der Kalebasse ins Wasser gießt –, war jetzt leer.

Wir kamen gut voran. Wir würden nicht so spät eintreffen, wie ich befürchtet hatte.

Der Palast des Oba befand sich in der Mitte der Stadt. Ein paar sorgfältig gekleidete Offizielle begrüßten uns.

(Als ich ihre Kleidung und ihre Zufriedenheit über die Begegnung sah, dachte ich, dass es schrecklich gewesen wäre, anzurufen und diesen Teil des Ausflugs abzusagen. Das hatte ich mir halb gewünscht, weil es extrem heiß war – die Hitze des frühen Nachmittags – und auch weil ich glaubte, dass wir die lange Autofahrt auf uns nehmen mussten, nur damit uns eine weitere Version dessen vorgeführt würde, was wir schon am Morgen gesehen hatten, ein weiteres Stück Yoruba-Mythos.)

Eine gutaussehende Frau in Rosa kam aus dem Palast des Oba. Sie war Mitarbeiterin des Tourismusbüros von Osun, erklärte, dass der Oba nach den morgendlichen Empfängen die Kleidung wechsle, und führte uns in einen Empfangsraum, in dem wir warten sollten. Wir mussten eine ganze Weile warten.

Zwei Dienstboten kamen herein, setzten sich auf die kleine Treppe vor dem Thron des Oba und starrten uns unverwandt an. Sie waren elegant in unterschiedliche Gewänder gekleidet, und ich hielt sie wegen ihrer direkten Blicke für Häuptlinge mit speziellen Pflichten. Ich wusste nicht, dass sie Dienstboten waren.

Jemand aus unserer Gruppe fragte, wann der Oba kommen würde. Wir erhielten zur Antwort, was wir bereits wussten, nämlich dass er die Kleider wechsle. Wir warteten.

Schließlich kam er durch eine Tür am Ende des Raums. Zwei schwarz uniformierte Polizisten schritten vor ihm durch die Tür; durch eine andere Tür betraten ein paar Häuptlinge den Raum und stellten sich links neben den Oba. Der Oba war ein großer Mann mit einem breiten, freundlichen Gesicht. Er hatte einen weißen Wedel aus Rosshaar in der Hand. Er gestikulierte damit auf beeindruckende Weise und gebrauchte ihn, um sich zu bedanken, etwas zu billigen und einem Redner auf feinfühlige Weise zu bedeuten, dass er genug gesagt hatte.

Die Frau des Oba, die mit ihm eingetreten war und sittsam zu seiner Linken saß, war jung und hatte ein lebhaftes, neugieriges Gesicht, das nicht zu dem formellen Verhalten des Hofes zu passen schien. Sie musterte uns, einen nach dem anderen, und ich hatte den Eindruck, dass sie uns mochte.

Die schöne Frau in Rosa, die uns begrüßt hatte und jetzt bei uns saß, als würde sie zu unserer Gruppe gehören, sagte halblaut über die freundliche junge Frau links vom Oba: »Sie ist die eigentliche Macht auf dem Thron.«

Es folgten Ansprachen und Formalitäten. Der Oba schaltete sich mit seiner leisen Stimme und einer geschäftlichen Frage ein. Er fragte die Leute aus dem Tourismusbüro, wie weit die Arbeiten an dem Pavillon für traditionelle Religion gediehen seien. Die Männer unter den Offiziellen standen auf, warfen sich halb zu Boden, um dem König ihre Ehrerbietung darzubringen, berührten den Boden mit den Fingerspitzen, so dass sie (wie die Höflinge vor dem Oba von Lagos, aber dort hatten die Höflinge Gewänder getragen, und diese Männer trugen Anzüge) aussahen wie Sprinter, die auf den Startschuss warteten. Dann standen sie wieder auf, hielten korrekt eine Hand über die andere und erklärten dem Oba, dass viel geschehen sei und sie hofften, dass er kommen und sich selbst davon überzeugen würde, sobald er Zeit hätte. Er antwortete, dass er demnächst vorbeischauen werde.

Dann bat unsere offizielle Begleitung um die Erlaubnis, den heiligen Hain besuchen zu dürfen. Der Oba erteilte sie gnädig und machte eine zustimmende Geste mit dem Wedel aus weißem Rosshaar. Wir waren entlassen. Er verließ den Raum durch die Tür, durch die er ihn betreten hatte, und die Polizisten und der Rest seines Hofstaats folgten ihm. Wir wechselten ein paar Worte mit der Frau des Oba. Sie war so freundlich und interessiert, wie sie wirkte.

Wir verließen den Empfangssaal mit den Mitarbeitern des Tourismusbüros. Kaum traten wir durch das Haupttor, begannen die zerlumpten Hofmusikanten zu spielen: Trommeln, Metall auf Metall, und Kalebassen mit Steinchen. Der Mann, der unser Schirmherr war – Mitarbeiter des Verlags –, wollte den Musikern Geld geben. Doch ein anderer Mann hielt ihn auf und sagte: »Ich habe ihnen schon Geld gegeben. Gib den Halunken nichts mehr.«

Der heilige Hain war atemberaubend. Nach dem Palast des Oni, dem Garten mit der Quelle des Lebens, der Heldin der Yoruba, dem versteinerten Stab des Yoruba-Riesen hatte ich einen weiteren Mythos erwartet, etwas, was wieder einmal verlangte, die Ungläubigkeit zu suspendieren.

Doch der Hain war echt und wunderschön: Ein tropisches Waldstück, das seit langem unberührt war und in dem kein Tier getötet werden durfte. Das hatte man uns erzählt, und das fanden wir vor. Am Rand des Hains überquerten Affenfamilien gemächlich die öffentliche Straße. Kleine Affen mit traurigen Gesichtern, die andernorts gequält wurden, betrachteten ohne Furcht uns und die Wagen, die uns gebracht hatten.

Der Hain war umfasst von einer faszinierenden Mauer,

vielleicht aus Terracotta, das Werk eines Künstlers, dessen schmelzende Formen an die spielerische Architektur von Gaudí in Barcelona erinnerten. Die unebene Mauer war stellenweise mit Moos bewachsen, was zu ihren Formen passte. Durch das Dickicht der Baumstämme und herunterhängenden Lianen sah man hin und wieder den Fluss, der durch das Naturschutzgebiet floss. Es war ein schlammiger, tropischer Fluss, und kein Versuch war unternommen worden, ihn zu begradigen oder sonstwie zu verschönern; die gekehlten, fließenden Formen der Mauer ahmten die Wirbel und Stromschnellen des rasch fließenden Gewässers nach. Wie bei den Grabstätten der Kabaka in Uganda, deren Bauplan religiös begründet war, stammten auch hier alle Materialien aus der Region.

Ich fand das alles sehr bewegend, vor allem die Vorstellung des Hains als Tierschutzgebiet. Angeblich umfasste es fünfundsechzig Hektar. Ich wünschte, es hätte die zehnfache Größe.

Ein großes Tor führte zu einem kurzen Weg – er war für die Prozession zu Zeiten des Flussfestivals angelegt worden. Der Weg führte vorbei an ein paar selbstgebauten Schreinen zu Füßen von Bäumen zu einem Pavillon an der Biegung des gelben Flusses. Es war ein offener Pavillon, ein Strohdach auf Baumstämmen. Auf der einen Seite des Pavillons befand sich der große Schrein. Auch er war strohgedeckt, die Wände waren aus Lehm, geschmückt mit weißen, schwarzen, schokoladen- und rostfarbenen Figuren. Die Priester und Wahrsager lebten darin. Gemäß der Legende stand der Pavillon an der Stelle, wo sich der Palast des ersten Oba von Osun befunden hatte. Während des Flussfestes kamen Tausende von Menschen aus der schwarzen

Diaspora hierher. Religiöse Lehrstücke wurden überall im Hain aufgeführt.

Vielleicht war alles künstlich, wie manche behaupteten; vielleicht war alles erfunden. Der Ort war zu schön, der Symbolismus des Rituals zu einfach; vielleicht hatte jemand, der Events ausrichtete, alles zusammengestellt. Aber es war auch möglich, dass alle Rituale so anfingen, mit einem Kunstgriff.

Das Event hatte sich durchgesetzt, und die Leute aus der Diaspora, die deswegen kamen, hatten viele Yoruba-Götter über das große Wasser mitgenommen, das gesamte System des Übernatürlichen war mit ihnen gereist, um die Unsicherheit ihres Lebens in der schwierigen neuen Welt zu reduzieren. Doch den heiligen Hain hatten sie nicht mitnehmen können. Er blieb in Afrika.

Auf dem Rückweg nach Lagos hielt der Fahrer mehrmals an. Er war auf der Suche nach Palmwein. Der Palmwein war nur hier, auf dem Land, gut; der Palmwein in Lagos war gestreckt. Schließlich bekam er seinen Palmwein, aber er bot uns nichts davon an. Er sparte ihn für den Abend auf. Er würde seine Freunde einladen – sie lebten nicht weit entfernt; das war ungefähr die Definition eines Freundes in Lagos: jemand, der nicht weit weg wohnte –, und sie würden die Flasche gemeinsam »killen«.

Wir hätten eigentlich problemlos in die Stadt kommen sollen. Aber kurz nach der Stadtgrenze holte uns der Verkehr ein, oder wir holten den Verkehr ein, und er zermürbte uns. Irgendwann sah es so aus, als müsste der Fahrer seinen Palmweinabend verschieben.

8

Der Norden Nigerias ist muslimisch. Von Adesina hatte ich erfahren, dass Missionare – er meinte christliche Missionare – zu Kolonialzeiten nicht in den Norden gedurft hatten. Das intellektuelle Leben des Landes fand im heidnischen oder christlichen Süden statt, doch es war der bevölkerungsreichere Norden, der mit der Unabhängigkeit zu größerer Macht gelangt war.

Mein Freund aus dem Norden – der mir in der Nacht oder vielmehr am Morgen meiner Ankunft mit dem Hotel geholfen hatte – sagte eines Abends beim Essen, dass der Süden »degeneriert« sei. Vielleicht sagte er es nur so dahin oder machte einen üblichen provinziellen Witz, aber Witze sind immer mehr als Witze, und dieser hatte etwas mit dem kulturellen Bruch zwischen dem Norden und dem Süden zu tun.

Wenn man den Norden besuchen möchte, nimmt man am besten das Flugzeug.

Irgendwo vor Kano, der großen Stadt im Norden, blickt man hinunter auf eine Art Parklandschaft: einzelne, große dunkelgrüne Bäume auf blassem Grasland. Es ist die sanfte Landschaft, die entsteht, nachdem ein undurchdringlicher Wald geschlagen wurde bis auf die vereinzelten großen Bäume, die stehen blieben, weil sie schön waren oder Schatten spendeten.

Vor dem kleinen Flughafengebäude fühlt man sich sofort fremd. Männer in blauen oder weißen muslimischen Gewändern, Arbeitskleidung, stehen in einem Halbkreis etwas entfernt von den Passagieren. Manche von ihnen verkaufen Gebetsketten und weiße muslimische Gebetskappen. Da es für die Reisenden aus Lagos keine Pass- und Zollformalitäten gibt, kommt man schnell in die Stadt. Es ist eine Stadt aus Erde und Staub. Die Straße ist ein kurviger Weg zwischen Erde und Müll, den die Menschen nur widerwillig zu entsorgen scheinen, und christlichen Kirchen. Die Kirchen überraschen in dieser muslimischen Region, doch ich sollte mir keine falschen Vorstellungen machen. Ich erfahre: »Nur Ausländer leben hier.« Und nur hier, an der Peripherie, dürfen Kirchen gebaut werden.

Auf einem Haufen Abfall stehen zwei Hunde, die armen Geschöpfe sind von der gleichen Farbe wie der Müll.

Und dann die eigentliche Stadt: Zahllose Ziegen fressen Abfall, Plastik und Papier. Die Ziege ist das ideale Tier für diese Gegend, sie lebt von Luft, bis sie geschlachtet wird. Und Kinder: scharenweise, magere Gliedmaßen, in staubigen, kurzen braunen Gewändern, die verlässliche Folge von Vielehen und Konkubinen. Die Pferde an diesem Ort, an dem es eigentlich eine Kultur der Pferde und der Reiterei geben sollte, sind mager wie die Kinder. Abfall, zusammengeschoben zu kleinen Haufen. Unzählige *okada*-Motorradfahrer, die ihre Strecken abfahren und Fahrgäste transportieren.

Nur eine aktive Baustelle, auf der sieben Männer arbeiten, einer mischt den Zement, der dann von Mann zu Mann weitergegeben wird, bis er schließlich den Maurer an der Ziegelmauer erreicht. Im Zentrum der Stadt ein großes, verlassenes, mehrstöckiges Gebäude: ein Relikt aus der Zeit, als Kano boomte, doch jetzt, da es keinen Strom mehr gibt, ist der Boom weit weg. Die Kinder, die jetzt ununterbrochen von Ehefrauen und Konkubinen produziert werden, ob es nun boomt oder nicht, haben keine Zukunft, außer sie können sich ein Motorrad kaufen oder leihen oder leasen, um das Heer der *okadas* in der Stadt zu vergrößern.

Später erfuhr ich, dass eine der Sehenswürdigkeiten der Stadt jeden Freitag, dem heiligen Tag, zu besichtigen ist. Nach dem Gebet bevölkern Aberhunderte von kleinen, mageren Muslimjungen mit ihren Bettelschalen die abfallübersäten Straßen und warten geduldig auf Almosen der Frommen.

Die guten Muslime von Kano betrachten ihre Situation als »dynamisch«. Nach Ansicht dieser Leute kann es keine Krise mehr geben, wenn der Staat muslimisch und die Kultur islamisch ist; dann wird die Welt ganz sein. Das trennt sie vom Rest Nigerias, der in einer immerwährenden Krise lebt.

Im Hotel hingen ungewöhnlich viele schwarzweiße Schilder, vielleicht mit einem Computer entworfen, auf denen die Gäste gebeten wurden, die Hotelarmaturen nicht abzumontieren.

Ein paar freundliche Intellektuelle in weißen Gewändern besuchten mich nach dem Abendessen, und wir unterhielten uns bei elektrischem Licht im sandigen Garten zwischen dem Hotel und dem Hotelrestaurant Calypso und erwehrten uns der Moskitos und Sandfliegen.

Ein Mann, ein früherer Fulbright-Stipendiat, unterrichtete Literatur an der Universität. Ein anderer Mann mit einem roten Fez arbeitete für die Regierung und war für Medien zuständig. Ein dritter Mann, bescheiden und gutaussehend, sagte, er sei »ein kleiner Schriftsteller«, der in Englisch schreibe.

Sie waren stolze Männer aus dem Norden und hatten viel über ihre Identität in dem Mischmasch Nigerias nachgedacht. Anfänglich schienen sie das Kano, das der Besucher sah, nicht zu sehen. Sie sahen Wachstum und Dynamik. Kano, so erzählten sie, sei eine alte Handelsstadt und behaupte sich noch immer, auch wenn der Transsahara-Handel abgenommen habe.

Ohne zu bemerken, dass sie etwas anderes sagten, erklärten sie später, dass Kano konservativ sei und die große Herausforderung jetzt in der Bildung bestehe. Es gab zwei Arten von Bildung. Eine war westlich; der Literaturdozent sagte, dass er zu dieser Richtung gehöre. Und es gab die traditionelle Koranmethode. In diesem System lernten die Menschen lesen und schreiben auf Arabisch, und dann wurden sie hinausgeschickt in das »informelle« Netzwerk. Das war die formelle akademische Ausdrucksweise dafür, dass die Koranmethode sie hinausschickte, um Schuhe zu putzen, *okada*-Motorräder zu fahren, auf der Straße zu hausieren und allgemein »niedere« Arbeiten zu verrichten und von der Hand in den Mund zu leben. Die Koranmethode war dafür verantwortlich, dass die Straßen von Kano aussahen, wie sie aussahen.

Es konnte für diese stolzen Muslime nicht leicht sein, damit zu leben, aber sie gingen nicht darauf ein, weil sie mit dem Problem ihrer sprachlichen Identität beschäftigt waren.

Der Literaturdozent sagte, dass sie in sich gekehrte Menschen seien. Sie schrieben in Hausa, einer Sprache des Nordens; nur sehr wenige schrieben in Englisch. Er sagte: »Wir wollen nach vorn blicken, aber alle Schriftsteller schreiben in Hausa.«

Der Mann mit dem Fez, der Medienmann, sagte: »Wir brauchen neue Ideen.«

Der Mann, der sich als »kleiner Schriftsteller in Englisch«

bezeichnet hatte, sagte: »Kano ist ein merkwürdiger Ort. Ich sehe Menschen, die im einen Augenblick glücklich sind und todunglücklich im nächsten. Erst sind sie friedlich und dann auf einmal wütend. Ich schaue sie mir an, weil sie meine Figuren sind und ich sie verstehen möchte.« Er konnte sich nicht erklären, warum sie wütend wurden. »Sie artikulieren sich nicht. Ich weiß nicht, warum sie so entfremdet sind. Ich spüre ihren Zorn, obwohl wir ein städtisches und kommerzielles Zentrum sind.«

Der Akademiker, der Literaturdozent, spürte diesen Zorn nicht. »Für mich ist er nicht greifbar. Es könnte ein Identitätsproblem sein. In welche Schublade sie gehören.«

Dann sprachen sie über das Thema, das ihnen am wichtigsten war, die Frage nach der Hausa-Identität.

Wann hatte diese Identitätskrise begonnen?

Sie erklärten, dass sie von den europäischen Anthropologen in Gang gesetzt worden sei. Und tatsächlich logierte ein amerikanischer Akademiker im Hotel, der über die Hausa arbeitete und gerade seine Feldforschung abgeschlossen hatte.

Der in Englisch schreibende Schriftsteller sagte: »Die Innerlichkeit der Menschen in Kano ist Teil unserer Identität, und vielleicht ist deswegen der soziale und politische Fortschritt begrenzt.«

Wir hatten die tapferen Ansichten vom Beginn des Gesprächs weit hinter uns gelassen.

Ich wollte wissen, wie sie auf den Verfall von Kano reagierten. Anfänglich hatte es so ausgesehen, als wollten sie ihn nicht bemerken.

Der Medienmann mit dem roten Fez sagte, beides würde größer werden, sowohl die Stadt als auch ihr Verfall. »Sie laufen alle herum wie die Ameisen. Es gibt kaum neue Bauprojekte.« Es hörte sich erneut anders an als zu Beginn unseres Gesprächs. »Es kommen viele Leute in die Stadt, aber es gibt keine Arbeit, und deswegen arbeiten viele als *okada*.«

Der Literaturdozent sagte: »Darüber wird zurzeit viel lamentiert, aber wir haben keinen Zauberstab, um das Problem zu lösen. Die Leute müssen es auf individueller Ebene lösen. So wie ich mein Stromproblem mit einem Generator gelöst habe.«

Ich fragte nach der Stellung des Emirs. Entsprach sie der Position des Oni von Ife, oder war er mehr?

Sie sagten übereinstimmend, dass die Institution geachtet werde. Es gebe keinen Zwang.

Der Schriftsteller sagte: »Der Emir hat keine Kontrolle über die Produktion. Er wird mit dem Islam identifiziert und steht für die Inspiration der Menschen. Er wird verehrt.« Die Menschen in Kano betrachteten sich nicht als Araber. In dieser Beziehung unterschieden sie sich von den Sudanesen. »Sie sind schwarz wie die Nacht, aber sie tun so, als wären sie Araber, weil sie Arabisch sprechen. Wir wollen keine Araber sein.«

In den Erdkundebüchern, die ich in der Schule gelesen hatte, war Kano eine große Stadt, umgeben von einer Lehmmauer. Auf Fotos waren glatt verputzte Mauern zu sehen, durchstochen von schmalen Abflussrohren. Damals hatte ich mir gewünscht, Kano zu sehen, doch jetzt musste ich mich mit der vagen Erinnerung an ein vor langer Zeit betrachtetes Foto zufriedengeben. Ich fand nichts, was dem Foto entsprochen hätte, nur eine kulturelle Einrichtung der Deutschen, die sich um das letzte kleine Stück erhaltener Lehmmauer kümmerte. Die Oberfläche war löchrig und alles andere als glatt verputzt.

Als ersten Palast sah ich den Wochenendpalast des Emirs. Die Bezeichnung ließ vermuten, dass er sich viele Kilometer außerhalb der Stadt befand, doch dem war nicht so. Man konnte nur spekulieren, zu welchem Zweck er diente.

Die Mauern waren hoch und ockerfarben, dekoriert mit einer Reihe erhabener, abstrakter Muster aus Beton, vielleicht in Formen gegossen. Kinder rannten dem Besucher nach und warteten geduldig auf die Almosen, die er am Ende des Besuchs verteilen würde. Der Eingang oder das Tor befand sich in der Mitte der Mauer, die offenbar meterdick war, doch wenn man im Toreingang stehend nach oben blickte, sah man, dass die Dicke eine Illusion war, dass sich über der niedrigen Decke (aus Wellblech) eine Leere befand, die bis nach oben zu den Mauerspitzen reichte.

Die Decke hatte viele Löcher, durch die der Himmel zu sehen war, und in den Ecken nisteten Vögel. Die Mauer darüber war hohl. Auf dem Gelände jenseits davon befanden sich kleine niedrige Gebäude, umgeben von Höfen. An einer Mauer stand ein sehr alter Baum mit einem dicken Stamm. Ganz hinten lag ein wiederum ummauerter Obstgarten, wo sich vielleicht die Konkubinen des früheren Emirs entspannt hatten, wenn sie nicht zu alt waren oder ausrangiert wurden.

Der Hauptpalast, zu dem wir schließlich gelangten, war an diesem heißen Tag eine größere Herausforderung. Er stand mitten in der sengenden Sonne auf einem weitläufigen, offenen, staubigen, halb verdorrten Grasfeld, auf dem nichts wuchs abgesehen von den Nimbäumen an der Einfahrt. Die drei kühlen Ein- oder Durchgänge waren weit voneinander entfernt, die Mauern waren hoch und braun.

Im zweiten Durchgang saß ein kleines weißes Kätzchen mit einem Farbtupfer auf dem Rücken und weinte. Es war wie das Kätzchen, das ich im Hotel Mountains of the Moon in Uganda gesehen hatte. Wahrscheinlich war es das letzte des Wurfs, das irgendwie überlebt hatte. Es hätte nur wenig gebraucht, um es zu trösten, aber ich war zusammen mit Leuten, für die Katzen Geister und Dämonen waren; ich musste das niedliche kleine Geschöpf, das den Mund aufriss und weinte, zurücklassen; es war noch bemerkenswert unversehrt, genährt von der Milch seiner Mutter, heute vielleicht schon gejagt und getötet.

Diese kleine Tragödie und meine eigene Hilflosigkeit überschatteten die Besichtigung des Palasts, der diversen Empfangssäle, darunter der England-Raum, in dem gerahmte Fotos von Königin Elizabeth an der Wand hingen, die vor vielen Jahren vom Emir von Kano empfangen worden war.

Die inneren Räume wurden gerade renoviert, vor allem die Decken mit ihren erhabenen Dekorationen und den Erdfarben, ein Raum gold- und sandfarben, grau, schwarz und weiß ein anderer. Es gab, so unwahrscheinlich es auch schien, einen Harem im Palast, mit Ehefrauen, Konkubinen, Sklavinnen und Eunuchen. Der Islam, der seine guten alten Gebräuche in Afrika auslebte.

Natürlich durfte ich nicht in den Harem. Ich setzte mich auf einen staubigen Stuhl in einem Empfangsraum und wartete, bis die Gruppe zurückkehrte.

9

Auf Delacroix' Gemälde der Haremsfrauen in Algier sind müßige Frauen in farbenprächtiger Kleidung zu sehen. Die Belanglosigkeit ihrer Gedanken spiegelt sich in ihren Gesichtern wider. Vermutlich hatte so ein Bild – die Kleider, der Müßiggang – die Phantasie einer indischen Frau angeregt, die ich ein paar Jahre zuvor in Delhi kennengelernt hatte. Sie sagte, dass sie nichts lieber gewesen wäre als eine Haremsdame beim Großmogul Abkar. Die Frau war keine Muslima, hatte keine Ahnung von einem Harem und wäre bei aller Verrücktheit entsetzt gewesen, dass der Harem eines afrikanischen Herrschers (in der Vorstellung dieser Frau zweifellos ein paar Stufen unterhalb des wahren Harems) vor allem ein Ort für heimatlose Ausgestoßene war – Sklavinnen und Konkubinen (viele von ihnen Geschenke anderer afrikanischer Herrscher), ausrangierte ältere Ehefrauen, (in Ägypten gekaufte) Eunuchen –, Menschen, die ihre Nützlichkeit überlebt, kein Talent, keine Familie, kein Leben außerhalb des Palastes hatten.

Erst das Alter und die Muße verschafften ihnen die Freiheit, hinauszugehen (die Eunuchen immer in Uniform), und sie nutzten diese begrenzte Freiheit, um für andere im Harem kleine Botengänge in der Stadt zu machen. Abgesehen davon hatten sie nichts zu tun. Sie warteten nur noch auf den Tod, wurden gefüttert wie Hunde und schliefen in irgendeiner Ecke des Harems auf dem Boden.

So wurde es mir zumindest bei einer späteren Gelegenheit von einer Frau geschildert, deren Mutter viele unglückliche Jahre im Harem eines kleinen nordnigerianischen Häuptlings verbracht hatte.

Die Polygamie, das Leben im Harem hatten ihre eigenen Regeln. Die wichtigste Regel war die Trennung der Frauen von ihren Kindern. Sofort nach der Geburt. Die Kinder wurden anderen Frauen übergeben und nur zu ihrer leiblichen Mutter gebracht, um gestillt oder gefüttert zu werden. Dabei bedeckte die Mutter ihr Gesicht mit einem Tuch; das Kind sollte sie nicht kennen oder besondere Zuneigung von ihr erwarten. Wenn ein Kind sechs oder sieben Jahre alt war, durfte es erfahren, wer seine leibliche Mutter war. Es stiftete keine Unruhe, das Kind hielt an seiner Zuneigung für seine Pflegemutter fest.

Diese komplizierten Regeln – eine kleine Religion innerhalb der größeren Religion – zielten darauf ab, die Vorstellung einer »Kleinfamilie« im Keim zu ersticken und innerhalb des ummauerten Harems die Idee einer größeren Familieneinheit durchzusetzen. Die Polygamie als die vernünftige muslimische Lebensart hatte ihre Meister und Theoretiker, und sie konnten durchaus gebildet sein. Für sie war die Kleinfamilie der Ursprung des Egoismus und des Zusammenbruchs anderer Gesellschaftssysteme.

Laila war der romantische Name der Mutter dieser Frau. Und vielleicht war er mitverantwortlich für die Art von Leben, das sie sich wünschte. Sie war mit dem Fernsehen aufgewachsen; sie hatte die Romane von Mills and Boon gelesen und glaubte an die Liebe. Ihre Familie besaß riesige Ländereien und war reich und abgesichert genug, um eine Vorstellung von der modernen Welt zu haben. Ein paar Jahre lang hatte sie Laila in eine Klosterschule auf dem kühlen Josplateau geschickt. Dort fiel sie dem Herrscher oder einem seiner Kuppler auf. Ihre Familie war hocherfreut und Laila ebenfalls. Sie wusste natürlich, dass muslimische Männer vier

Frauen und ein Herrscher zudem jede Menge Konkubinen haben konnten. Aber ihre Ausbildung, ihr abgesicherter Familienhintergrund und ihre Phantasie machten sie glauben, dass sie die Liebe finden und vom gewöhnlichen Schicksal der Frauen um sich herum ausgenommen wäre, wenn sie heiraten würde.

Sie wurde schwanger und bekam eine Tochter. Sie nannte das kleine Mädchen Mona. Sie, der Hof des Herrschers, wollten ihr das Mädchen wegnehmen und einer Pflegemutter übergeben. Sie weigerte sich mit so großer Leidenschaft, dass der Hof ihr das Kind ließ aus Angst, sie könnte ihrer Tochter etwas antun. Eine Dienstbotin erzählte ihr, dass einige Leute sie die weiße Frau nannten. Sie fand es komisch, und ihr schien, dass sie gewonnen hätte. Doch was sie als Nächstes erfuhr, war überhaupt nicht komisch. Ihr Mann stattete den Eltern eines jungen Mädchens, das er zu seiner zweiten Frau machen wollte, Besuche zwecks einer Verlobung ab – Besuche, wie er sie auch Lailas Eltern abgestattet hatte.

Laila meinte unterzugehen. Ihr Mann versuchte sie zu beruhigen; nichts würde seine Liebe zu ihr ändern. Doch als islamischer Herrscher musste er eine zweite Ehe eingehen; es wurde von ihm erwartet. Sein Vater hatte ungefähr dreißig Kinder gehabt. Genau konnte er die Zahl nicht benennen, denn es brachte Unglück, wenn ein Mann seine Kinder zählte. Sein Großvater hatte ungefähr fünfzig, aber die Zeiten hatten sich geändert.

Niemand am Hof verstand, warum Laila untröstlich war, weiterhin ein Theater machte und damit die Harmonie im Harem bedrohte; viele Frauen sagten, dass die weiße Frau aufgrund der englischen Bücher, die sie gelesen hatte, und der Klosterschule, in die sie gegangen war, gestört war. Und

Laila fiel in tiefste Verzweiflung, als ihre Eltern klarstellten, dass sie sie nicht unterstützen konnten; zumindest von ihnen hatte sie Verständnis erwartet.

Die zweite Ehe wurde geschlossen ohne Rücksicht auf Laila. Sie fühlte sich aus ihrer eigenen Ehe ausgeschlossen. Sie empfand ihre Demütigung als vollständig. Sie fühlte sich von der Vergangenheit verhöhnt. Sie überlegte, ob sie sich vom Herrscher zurückziehen und keinen intimen Kontakt mehr mit ihm haben sollte. Die Entscheidung fiel ihr schwer; ein Teil von ihr glaubte noch immer daran, dass alles wieder gut werden würde. Als diese Vorstellung verblasste, war sie erneut schwanger.

Jetzt begann eine seltsame Zeit für sie. Sie war allein im Durcheinander des Haremslebens mit seinen Rivalitäten und Streitigkeiten, dem Hass, der ständigen Anspannung. Ihre Einsamkeit schützte sie und ihr Ehrgeiz, etwas jenseits des Harems zu erreichen, von dem die anderen keine Ahnung hatten. In ihrer Einsamkeit fand sie ein Ziel: Sie beschloss, ihrer Tochter zu ersparen, was sie selbst durchgemacht hatte.

Ihr zweites Kind war ein Sohn. Sie wollten ihn ihr wegnehmen. Sie ließ es zu. Sie bedeckte ihr Gesicht, wenn sie den Jungen stillte. Der Junge wuchs heran. Sie ließ die Jahre vergehen.

Nie vergaß sie den Entschluss, etwas zu tun, um Mona zu retten. Er tröstete sie, auch wenn sie – da sie als eine Art Gefangene innerhalb der Haremsmauern lebte – keine Ahnung hatte, was sie für ihre Tochter tun könnte. Doch sie glaubte, dass sich ihr eines Tages ein Weg eröffnen würde, weil sie es so sehr wünschte.

Ein, zwei Jahre lang tauchte immer wieder ein Verwandter des Herrschers im Harem auf. Er arbeitete als Arzt in Dubai am Persischen Golf, ein Mann aus einer arabisch-afrikanischen Familie. Er war einer der Ärzte des Herrschers. (In früheren Zeiten war der Herrscher zu Routineuntersuchungen nach London geflogen und dort in die Harley Street oder ins Cromwell Hospital gegangen, doch London wurde immer teurer und der Besuch dort war jetzt unerschwinglich, insbesondere da es der Stil des Herrschers erforderte, mit Entourage zu reisen.)

Der Arzt bezauberte die Frauen im Harem mit Geschichten über die Wunder von Dubai, die Wiesen und Gärten, die in der Wüste angelegt wurden, die Flugzeuge aus der ganzen Welt, die beständig landeten und starteten, die Hotels, die neben dem Meer gebaut wurden.

Laila liebte seine Geschichten. Ihr gefielen seine Kleider. Sie weckten erneut ihre alten Träume vom Leben in der Welt draußen. Als er merkte, dass sie lesen konnte, brachte er ihr englischsprachige Zeitungen aus Dubai und von anderen Orten mit. Er schien sich mehr für Laila zu interessieren, als zulässig war. Die Leute merkten es und klatschten. Sie war verwirrt. Zu diesem Zeitpunkt in ihrem Leben war sie nicht in der Lage, noch mehr Feindschaft zu verkraften. Und wenn nicht jemand im Harem eines Tages zu ihr gesagt hätte, »Der Doktor interessiert sich mehr für Mona als für irgendjemand anders«, hätte Laila selbst es vielleicht nie bemerkt. Sie beobachtete den Arzt, als er das nächste Mal kam. Er interessierte sich tatsächlich für Mona. Sie wunderte sich, dass sie es übersehen hatte. Und dann sah sie die Hand Gottes in der Ankunft des Fremden aus Dubai. Sie schubste Mona in Richtung des Doktors. Schließlich hielt er um die Hand des Mädchens an.

Vielleicht war es nicht das beste Arrangement der Welt.

Laila hatte keine Ahnung, wie Monas Leben in Dubai wäre, doch sie sah die Hand Gottes am Werk.

Mona hatte die Geschichte ihrer Mutter oft gehört. Lailas Unglück und der Alltag im Harem hatten Mona gestählt und auf alles vorbereitet, was das Leben für sie bereithalten mochte. Als der Arzt sich eine zweite Frau nahm, hielt sie den Schock besser aus als ihre Mutter, ebenso den weiteren Schock einer dritten Frau. Sie erzählte ihrer Mutter nie davon.

DREI

BESESSENE MÄNNER

1

Ein großer Teil des heutigen westafrikanischen Staates Ghana gehörte einst zum Königreich der Ashanti. Das Königreich der Ashanti war riesig. Auf einer alten englischen Landkarte ist das Gebiet der »Ashanti-Obrigkeit« sechshundertfünfzig Kilometer breit und dreihundertdreißig Kilometer lang. Auf dieser alten Karte muss man nach Accra suchen, der modernen Hauptstadt von Ghana, zwischen den vielen »Burgen und Festungen« am Meer, die seit dem fünfzehnten Jahrhundert – von Portugiesen, Dänen, Schweden, Preußen aus Brandenburg, Holländern und Engländern, die alle von Gold und Sklaven träumten – an diesem langen Stück in Ost-West-Richtung verlaufender Küste erbaut wurden.

Kojo war Ashanti, und seine Frau war die Tochter des früheren Königs der Ashanti. Der König, so Kojo, hatte ihn gebeten, seine Tochter zu heiraten. Das ist eine der einfacheren Aussagen über Kojo. Doch wenn er sie mit eigenen Worten erzählt, hat die Geschichte einen seltsamen Ton: »Der Vater meiner Frau war der frühere König. Er hat sehr taktvoll vorgeschlagen, dass ich seine Tochter heiraten soll. Sie studierte Medizin, und ich war Zahnarzt. Sie war eine Ashanti, und ich habe ja gesagt.«

Ich sah Kojo oft, als ich in Ghana war. Zeitweise aßen wir jeden Abend zusammen. Er war immer bereit, Fragen zu beantworten, immer hilfsbereit und höflich. Doch letztlich blieb er mysteriös, nahezu so mysteriös wie er gewesen war, als er mit ausdrucksloser Miene über seine Ehe mit der Tochter des Königs gesprochen hatte. Zuerst glaubte ich, dass er trotz seiner Bereitschaft zu reden zurückhaltend war, auf afrikanisch aristokratische Weise zurückhaltend, und alles herunterspielte. Doch dann vermutete ich, dass sein Leben zu viele Seiten aufwies, zu viele unverbundene, disparate Teile, und dass er keine Möglichkeit gefunden hatte, sich darzustellen. Wahrscheinlich bedeutete das, dass er nicht in der Lage gewesen war, seine Erfahrungen zu einem Ganzen zu verarbeiten.

Hier sind Teile des Puzzles. Kojos Vater ging auf die Achimota, die berühmte weiterführende Schule, die die Briten gegründet hatten, um die Kinder von Häuptlingen und lokalen Würdenträgern für den »öffentlichen Dienst« (Kojos Worte) auszubilden. Der Achimota-Schüler wurde Schuldirektor und arbeitete in unterschiedlichen Regionen Ghanas. Der Vater des Schuldirektors (Kojos Großvater) war Häuptling im Palast, ein ranghoher Berater des Königs in kulturellen Belangen. Kojo sagte, der Großvater habe eine »besondere« afrikanische Ausbildung erhalten.

Kojo erklärte (auf seine zurückhaltende Weise) nicht, worin diese Ausbildung bestanden hatte. Er sagte nur: »Er hat gelernt, seine ererbte Bestimmung zu erfüllen. Er war kein ganz großer Häuptling und auch kein sehr mächtiger. Sein Lehen war beschränkt. Er hatte nicht viel Land. Und Land bedeutet hier Status und Macht. Diese Art Macht hatte er nicht, obwohl er ein wohlhabender Mann war. Er war wohlhabend, weil er außerhalb von Kumasi Kakaoplantagen besaß. Seine Pächter pflanzten und ernteten den Kakao, trockneten die Bohnen, verpackten sie in Sisalsäcken und verkauften sie an den Zwischenhändler. Er musste in Kumasi sein wegen seiner Pflichten am Hof.«

Kojo sagte: »Aus meinem Clan kommen die Könige der Ashanti. Es gibt noch fünf andere wichtige Clans, die auch Häuptlinge stellen. Aber wir, der Oyoko-Clan, stellen die Führer auf meiner mütterlichen Seite.«

Die berühmten Ashanti-Kriege, die der Goldküste und dann Ghana die endgültige Form gaben, fanden in 1890er Jahren statt. Dabei wird Kojos Großvater Dramatisches erlebt haben. Doch die große Umwälzung in Kojos Leben brachten die Unabhängigkeit und insbesondere die Diktatur von Nkrumah mit sich, dem ersten Präsidenten des unabhängigen Ghana. Nkrumah wollte die Grenzen der Ashanti neu ziehen. Er wollte die Dominanz der Ashanti brechen und verabschiedete Gesetze, die die Bergbaurechte der Ashanti beschnitten. Das Land der Ashanti war berühmt für seine Goldminen; zu Kolonialzeiten war Ghana als die Goldküste bekannt. Nkrumahs Gesetze bestimmten, dass alle Minen ab einer gewissen Bodentiefe der Regierung gehörten.

Kojo sagte: »Ich sah Probleme auf mich zukommen. Ich war daran gewöhnt, in einem Rechtsstaat zu leben, in dem die Menschenrechte geachtet wurden und alles geregelt war.«

Aus dieser Zeit stammen seine Geschichten aus London, wo er in Belgravia wohnte; seine drei Söhne (»drei meiner Jungs«) gingen in Eton zur Schule.

Am Ende meiner Zeit in Ghana, am Abend meines letzten Tages, lernte ich einen seiner Jungs im Flughafen kennen. Er war charmant und findig, hatte gute Manieren und war mir eine große Hilfe im Chaos des Flughafens und der Menschenmassen; ich glaubte, dass der Junge (auch wenn ihm die Erfahrung seines Vaters fehlte) eine stabile Sicht- und Handlungsweise entwickeln könnte, die seinem Vater (dessen Erinnerungen zu weit zurückreichten) nicht möglich war.

Kojo wuchs als Christ auf. In diesem Teil Westafrikas bedeutet das für gewöhnlich einen Hintergrund oder vielmehr einen Vordergrund an traditionellem afrikanischen Glauben. Doch Kojo stritt das für sich ab. Er liebte die »Tatkraft der Ashanti«, doch das Christentum hatte sie abgemildert und friedfertiger gemacht. Das Heidentum durchdrang nicht alles; Kojo war ihm nicht ausgesetzt gewesen. Die Ashanti haben Ahnengötter, die heilende Wesen sind. Bei Tod, Geburt und in der Pubertät müssen bestimmte Riten vollzogen werden. In jeder Familie gibt es einen Ältesten, der für die Riten zuständig ist; das Wissen wird von Generation zu Generation weitergegeben.

2

Wenn stimmte, was Kojo sagte, war die Ashanti-Religion nicht allzu invasiv. Das konnte man von der Religion des Ga-Volkes an der Küste, die einst Feinde der Ashanti gewesen waren, nicht sagen. Diese Religion ist so allumfassend, so voller Zeichen und Omen, dass sich der wahre Gläubige (ähnlich dem frommen alten Römer) vermutlich in ständiger, ängstlicher Aufregung wegen der göttlichen Botschaften befindet. Die Geister der Verstorbenen bilden die Grundlage der Religion der Ga, die zugleich so sehr Bestandteil der lebendigen Welt ist, dass diese Welt der Prophezeiungen und göttlichen Botschaften uns umgibt, auch wenn wir uns dessen nicht bewusst sind.

Wenn wir die Straße entlanggehen und mit dem Zeh gegen einen Stein stoßen, hat das eine Bedeutung. Wenn wir niesen, hat es eine Bedeutung. Auf die rechte Seite zu niesen ist gut; nach links zu niesen ist schlecht. Die Natur folgt einem Plan; wir müssen lernen, ihn zu entziffern. Sogar die Geschwindigkeit des Winds ist ein Zeichen. Der Hohepriester wird es interpretieren; ebenso die Seherinnen und die Ältesten, die über die Eigenschaften des Baumstumpfes mit den Schösslingen wachen, der für den Herrscher steht.

Es war Pa-boh, der mich in diesen komplexen Glauben einführte, in dem so viel erklärt werden muss. Er hat mir nie seinen Namen buchstabiert oder aufgeschrieben; ich schreibe ihn – vielleicht falsch – gemäß meiner phonetischen Erinnerung.

Der Sohn eines wichtigen Häuptlings stellte mich Pa-boh vor. Ich dachte, das Haus, zu dem wir gingen, sei Pa-bohs Haus. Es befand sich in einem dicht bevölkerten, aber sauberen Teil von Accra. Später erfuhr ich, dass der Müll hier wie auch in anderen Stadtteilen von einer privaten Firma entsorgt wurde. Es gab zudem ein Abwassersystem, und deswegen sah es hier so ordentlich aus.

Die Häuser waren klein, aber weder von Zäunen noch Abfall umgeben; es gab viel offenen Platz. Kinder rannten herum, und auf der Straße klang es wie in der Pause auf einem Schulhof.

Am einen Ende der Straße stand ein kleiner weißer Betonbau, der aussah wie ein Wachhäuschen; auf dem Dach dieses merkwürdigen Kastens befanden sich zwei Kreuze, die sich voneinander wegneigten. Ich hielt ihn für eine sehr kleine

Kapelle; die schiefen Kreuze sollten vielleicht symbolisieren, wie das importierte Christentum in den älteren afrikanischen Rahmen eingepasst worden war. Später erfuhr ich, dass das Wachhäuschen das für den hiesigen Glauben wichtige Orakelhaus war, das nur religiös legitimierte Personen betreten durften.

Wir entfernten uns von dem Orakelhaus, gingen an ein paar abgestellten Autos vorbei und bogen in einen schmalen Durchgang zwischen zwei größeren Häusern. Der Boden war zementiert und voller Risse. Hier trafen wir Pa-boh. Er trug eine heimische Hemdjacke mit weiten Schößen. Ich wusste noch nicht, wer er war. Mir fiel seine modische Kleidung auf, und ich dachte, dass er vielleicht ein Müßiggänger war, der die Fremden anstarrte und sich ihnen aufdrängte, wenn sie in die Gegend kamen.

Am Ende des Durchgangs zwischen den zwei Häusern befand sich eine kleine offene Stelle, so dass wir abbiegen und eine schmale Treppe in das obere Stockwerk hinaufgehen konnten. Hier war es wieder eng. Die schmale Treppe bestand aus grob gesägten Holzbrettern mit schrägen Schnittstellen, sie war weder gehobelt noch gestrichen. Das Holz oben war gleichfalls unbehandelt. Wir zwängten uns in ein kleines Zimmer, das auf die Straße hinausging. Die Rufe und Schreie der spielenden Kinder drangen zu uns herauf.

Auf der linken Seite des Raums saß ein dicker Mann an einem Hewlett-Packard-Laptop, vollkommen konzentriert auf das, was er gerade tat. Er war weiß gekleidet und wirkte sehr geschniegelt, saß dick und gewichtig auf einem braunweißen Ziegenfell, das über seinen Stuhl geworfen war und bis auf den Boden reichte. Der Sohn des Häuptlings, der uns hergebracht hatte, erklärte, wer wir waren. Der Mann war höflich und nicht interessiert genug an uns, um lange von seinem Laptop aufzublicken; ich war verwirrt, weil ich ihn für die Person hielt, deretwegen wir gekommen waren.

Wir setzten uns auf die cremefarbenen Lederstühle an der Außenwand. Die Straße befand sich direkt unter uns, und die Schreie der Kinder drangen laut durch das offene Fenster in unserem Rücken.

Pa-boh begann zu sprechen.

Er stand neben einem hohen Hocker und setzte sich bisweilen darauf. Seine Hemdjacke mit den weiten Schößen war stark gemustert, vor allem schwarzweiß gestreift. Er schaute zu dem dicken Mann in Weiß am Laptop, doch er, Pa-boh, sprach mit uns, und der dicke Mann blickte weiterhin auf den Bildschirm und fügte dem bereits Geschriebenen hin und wieder ein paar Worte hinzu.

Am Anfang fiel es mir nicht leicht, mich auf das zu konzentrieren, was er sagte. Es waren zu schlichte Dinge über Gott und die Geister; ich hatte sie schon gehört. Aber dann wurde er persönlich und direkt. Zugleich begriff ich, dass der Mann in Weiß diesen Raum als Treffpunkt zur Verfügung gestellt hatte aus Höflichkeit mir und dem Sohn des Häuptlings gegenüber, und dass Pa-boh der Mann war, den wir eigentlich besuchten.

Ich sah Pa-boh mit neuen Augen. Er begann mich zu fesseln. Sein Gesicht hatte etwas Leuchtendes und Hypnotisches, wann immer er lächelte und das Kinn senkte, um einen Punkt zu unterstreichen. In diesen Momenten wirkte er wie ein Universitätsdozent.

Ganz früh schon hatte er gesagt, dass er mit sechsundzwanzig bereits sechs Jobs oder Disziplinen gemeistert hatte. Derzeit war er Verwalter und Sekretär von sieben Häuptlingen.

Am Tag zuvor hatte mir der Sohn des Häuptlings erzählt, dass es die Höflichkeit gebot, eine Flasche Schnaps mitzubringen, wann immer man in religiösen Belangen eine wichtige Person aufsuchte. Kein Bier, keinen Whisky, keinen Wein, nur Schnaps. Ich vermutete, dass dem so war, weil es sich um eine farblose Flüssigkeit handelte.

Er hatte es mir zwar erzählt, aber ich hatte keinen Schnaps dabei. An diesem Morgen hatte ich nicht mit einem ernsten religiösen Moment gerechnet; ich erwartete nur ein Vorgespräch, ein Gespräch über ein Gespräch, und jetzt befürchtete ich, dass wir Pa-boh Geld geben müssten. Bei allem, was er über die Hohepriester seines Glaubens erzählte, spielte ihre Macht, Gebühren zu erheben, eine wichtige Rolle. Sie schienen ihren Lebensunterhalt teilweise davon zu bestreiten, so wie der Schnaps Teil des traditionellen Tributs war (der *babalawo* in Nigeria verlangte nach einer Flasche Gin, um den Göttern oder Geistern in seinem Zimmer ein Trankopfer zu bringen).

Und dann bemerkte ich auf dem Boden rechts neben dem dicken Mann in Weiß eine halb volle Flasche mit einer farblosen Flüssigkeit. Wohin immer man hier ging, man sollte stets eine Flasche Schnaps dabeihaben.

3

Ich fragte Pa-boh nach dem Orakelhaus auf der Straße. Er sagte, dass das Gebiet einst von Wald und Nimbäumen bestanden gewesen war. Die Regierung erkannte solche heiligen Orte an, und sie sollten unbehelligt bleiben. Die Gemeinde nahm es schlecht auf, wenn diese Orte gestört oder anderweitig entweiht wurden. Pa-boh vermutete, dass sich im Orakelhaus Palmöl und Eier als Opfergaben in einem irdenen Topf befanden. Aber er wusste es nicht mit Gewissheit. Um hineingehen zu dürfen, musste man von einem Hohepriester eingeladen und auserwählt werden, und dieses Privileg stand Pa-boh nicht zu, auch wenn er gebildet und gläubig war.

Daraufhin gab mir Pa-boh einen Überblick über die traditionelle Religion. Er sprach wie ein Akademiker, und es klang so auswendig gelernt, dass ich mich fragte, wie viel von dem, was er erzählte, reines Wissen zum Beispiel aus einem Universitätskurs war und wie viel auf persönlicher Erfahrung basierte. Vielleicht war es eine Mischung, oder vielleicht war Pa-boh einfach besonders eloquent.

Die Geister, die niedrigen Gottheiten und die Götter (sagte Pa-boh) überbrücken die große Distanz zwischen uns und dem höchsten Wesen, das wie Jehova ist. Dieser Bezug zur Bibel wird oft bemüht, wenn Afrikaner versuchen, ihren Glauben zu erklären; er veranschaulicht, was ansonsten nur schwer zu beschreiben wäre. Das höchste Wesen ist sehr mächtig und kein Bestandteil alltäglicher Rituale. Die anderen, die Geister und Götter, werden jeden Tag angerufen. Sie werden physisch symbolisiert durch Bäume, Baumstümpfe, Baumstümpfe, aus denen Schösslinge sprießen, geschnitzte Figuren, Flüsse, Teiche. Jede Gemeinschaft hat ihre eigenen Gottheiten, die beschützen und heilen; die Gottheiten lösen auch Probleme innerhalb einer Gemeinschaft. Sie haben ihre Sprecher – die Hohepriester und Prophetinnen. Sie müssen in den Kult initiiert werden. Sowohl die Hohepriester als auch die Prophetinnen sind besessen.

Wenn sich eine Angelegenheit schwierig gestaltet, gehen

die Leute zu den Prophetinnen. Wenn diese sich eines Themas annehmen, geraten sie in Raserei; sie reißen sich die Kleidung vom Oberkörper und entblößen die Brüste, und sie beginnen unbekannte Sprachen zu sprechen. Normalerweise sprechen diese Frauen Twi, die Sprache der Akan. Doch wenn sie in Ekstase sind, können sie auch andere Sprachen sprechen.

Religiöser Glaube und kulturelle Praktiken gehen Hand in Hand. Religiöse Glaubensinhalte prägen die Kultur. Wenn ein Kind geboren wird, werden ihm Wasser und Palmwein in den Mund gegossen. Damit wird das Baby mit der Erde verbunden. In der Pubertät wird das Kind mit Asche oder einem grünlichen Lehm beschmiert und ins Dorf geführt. Die Dorfbewohner singen und tanzen. Die Lieder sind sehr wichtig. Sie enthalten die Geschichte und moralischen Erwartungen der Gemeinschaft, und das Kind erfährt, welche Verantwortung es gegenüber der Familie und der Gemeinschaft hat. Ein Ahne ist ein Bezugspunkt für einen jungen Menschen. Jeder, der sich gut benimmt, kann Ahne werden, wenn er alt ist oder stirbt.

Auch anlässlich des Todes spielt die traditionelle Religion eine Rolle. Unterschiedliche Rituale werden vollzogen für unterschiedliche Todesarten. Wenn jemand bei der Geburt stirbt, wird ein bestimmtes Ritual ausgeführt. Sterben Mutter und Kind, gehen alle schwangeren Frauen im Dorf zum Meer und baden, um das schlechte Omen abzuwaschen. (Die Ga sind ein Küstenvolk. Das Meer ist immer in der Nähe.) So beschützt das höchste Wesen die Menschen von der Geburt bis zum Tod durch seine eingesetzten Götter und Geister.

Häuptlinge werden einbalsamiert. Je nach Status des toten Häuptlings können die Rituale ein Jahr oder länger dauern. Die Ältesten und Hohepriester wissen, was sie zu tun haben. Wenn ein Häuptling stirbt, ist die Zeit mit einem schrecklichen Makel behaftet, und es wird eine besondere Sprache benutzt, um die Menschen zu beschützen. Es geht nicht an, zu sagen, dass der Häuptling tot ist. Besser ist es, die Sprache des Lebens zu gebrauchen und zu sagen, dass der Häuptling verreist ist oder im Leben umgekehrt oder fortgegangen ist, um ein Blatt zu pflücken, oder in das Dorf seiner Vorfahren zurückgekehrt ist. Der Sarg wird »Totenhaus« genannt.

Da das Leben (und der Tod) voller Fallstricke ist, müssen viele rituelle Waschungen vollzogen und viele Tabus beachtet werden. Besser ist es, barfuß zu gehen. Vor allem für die Hohepriester ist es tabu, ihre Fußsohlen zu bedecken; diese wichtigen Personen müssen stets mit der Erde verbunden sein. Werden sie mit Schuhen erwischt, müssen sie Strafe zahlen. Geschlossene Schuhe sind in manchen Schreinen erlaubt, Sandalen dagegen nicht. Wohin immer der Hohepriester geht, wird heilig, weil er die Verkörperung der Geister und von ihnen besessen ist. Der Hohepriester trägt Weiß und hält einen Besen in der Hand. Der Besen repräsentiert seine reinigende Funktion.

Die Ga (sagte Pa-boh) sind mit ihrem Hohepriester aus dem Osten gekommen. Damals hatten sie keinen König. Wie zu Zeiten Jesu war der Hohepriester sowohl König als auch Priester. (Erneut der Wunsch, eine afrikanische Geschichte mit einem biblischen oder christlichen Modell in Beziehung zu setzen.) Als die Ga die Küste erreichten, fanden sie die Portugiesen vor. Später kamen die Holländer und die Briten. Sie alle betrachteten die afrikanische Religion und ihre Hohepriester als dämonisch. Sie hatten lieber mit dem Kriegsherren zu tun. Und deswegen wurde der Kriegsherr zum König oder Häuptling.

Diese Degradierung des Hohepriesters kann Schwierigkeiten zur Folge haben. Manche Häuptlinge sind heutzutage Christen; sie bringen den Schreinen oder Orakeln nur noch ungern Opfer dar. Und moderne Gesetze können sich auf traditionelle Praktiken auswirken. Sklaverei zum Beispiel ist heute verboten, und Eltern können ein Kind nicht mehr an einen Schrein verkaufen oder verschenken, um eine Schuld zu begleichen.

Die Häuptlinge werden von der Regierung dafür bezahlt, dass sie Regierungsland verwalten. Sie belegen Leute, die Tabus brechen, mit Geldbußen, und dieses Geld gehört ihnen. Sie agieren auch als Schiedsrichter und werden von beiden Parteien bezahlt. Die Funktion der Häuptlinge hat sich demnach verändert.

Pa-boh sagte: »Die traditionelle Religion in Ghana stirbt allmählich. Sie begann zu sterben, als die Europäer und Muslime kamen und uns als Heiden betrachteten. Ihre überlegene Technik hat uns umgebracht. Wir haben Hexen, die durch die Luft fliegen. Aber als wir zum ersten Mal Flugzeuge sahen, begannen wir unsere Kultur zu verabscheuen. Ich denke, der moderne Afrikaner befindet sich in einer sehr schwierigen Situation. Er sollte unsere Kultur genau studieren und sie verändern. Aber er sollte sie nicht verdammen.«

4

Es war schwer vorstellbar, dass Pa-boh, der so leidenschaftlich über die traditionelle Religion sprach, formell ein Christ war und einen christlichen Großvater hatte, der in einem Dorf eine Kirche geleitet hatte. Vor sechzig Jahren waren das Haus und die Kirche niedergebrannt worden von den Dorfbewohnern, denen er hatte dienen wollen (er wollte, dass sie bereuten, die afrikanischen Götter und Geister aufgaben und sich zu Christus bekannten), und er und seine Familie wurden in den Busch gejagt. Seiner Schwester spalteten sie den Schädel.

Seltsamerweise erzählte Pa-boh auch diese Geschichte voller Leidenschaft. Wahrscheinlich war er einfach so; vielleicht brauchte er ein gewisses Maß an Aufregung zum Leben.

Er sagte: »Ich habe geweint, als ich sah, wie mein Großvater und mein Vater litten.«

Und dann sagte er, und der Kreis der Leidenschaft schloss sich: »Aber das kann heute nicht mehr passieren, auch wenn die Leute wütend und empört sind, weil es Gesetze gibt und sie eine bestimmte Grenze nicht überschreiten dürfen.« Mit der gleichen Inbrunst, mit der er über Religion gesprochen hatte, redete er jetzt von etwas ganz anderem: den Vorteilen der Zivilgesellschaft.

Pa-boh verlor seine Eltern, als er noch ein Kind war (er erzählte nicht, wie), und er musste für sich selbst sorgen. Er übernahm Gelegenheitsjobs, und um im Büro der Schule arbeiten zu können, lernte er Schreibmaschineschreiben. Zudem wurde er Elektriker, schaute sich die Fertigkeiten von den älteren Männern ab, die ihren jugendlichen Helfer anfänglich nicht ernst nahmen. Er trat einer Musikgruppe bei, und mit sechzehn war er ihr Sänger. Er war ein wilder Rowdy, ein großer Kämpfer.

An einem Tag im Mai 1970 veränderte sich sein Leben. Er wurde besessen vom Heiligen Geist. Es geschah folgendermaßen: Er trat an diesem Tag mit seiner Band auf, und um Mitternacht machten sie eine Pause. Er ging in die Mitternachtsmesse und verhielt sich dort sehr eigenartig. Er wurde laut und störte. Als der Pfarrer die Gemeinde bat, für ein besseres Leben zu beten, beleidigte ihn Pa-boh. Nach der Messe suchte Pa-boh den Pfarrer auf. Er bedauerte nicht, was er getan hatte, aber er fing an zu weinen und konnte nicht mehr aufhören. Er ging in sein Wohnheim, fühlte sich schuldig und konnte nicht schlafen.

Er spürte eine Hand an seinem Handgelenk. Die Hand führte ihn in den Speisesaal. Dort sah er eine Tafel in der Luft, auf der Episoden aus seinem Leben aufleuchteten. Eine Stimme wies ihn an, in den Schulhof hinauszugehen. Er antwortete, das könne er nicht tun, weil er Angst vor Schlangen habe. Da sagte die Stimme zu ihm, dass er in den Schlafsaal gehen solle. Er tat es, und dort warteten ein paar ältere Jungen auf ihn, die ihn rügten, weil er zu spät kam, und ihn dafür bestrafen wollten. Er sollte sich hinknien, um seine Strafe zu empfangen. Normalerweise hätte er sie niedergeschlagen und verprügelt, doch stattdessen fiel er auf die Knie und wartete auf seine Strafe. Die Jungen waren verwirrt. Sie glaubten, dass der Pfarrer etwas gesagt haben musste, was Pa-boh umgestimmt hatte.

Kurz darauf lief der Schüler, der die Aufsicht hatte, mit einer Bibel zu Pa-bohs Bett. Er sagte, dass eine Stimme ihn dazu veranlasst habe. Pa-boh schlug die Bibel auf, und dann, so erzählte er, sah er das Licht genau wie der Apostel Paulus.

Nach diesem Tag widerfuhren ihm viele Dinge. Zufällig traf er eines Tages einen hochrangigen Häuptling und erzählte ihm aus unerfindlichem Grund die gesamte Geschichte des Volkes der Ga seit dem sechzehnten Jahrhundert. Daraufhin legte ihm der Häuptling die Hand auf die Schulter und segnete ihn eine volle Viertelstunde lang. Er sagte zu Pa-boh: »Du trägst den Frieden deines Volkes in dir.«

Danach leitete etwas Pa-boh, viele wunderbare Dinge zu tun. Für einen Häuptling löste er in ein paar Tagen einen Streit, der bereits siebzehn Jahre andauerte. Zuerst vertraute der Häuptling Pa-boh als Vermittler nicht, doch Pa-boh bat ihn inständig darum, und der Häuptling gab Pa-boh Geld für die Schlichtung (die Gebühr des Schlichters), und Pa-boh fuhr nach Kumasi, die wichtigste Stadt der Ashanti, sprach vor den versammelten Häuptlingen und gewann. Auf diese Weise legte Pa-boh Zeugnis ab für das Volk der Ga und wurde ihr Sprecher und Dozent für ihre Kultur. Zu gegebener Zeit gründete er seine eigene Kirche, in der er jeden Sonntag die Messe las.

Seine fünf Kinder erzog er christlich. Er hielt sie fern von der traditionellen Religion, weil die traditionelle Religion kein Buch hatte und nicht kodifiziert oder schriftlich niedergelegt war, und das konnte zu Ärger führen.

5

Kojo war der Ansicht, dass ich nach Kumasi fahren sollte, die »Zitadelle« der Ashanti, wo er geboren war. Er besaß dort ein Haus und bot mir an, dort zu übernachten. Accra liegt an der Küste. Kumasi liegt im Landesinneren, im Nordwesten. Wenn Kojo geschäftlich nach Kumasi musste, flog er. Ich wollte lieber mit dem Auto fahren wegen der langen Fahrt und der Landschaft. Richmond, Kojos Assistent, begleitete mich als Reiseführer.

Wir fuhren durch die hügelige Landschaft im Osten, vorbei an dem Botanischen Garten von Abrui, der klein, aber schön, wunderbar gewachsen war. Manche Bäume hatten dicke Stämme mit Brettwurzeln, die wie riesige Sehnen aussahen. Die Briten hatten diesen Garten hundert Jahre zuvor angelegt. Hier in Ghana wie an anderen Orten des Empire waren diese Botanischen Gärten, deren Gründer oft unbekannt waren, zu einer Wohltat für die späteren Generationen geworden.

Die Dörfer schienen immer gerade außerhalb der bewaldeten Gebiete zu liegen. Überall wucherte Vegetation; wenn man den Kopf aus dem klimatisierten Wagen streckte, schien man durch Wellen feuchter Hitze zu fahren, die die Pflanzen zum Wachsen brachte. Das legte den Schluss nahe, dass hier der Wald herrschte. Doch Richmond, der auf nette Weise zum Zynismus neigte, erklärte den undurchdringlichen Urwald zur Illusion. Eine oder zwei Kettensägen genügten, um in kurzer Zeit Lichtungen zu schlagen.

Und die Landschaft war trotz ihrer Üppigkeit eine Enttäuschung: endlos kleinteilig und ungeordnet wie ein tropischer Schrebergarten, nirgendwo eine Plantage, nirgendwo etwas Geordnetes oder Großes: kleine Flecken, auf denen Bananen oder Kochbananen wuchsen zwischen Teakbäumen, die große Blätter hatten und offenbar immer blühten. Im Busch schien es keine Wege zu geben; es wäre demnach schwierig gewesen, diese kleinen Felder kommerziell zu nutzen.

Das Kleinteilige setzte sich fort, als wir bei Sonnenuntergang den Stadtrand von Kumasi erreichten. Vor den kleinen Häusern hingen schwache elektrische Birnen – vielleicht war es Vorschrift, um zu verhindern, dass große Lastwagen in die Häuser fuhren –, und manchmal flackerten auch nur Öllampen, hellgelb, eine richtige Farbe, angenehmer als die matten, fluoreszierenden Leuchtstoffröhren in den kleinen Läden, die das Auge anstrengten. Und so ging es weiter, Kilometer um Kilometer zögerte Kumasi die Erfüllung seines Versprechens hinaus.

Als wir in der Stadt ankamen, gab es Ärger. Weder Richmond noch der Chauffeur fanden Kojos Haus. Das überraschte mich nicht. Kojo gab auf sonderbare Art Anweisungen; er schrumpfte Entfernungen. Als er mich zum ersten Mal in den Botanischen Garten von Abrui geschickt hatte, ließ er etliche Kilometer unter den Tisch fallen. Es schien, als wäre jetzt etwas Ähnliches passiert. Doch wir mussten das Haus finden, weil Kojo dafür gesorgt hatte, dass uns dort ein Ashanti-Häuptling erwartete, der uns am nächsten Morgen mit dem Besuch im Palast helfen sollte. Richmond rief Kojo an. Kojo schien seine Instruktionen zu wiederholen. In der Hauptstraße nicht weit entfernt befand sich ein großes Hotel. Als Richmond sagte, dass es eine Menge Umstände sparen würde, wenn wir dort übernachteten, rastete Kojo aus. Es sei Unsinn, über ein Hotel zu reden, wenn wir nahezu vor dem Tor seines Hauses stünden.

Es befanden sich mehrere Häuser in unserer Nähe. Wir klopften an ein Tor. Das Haus lag bereits im Schlaf. Ein zerlumpter Wachmann kam und sprach sehr leise mit Richmond, um die Frau, die seine Arbeitgeberin war und bereits schlief, nicht zu wecken. Richmond klopfte nicht allzu laut an die Haustür. Die Frau kam nicht heraus, sagte aber zu Richmond, dass der Häuptling, der auf uns gewartet habe, müde geworden und gegangen sei. So viel dazu. Aber wir hatten zumindest diesen Hinweis auf Kojos gute Absichten.

Eine Weile später und nicht wirklich in der Nähe fanden wir das Haus am Ende einer gewundenen Straße. Richmond bestand darauf, dass ich im Hotel essen sollte, während er und der Fahrer das Haus für mich vorbereiteten. Als sie mich nach langer Zeit abholten, erklärte Richmond, dass das Schlafzimmer, das sie für mich fertig gemacht hatten, abgesehen von der Matratze, die etwas weich war, so gut wie in einem Fünf-Sterne-Hotel sei.

Es gab ein paar Probleme mit dem Licht – ein paar Glühbirnen waren verschwunden, und nachdem ich zu Bett gegangen und tief in meiner Matratze versunken war, nahezu bis zum Boden, hörte ich, wie Richmond im Flur ständig gegen irgendetwas stieß. Aber er war seinem Arbeitgeber ergeben; er hatte in dem nicht bewohnten Haus Wunder vollbracht, und am Morgen stand er früh auf und holte mit dem Fahrer Milch, Kaffee und Brot.

Kojo wollte nicht, dass ich in einem Hotel abstieg. Er wollte, dass ich sein Haus sah, das sich in einer königlichen Enklave der Ashanti befand, und obwohl es sich laut seiner Beschreibung nur um das Gästehaus handelte, war es geräumig und schön.

Daneben waren am Morgen die ersten Anfänge eines Palastes zu sehen. Es war Kojos Palast, aber das Geld dafür war ihm ausgegangen. Alle seine Vorhaben waren fürstlich.

Beim Frühstück mit Blick in den Garten (Kojo liebte Blumen) sah ich einen hübschen, nahezu schwarzen Kolibri, der die rotgelben Blüten des Flammenbaums anflog.

Bei Tag war die Dame, die wir nachts gestört hatten, eine große Frau in einem prächtigen grauweißen Gewand, ebenso bestimmt wie bei Dunkelheit. Kojos Häuptling hatte nicht mehr auf uns warten wollen. Demzufolge gäbe es keine privilegierte Besichtigung des Palastes. Damit mussten wir leben. Zudem wurde an diesem Tag der Palast geputzt, und Besucher waren nicht zugelassen; die Last eines Palastbesuchs war von uns genommen.

Der erste Eindruck von Kumasi, einer Königsstadt, war der einer britischen Siedlung zur Zeit der Eroberung. Die Verwaltungsgebäude waren ocker und rot, die Architektur entsprach den robusten Vorgaben des öffentlichen Bauwesens. Die Geländer am Palast erinnerten mich an die in England fabrizierten Geländer an meiner Schule in Trinidad (erbaut 1904), und die freien grünen Flächen sahen aus wie die Außenanlagen von Polizeirevieren der damaligen Zeit. Die Schätze des Museums waren unbedeutend, die kleinen Möbelstücke nicht poliert. Trotz seines Goldes und seines Reichtums war das Königreich der Ashanti nicht lese- und schreibkundig. Um es als großartig zu empfinden, musste man schon selbst Ashanti sein und (angesichts des Fehlens spektakulärer Hinterlassenschaften) mit seinem Herzen zu Rate gehen.

Kumasi war eine hügelige Stadt. In der großen Hitze machte das Auf und Ab die Besichtigung ermüdend, doch es gab Kuriositäten ganz eigener Art: im Basar eine Straße mit Sargtischlern; die bunten Särge – grau, weiß, lila, silber und gold – standen auf dem Gehweg und schufen eine festliche Stimmung (es ging hier nicht mehr um Trauer, sondern vielmehr um Shopping, und zugleich inspirierten die Särge vielleicht einen Krimiautor zu einem Plot). Bettelnde

Frauen hatten einen eigenen Bereich auf dem Markt, und auch der wirkte heiter. Unter bunten Sonnenschirmen saßen die Frauen (etwas zu dicht gedrängt) mit ihren Bettelschalen auf Schemeln, vermieden Blickkontakt mit den Leuten, die Almosen gaben und ganz selbstverständlich zwischen ihnen hindurchgingen; das Geben und Nehmen verlief entspannt.

Richmond sagte (und ich verstand nicht, warum er an dieser Stelle den Islam ins Spiel brachte), dass der Islam die Menschen anhielt, Almosen zu geben, und deswegen musste es auch Almosenempfänger geben.

Etwas entfernt vom Palastgelände war die Stadt von einer repetitiven Kleinteiligkeit. Die vollen Straßen waren nie wirklich interessant, es gab keinen älteren Stadtteil, kein Fort, keinen berühmten Tempel. Die Stadt scheuchte uns hinaus, und dann, nachdem wir Kumasi hinter uns gelassen hatten, begann uns erneut die Kleinteiligkeit des Landes zu ermüden: Teakbäume zwischen Kochbananenfeldern und Bambus im weglosen Busch. Doch jetzt, auf dem Rückweg, fiel mir etwas auf, was wir auf der Hinfahrt aus irgendeinem Grund übersehen hatten: der graue und oft hinfällig wirkende Beton unfertiger Gebäude. Es gab jede Menge davon, so viele, dass ich ein paar Tage später, als ich die atlantische Kapküste entlangfuhr, dachte, dass manche der alten weißen Festungen das Motiv der Unfertigkeit im Landesinneren wiederholten.

Richmond sagte, dass die unfertigen Gebäude bald zu Ende gebaut würden. Wenn ich in zwei oder drei Jahren wiederkäme, würde ich es sehen. Ich glaubte ihm nicht.

Danach unterhielten wir uns über die Wildtiere in Ghana. Es gab nicht mehr viele. Die Menschen hatten die meisten gegessen. Anschließend wandte sich das Gespräch den Katzen und Hunden zu, die die Leute jetzt entschlossen verspeisten. Im Norden aßen und liebten sie Hunde; sie wurden dort »rote Ziegen« genannt. Im Süden aßen sie Katzen, und zwar so viele, dass es fast keine mehr gab. Richmond kannte jemanden, der Katzen züchtete, um sie dann zu essen.

Das Problem mit Katzen war, dass sie schwierig umzubringen waren. Katzen wussten, wenn man sie töten wollte; sie kämpften um ihr Leben, und ein paar Minuten lang waren sie gefährlich. Wenn man jemanden zum Essen eingeladen hatte und ein großes Tohuwabohu vermeiden wollte, war die beste Möglichkeit, eine Katze umzubringen, das Genick des Tieres zu strecken, so wie in England Kaninchen getötet wurden. Aber dabei konnte man sich böse Kratzer einfangen. Der sicherste Weg – wenn man selbst und die Gäste sich nicht am Lärm störten – war es, die Katze in einen Sack zu stecken und mit einem Stock so lange darauf zu schlagen, bis sie tot war. Eine andere gute Möglichkeit war, sie zu ertränken. Man benutzte eine Sardine als Köder, um die Katze zu einem Behälter mit Wasser zu locken, und dann goss man mehr und mehr Wasser hinein. Die Katze schluckte eine Menge Wasser, und das Gute an dieser Methode war, dass es danach viel leichter war, der aufgedunsenen Katze das Fell abzuziehen.

Mit diesem Gespräch über die lokale Ernährung – hin und wieder unterbrochen von der Betrachtung unfertiger Betonbauten im Busch – vertrieben wir uns viele Kilometer lang die Zeit. Und dann, als hätten wir sie mit unserer Unterhaltung heraufbeschworen, tauchten am Straßenrand Männer auf, die geräucherte Tiere hochhielten und zum Kauf anboten. Der Busch wurde immer wieder durchkämmt nach

Überlebenden – nach Agutis, großen Nagetieren, die hier als Rohrratte bekannt waren, jungen Gürteltieren, kleinen langschnäuzigen Ameisenbären und ein paar anderen Kreaturen, die nicht schnell genug waren, um diesen müßigen Männern zu entkommen.

Die Tiere wurden für gewöhnlich in der Mitte aufgeschnitten, damit sie leichter zu räuchern waren, und sahen aus, als wären sie von einem Auto überfahren worden. Sie hatten eine seltsame glänzend braune Farbe – als wäre die Farbe in halb flüssigem Zustand mit einem Pinsel aufgetragen worden – und hatten nichts mit den dicken schwarzen Krusten von Fisch, Affe oder Krokodil gemein, die dreißig Jahre zuvor am Kongo zum Verkauf feilgeboten worden waren. Diese schwarzen Krusten hatte man aufbrechen müssen.

Im Busch gab es praktisch keine wilden Tiere mehr, doch diese Leute waren in der Lage, auch noch die letzten Überlebenden aufzuspüren, während ihr fruchtbares Land weitgehend unkultiviert blieb.

6

Richmonds Großvater väterlicherseits war ein hochrangiger Polizist gewesen. Als er starb, bekam er ein offizielles Polizeibegräbnis mit einem Salut aus einer Kanone. Davor gab es einen dänischen Vorfahren, dessen Familiennamen Richmond noch immer trug.

Es klingt zunächst seltsam. Was taten die Dänen so weit weg von zu Hause? Doch das ist nur ein modernes Vorurteil. Auch wenn sie nicht viele waren, waren die Dänen aktive

Goldkäufer und Sklavenhändler gewesen und hatten die ghanaischen Häuptlinge gekannt. In den 1660er Jahren bauten die Dänen das große Fort nahe Accra. (Zur gleichen Zeit besaßen sie Territorien in Indien, in Tranquebar, südlich von Pondicherry, eine halbe Welt und viele Wochen auf dem Wasser entfernt.) Die Abschaffung des Sklavenhandels zu Beginn des neunzehnten Jahrhunderts setzte auch dem dänischen Sklavenhandel ein Ende, aber die Dänen verließen Ghana erst 1850, nachdem sie alles, was sie noch besaßen, den Briten verkauft hatten.

Richmond kannte den Namen seines dänischen Vorfahren, hatte jedoch keine Nachforschungen über ihn angestellt. Ich glaube nicht, dass ihn ein Vorurteil zurückhielt; wahrscheinlich hatte er einfach keine Zeit und hätte zudem nicht gewusst, wie er es überhaupt anstellen sollte. »Nur aus reiner Neugier« hätte er gern mehr gewusst.

Er regte sich über den Sklavenhandel der Vergangenheit in Ghana nicht allzu sehr auf. Doch das war vielleicht nur Tapferkeit. Angeblich brachen Besucher aus den Vereinigten Staaten und der Karibik oft zusammen und weinten, wenn sie im Fort Elmina unterhalb der offiziellen Räume die feuchten steinernen Verliese sahen (es war leicht, sie sich übervoll und stickig vorzustellen), in denen die Sklaven (die bereits seit Wochen gefangen waren) eingekerkert wurden, bevor sie in Ruderbooten zu den Schiffen für die Atlantiküberfahrt gebracht wurden. Aber Richmond hatte die Wogen, die sich an den weißen Festungen brachen, sein Leben lang gesehen; für ihn hatten sie keinen emotionalen Gehalt, und im Fort Elmina verhielt er sich wie ein Reiseführer.

Er sagte: »Die Kolonialherren kamen wegen der Geschäfte. Der Sklavenhandel war ein Geschäft. Vielleicht ein schlimmes, aber vor allem war er ein Geschäft. Sie haben genommen, aber sie haben uns auch die Kirche gebracht. Das war der Todesstoß für die traditionelle Religion. In der traditionellen Religion hatte jeder König seinen Oberpriester und Älteste, die ihn berieten. Es war ein demokratisches System. Es förderte die geistige Gesundheit. Die Leute überschritten keine Grenzen. Dann kam die Kirche und hat all das abgeschafft. Und sie hat Jesus mitgebracht.«

Er dachte so viel Widersprüchliches, dass es schwer war, seine Gedanken zu entwirren und herauszufinden, was Richmond wirklich empfand. Aber vielleicht war es auch mein Fehler, weil ich für meine Zwecke nach einer eindeutigen Antwort suchte in einer Sache, die für ihn kompliziert und verworren war: eine Vergangenheit, die starb, und etwas Neues, das heraufzog.

Richmond sagte: »In meiner Gegend am Volta-Fluss [östlich von Accra] haben wir alle einen Schrein. Mein Vater hat mir erzählt, dass wir früher Dinge besaßen, aber auch jemanden brauchten, dem wir gehörten, und dafür gab es die Götter. Wir kannten uns gut mit Kräutern aus. Wir hatten Kräuter und Drogen, die wir brauchten, um mit dem Wesen zu sprechen. Man schuf sich ein Wesen, das über einen herrschte, und dieses Wesen kann man auch missbrauchen.«

Richmond wusste eine Geschichte über den Missbrauch eines »Wesens«.

»Meine Mutter hat mir diese Geschichte erzählt. Ihre Mutter – meine Großmutter – war Nkrumahs Köchin. Abgesehen von seinem Haus in den Bergen, hatte Nkrumah einen Bungalow in Half Asini im Westen. Wenn Nkrumah in seinem Bungalow war, kochten meine Großmutter und ihre Cousine Tante Afua für ihn und kümmerten sich um ihn.«

Das war der erste Teil der Geschichte: Die Präsentation des Zeugen und seiner Glaubwürdigkeit.

»Meine Großmutter hat meiner Mutter erzählt, dass der Präsident und König der Elfenbeinküste, Houphouët-Boigny, zum Hohepriester ging und ihn um ewige Macht bat.« Die Elfenbeinküste grenzt an Ghana und ist in vieler Hinsicht ähnlich. »Sie müssen wissen, die Ivorer glauben, dass ihre Anführer ständig übernatürlichen Attacken ausgesetzt sind und ständig gereinigt und spirituell gestärkt werden müssen. Houphouët hat sich also nicht ungewöhnlich verhalten. Der Hohepriester sagte zu Houphouët: ›Gut, du willst ewige Macht. Ewige Macht sollst du bekommen.‹ Er erteilte Instruktionen. Im Schrein hackten sie Houphouët in kleine Stücke und legten ihn in einen Topf mit Kräutern und Zaubertränken und brachten ihn zum Sieden. Das Zerhacken und Kochen erfolgte unter der Bedingung, dass Houphouëts Schwester neben dem Topf Wache stand, bis sich die Teile Houphouëts in eine Schlange verwandelten. Houphouëts Schwester blieb neben dem Feuer, bis eine große Schlange aus dem Topf kroch. Sie packte die Schlange mit beiden Händen, und Schlange und Frau kämpften so heftig, dass sie beide auf den Boden stürzten und Houphouët wieder zu einem Mann wurde.«

Richmond kommentierte die Geschichte folgendermaßen: »Das Seltsame ist, dass es funktioniert hat. Niemand hat ihn je in Frage gestellt. Das ganze Land hat ihm gehört. Man sieht also, wie er die Macht missbraucht hat. Jetzt, wo wir die Zivilisation haben, sind wir nicht mehr wild darauf, die Götter zu ehren.«

Dieser Kommentar verwirrte mich, weil Richmond gleichzeitig zwei oder drei verschiedene Dinge zu sagen schien: Missbrauch der Macht, Zivilisation, Verehrung der Götter.

Ich wollte wissen, ob er Verwandte hatte, die in einer Zeit ohne Schulbildung aufgewachsen waren. Seine Antwort war viel umfassender als meine Frage, und was er jetzt erzählte, hatte überhaupt nichts Rätselhaftes.

Er sagte: »Ich habe noch immer solche Verwandten. Ihre Gedanken sind kurzsichtig. Vernunft und Sprechweise sind begrenzt. Sie können nur auf ihre Erfahrungen zurückgreifen. Ihre Gedanken sind immer davon geleitet, was andere sagen oder tun. Für sie ist alles vorherbestimmt, was sie sehen oder was ihnen erzählt oder was traditionell getan wird. Lesen und schreiben können genügt nicht. Das sind nur Werkzeuge, um da rauszukommen. Wenn unser Umfeld beschränkt ist, können wir nicht wirklich schlau sein. Als ich in den USA war, habe ich gesehen, wie beschränkt der durchschnittliche Kleinstädter in Amerika ist. Er war genauso ›schlau‹ wie sein ghanaisches Gegenstück. Das Denken wird vom Umfeld beschränkt. Davon bin ich überzeugt.«

Mit ein paar Worten schien er die Sackgasse des instinktiven Lebens zu definieren. Er hatte also doch ein Talent für analytisches Denken, und auch wenn es unfair ist, das zu sagen, war es vielleicht das Erbe seines dänischen Vorfahren, der möglicherweise ein Ingenieur oder ein Soldat oder ein Verwalter gewesen war, ein Mann, der gemäß der Logik lebte, voller innerer Ressourcen, und sich in diesem schwierigen Umfeld weit weg von zu Hause ein Leben erschuf.

Richmond erklärte, warum sich die christliche Kirche hier durchgesetzt hatte. »Sie war neu. Sie verfolgte die Politik der Assimilation, wie die Franzosen in der Elfenbeinküste, aber die Engländer machten es indirekt. Sie boten einen Glauben, der mit Bildung einherging. Das hat die traditionelle Religion geschwächt; in dieser Hinsicht war das Christentum wie der Islam. Das Einzige, was intakt geblieben ist, ist das System der Häuptlinge.«

Ein, zwei Tage, nachdem wir aus Kumasi zurückgekehrt waren, hatte Kojo ihn damit beauftragt, ein Hotel an der Kapküste zu finden, wo die alten Festungen standen.

Richmond sagte: »Ich bin ins Büro des traditionellen Häuptlings gegangen und habe gesehen, wie die Leute ihm Ehrerbietung darbrachten, indem sie sich vor ihm verneigten. Ich habe ihm nur die Hand hingehalten, weil ich nicht aus seinem Clan und gebildet bin. Aber die Einheimischen verbeugen sich tief vor ihm. Die Häuptlinge wachen über das Land der Vorfahren. Wenn man ihre Autorität anerkennen will, muss man ihnen Schnaps mitbringen. Wenn wir Land kaufen, gibt der Oberhäuptling das Geld den Häuptlingen der Clans, die es an die Familien des Clans verteilen.«

Ich sagte: »Neulich hast du mir erzählt, dass dein Bruder gesagt hat, es sei ein Fluch, in Afrika geboren zu sein.«

»Das ist eine heißblütige Aussage. In Afrika geboren zu sein heißt, in Unkenntnis geboren zu sein. Wir sind träge. Gestern geriet ich in eine sehr peinliche Situation. Der Häuptling, den ich besucht habe, lebt in einem fertiggestellten Gebäude, das auf eine öffentliche Toilette hinausgeht. Der Häuptling nahm daran keinen Anstoß. Ich wollte ihn nicht beleidigen und habe nicht zu ihm gesagt, dass er neben einer Jauchegrube wohnt. Hätte ich noch zwei Stunden länger dort gesessen, wäre ich anschließend ins Krankenhaus gefahren, aber er fühlte sich wohl. Deswegen sage ich, dass der weiße Mann, so böse er auch war, uns die Aufklärung gebracht hat. Wir haben ein Sprichwort, das besagt, dass ein Mann, der nie weggegangen ist, die Suppe seiner Mutter für die beste hält.«

7

Ich hatte Pa-boh gebeten, mich mit seinem Ga-Hohepriester bekannt zu machen. Später hielt ich es nicht mehr für nötig, aber es war zu spät für einen Rückzieher. An einem Sonntagmittag wollte mich Pa-boh abholen, um mich zu dem Hohepriester zu bringen. Zuvor musste er in seiner Kirche den Gottesdienst halten.

Er kam wie verabredet. Ich saß im Speisesaal des Hotels. Er trug ein weißes Gewand mit breiten lila Streifen. (Weiß trugen, wie er mir erzählt hatte, die Hohepriester seiner traditionellen Religion. Das Lila, über das er nichts gesagt hatte, war komplizierter. Es reichte zurück bis in die Antike im Mittelmeerraum, als Lila, eine teure Farbe, sowohl bei den Römern als auch bei den Karthagern einen hohen Rang anzeigte. Später wurde es von der Kirche übernommen. Pabohs Lila hatte eine Geschichte.) Dazu eine silberne Halskette, in die etwas über Jesus eingraviert war.

Er war sich des Eindrucks, den er in dem betriebsamen Speisesaal machte, durchaus bewusst. Er lächelte leise wie ein Star, der seinen Ruhm herunterspielen will. Ich fragte ihn, wer sein weißes Gewand entworfen hatte. Er freute sich über die Frage. Er antwortete, ein Kirchenältester habe es entworfen. Es war also tatsächlich, wie ich vermutet hatte, für ihn geschaffen worden – insbesondere der breite lila Streifen links vom Herzen.

Er wollte nichts essen, obwohl er fast den ganzen Morgen gepredigt hatte; ich nahm an (da die traditionelle Seite seiner Religion voller Tabus und Omen war), dass es ihm vielleicht aus religiösen Gründen verboten war, vor einer bestimmten Tageszeit zu essen.

Was ich Pa-boh nicht erzählen konnte, war, dass ich wegen des bevorstehenden Besuchs nervös war. Mein Freund Patrick Edwards, der Botschafter Trinidads in Uganda, hatte mir geraten, in diesem Teil der Welt vorsichtig zu sein, wenn es um religiöse Menschen ging. Laut Patrick mussten nicht nur die Armen aufpassen. Er hatte mir eine Geschichte aus Nigeria erzählt. Ein Fachmann war entführt worden und konnte nicht gefunden werden. Seine Familie war zu keinem Geringerem als dem Oni von Ife gegangen, und nach einer Weile erfuhr sie vom Oni, dass die entführte Person tot war und jetzt irgendwo in einem Schrein »lag«.

Das vermittelte eine ganz andere Vorstellung davon, was eine heilige Stätte war. Ich hatte zu wissen geglaubt, was das Wort bedeutete, und hatte nicht weiter recherchiert. Ich erinnerte mich, dass ich in Uganda einmal eine Universitätsdozentin bat, mich zu einer heiligen Stätte zu begleiten. Sie stieß einen kleinen Schreckensschrei aus und lehnte ab. Andere Erinnerungen drängten sich mir auf: Eine heilige Stätte war, hatte jemand anders gesagt, ein Ort, an dem Leichenteile verstreut lagen.

Wegen dieser Ängste hatte ich Richmond gebeten, mich bei dem Besuch zu begleiten. Ich brauchte seine Gesellschaft und seine Kenntnisse. Richmond verstand die Sprache der Ga und wusste etwas über ihre Religion.

Anfänglich schien diese Vorsichtsmaßnahme übertrieben, vor allem wenn ich an Po-bahs Miene dachte. Er fuhr in einem alten gelblichen Mercedes vor uns her. Sein ekklesiastisches Gewand war zu sehen; wenn ich sein Gesicht sah, schien es in einem Lächeln erstarrt. Ich versuchte mir die Strecke einzuprägen, falls wir allein zurückkehren müssten. Im hellen Mittagslicht fuhren wir auf der Schnellstraße; hier gab es keinen Grund, sich zu sorgen, und ebenso wenig ein bisschen später, als wir an den freundlichen roten Dächern einer neuen Siedlung vorbeikamen, in der sich Nigerianer, die wohlhabender waren als Ghanaer, eingekauft hatten, um ihren Reichtum zu sichern. Ghana war weniger hektisch als ihr eigenes Land und kommunal besser verwaltet.

Aber dann verließen wir die Schnellstraße, fuhren in einen mittels Toren kontrollierten Bereich und wieder hinaus und bogen wieder und wieder ab. Die Straßen wurden eng und voll und gewunden. Ghanaer lieben geordnete Gemeinden, doch jetzt brach diese Ordnung allmählich zusammen. Die Läden waren nur noch kleine Kästen, jeder Kasten von seinem Besitzer in einer kräftigen matten Farbe gestrichen. Sich die Strecke einzuprägen wurde unmöglich; ich gab es auf.

Die Menschen auf den Straßen erinnerten mich an etwas, was Pa-boh bei unserem ersten Treffen gesagt hatte. Ich hatte ihn gefragt, ob Accra, der Name der Hauptstadt, eine Bedeutung habe. (Für die Schwarzen auf Trinidad bezeichnete ein Wort, das ebenso klang, eine Speise.) Pa-boh sagte: »Das richtige Wort ist *nkrah* oder Kriegerameisen. Die Ashanti drohten einst damit, uns ins Meer zu treiben, aber sie haben uns nie erobert. Am 7. Mai 1826 haben sie uns angegriffen, aber unser Nachschub war unerschöpflich. Deswegen nannten uns die Ashanti *nkrah*, Kriegerameisen.«

Die Menschen hier vermittelten diesen Eindruck. Es waren Ga, sagte Richmond, Pa-bohs Volk. Man könne nicht viel für sie tun. Was immer man für sie tue, sie kehrten zu ihren früheren Verhaltensweisen zurück. Er sagte: »Sie fühlen sich wohl.« Das war eine von Richmonds Wendungen: Sie bedeutete, dass die Leute, die wir sahen, wenig brauchten und es sinnlos war, ihnen mehr zu geben. Der Häuptling an der

Kapküste, den Richmond ein paar Tage zuvor besucht hatte – der Mann, der sein Haus neben einer Jauchegrube gebaut und keine Ahnung hatte, was er damit getan hatte –, dieser Mann fühlte sich auch wohl.

An einer breiten Abzweigung nach rechts hielt Pa-bohs Mercedes vor einer geweißten Mauer an, die nach allem, was wir gesehen hatten, auffällig prätentiös wirkte. Pa-boh parkte den Wagen im Schatten eines Baums neben drei oder vier Wasserfässern aus schwarzem Plastik. Das Wasser wurde in kleinen Mengen an Leute aus dem Viertel verkauft, die sich mit diesem Arrangement (in Richmonds Worten) wohlfühlten. Wir hielten neben Pa-bohs Mercedes an, und Pa-boh in seinem christlichen Designergewand und dem kleinen Lächeln auf den Lippen sagte, dass wir vor dem »Palast« des Hohepriesters des Ga-Kults standen.

Er wollte uns beeindrucken, und der Palast und die Mauer waren dank ihrer Größe und ihres Stils auch erst einmal durchaus beeindruckend. Aber sobald man genauer hinsah, bemerkte man, dass er geschmacklos war, ganz der Gegend entsprechend, und bereits verfiel, obwohl er noch gar nicht fertig war.

Wir folgten Pa-boh durch das gusseiserne Tor in den kahlen Palasthof. Von hier aus sah ich, dass sich neben dem Hof und jenseits der Mauer Vegetation befand, ein paar Bäume, ein kleines Wäldchen. Dort musste die heilige Stätte sein. Das Grün wäre mir in dem Chaos und der Menschenmenge in diesem Viertel kurz zuvor noch willkommen gewesen, doch jetzt empfand ich es als bedrohlich, weil es ein Ort war, der vielleicht für spezielle Riten benutzt wurde.

Ein Tor in der Mauer führte zu dem Wäldchen. Frauen war der Zutritt verboten.

Die Tür des weißen Palastes stand offen. Mehrere Personen erwarteten uns im Inneren. Und da es sich um einen Palast handelte und in Palästen in diesem Teil der Welt für gewöhnlich große Farbfotografien des Herrschers und seiner Besucher hingen, gab es hier auf die Art von Schildermalern gemalte Porträts von drei Generationen Hohepriester der Ga. Es waren kräftige Männer mit kräftigen Gesichtszügen, bärtig, in weißen Gewändern, und alle hielten den kleinen Besen in der Hand, der sie als religiöse Reiniger kennzeichnete. Sie waren alle barfuß, ein weiteres Zeichen religiöser Bedeutung.

Der Hohepriester war nicht im Palast. Er war irgendwohin gerufen worden, hatte jedoch mit seinem Handy eine SMS geschickt, dass er demnächst kommen und ein paar Leute mitbringen werde.

Ein würdiger alter Häuptling war da, der schon eine Weile auf uns wartete. Ich weiß nicht, was für eine Geschichte Pa-boh ihm erzählt hatte, jedenfalls blieb er still. Er hatte sich sorgfältig gekleidet und trug ein lilafarbenes Seidengewand, flache Goldohrringe und weiße Armreifen. Unter den Armreifen waren Tätowierungen oder Zeichnungen zu sehen. Sein Haar war aufwendig frisiert. Gewiss erwartete er Schnaps oder vielleicht auch ein Geldgeschenk.

Ich ärgerte mich über mich selbst, darüber, dass ich hier war. Pa-boh hatte mir alles erzählt, was ich wissen musste. Mehr brauchte ich nicht. Zwanzig Jahre zuvor in der Elfenbeinküste hatte ich bei meinen Begegnungen mit Zauberern begriffen, dass es ab einer bestimmten Phase keinen Platz mehr für schlichte Fragesteller gab; die örtlichen Zauberer verstanden es nicht. Und es war auch nicht fair ihnen gegenüber. Ihr Glaube war ihnen wichtig. Der Gedanke, dass man ihn verspotten könnte, gefiel ihnen nicht.

Auch Pa-boh schien gereizt. Ihn ärgerte die Anwesenheit Richmonds, der alles verstand. Aber weder mein Ärger über mich selbst noch Pa-bohs Ärger über mich konnten es mit dem Zorn des alten Häuptlings im lilafarbenen Gewand (der begriffen hatte, dass ich kein wahrer Gläubiger war) auf Pa-boh aufnehmen, der ihn vielleicht, was mich anbelangte, in die Irre geführt hatte, der ihm vielleicht eine Entlohnung versprochen und zu dieser Zeitverschwendung veranlasst hatte, ohne die Aussicht auch nur auf eine Flasche Schnaps.

Eine gewundene Holztreppe führte vom Erdgeschoss nach oben. Doch es gab keinen ersten Stock, nur unverputztes Mauerwerk und elektrische Leitungen waren zu sehen. Ich überlegte, ob die Treppe von einem Film inspiriert war und dem Palast eine zusätzliche Note der Grandezza verleihen sollte, doch Pa-boh sagte, dass sie dort oben ein »Archiv« anlegen wollten.

Die Männer im Raum blickten griesgrämig drein. Sie hatten guten Grund dazu. Sie hatten erwartet, dass ich allein kam. Richmonds Anwesenheit irritierte sie. Richmond erzählte mir jetzt, was sie sagten. Ich glaubte, dass sich all das auf meiner Rechnung summieren würde, bevor ich wegkäme.

Pa-boh spürte, dass sich die Stimmung verschlechterte. Er beschloss, einen Zahn zuzulegen. Sein Verhalten veränderte sich. Er verneigte sich tief vor den Leuten im Raum und sprach sie an. Er erklärte, wer wir waren und was wir wollten.

Bei jeder Liebenswürdigkeit hatte ich das Gefühl, tiefer und tiefer zu sinken.

Jetzt trat ein großer Mann mit hellen Augen und einem seltsamen Bauch ein. Der Bauch war hoch und rund und wirkte sehr hart. Es war der Orakelpriester, der Stellvertreter des Hohepriesters. Er sagte nichts, setzte sich im Schneidersitz auf seinen Stuhl – auch er war zu meinem Entsetzen barfuß – und musterte mich abschätzend.

Ich fühlte mich angefeindet. Ich war der Ansicht, dass wir aufbrechen sollten. Unsere Rechnung – unser *hongo* (um ein ugandisches Wort aus dem neunzehnten Jahrhundert für die Steuer zu benutzen, die Reisende entrichten mussten) – wurde immer höher. Und Richmond stimmte mir mit all seinem Zynismus zu.

Als sie die Tür des Palastes schlossen, sagte ich: »Nein.«

Ich ging zur Tür. Sie war nicht abgeschlossen. Ich ging hinaus, Richmond folgte mir. Das eiserne Tor zur Straße stand offen. Das war Glück. Als wir auf der lauten Straße neben Pa-bohs Auto und den Wasserfässern standen, fühlte ich mich befreit. Wir fuhren los, aber nicht den Weg, den wir gekommen waren. Wir folgten der breiten Abzweigung in die andere Richtung, und nach einer Weile sahen wir das Ende des grünen Wäldchens, der heiligen Stätte, die bis zur Palastmauer reichte.

Wir überließen es Pa-boh, die Scherben aufzusammeln. Es war nicht fair, aber es war etwas, was er konnte, was er gut konnte. Er betrachtete sich als besessenen Mann; bedeutende spirituelle Kräfte leiteten ihn.

In der nächsten Woche hinterließ er im Hotel zweimal eine Nachricht für mich.

8

Am Ende des Jahres sollten Präsidentschaftswahlen stattfinden. Kojo nahm mich mit zu Nana, dem Mann, der aller Wahrscheinlichkeit nach gewinnen würde. Er war intelligent, sehr charmant und urban. Farbige Plakate von ihm hingen überall in Accra.

Doch es gab noch einen anderen Mann, der nicht mehr kandidieren konnte, weil er bereits zweimal Präsident gewesen war und die Verfassung keine dritte Kandidatur zuließ. Dieser Mann war Leutnant der Luftwaffe Jerry Rawlings. Er hatte dreißig Jahre zuvor in zweieinhalb Jahren zweimal geputscht und im gleichen Zeitraum zweimal eine zivile Regierung eingesetzt. Später hatte er Ghana achtzehn Jahre lang regiert. Als Revolutionär und ehemaliger Machthaber war er eine gespensterhafte Präsenz, wer immer auch die Wahlen gewinnen würde.

In den Zeitungen stand nicht viel über ihn, aber er war da. Wenn Richmonds Freunde über diesen Mann sprachen, schrieben sie ihm außergewöhnliche Eigenschaften zu; sie sagten, er sei, was das Land brauche; wenn er während seiner achtzehn Jahre an der Macht nicht alles getan hatte, was er hätte tun können, dann weil er von »schlechten« Menschen umgeben war.

Und während er in einem schönen Haus in Accra und in einem anderen Haus auf dem Land lebte, wurde er in Ghana auf diese Weise zu einem Mythos, mythischer und mysteriöser als Nkrumah je werden konnte; so wie in Bengalen und Indien der Nationalist Subhas Chandra Bose nach seinem Tod in den späten 1940er Jahren zum Mythos geworden war: Ein Mann, der angeblich oft gesichtet wurde und der alle

Probleme Bengalens und Indiens lösen könnte, wenn er nur durch einen Trick, einen großen Glaubensakt oder einen Akt nationaler Buße wieder lebendig würde. Auch in manchen Religionen geschieht das: Ein großer Anführer stirbt, und die Trauer über diesen Verlust verwandelt sich in die weit verbreitete Überzeugung, dass der große Mann nicht tot, sondern bloß »unter Verschluss« sei und von hoch oben weiterhin alles beobachte, sein Überblick größer als zuvor.

Rawlings' Geschichte eignete sich zur Mythenbildung. Er war 1947 geboren, seine Mutter Ghanaerin, sein Vater Schotte. Er war ein großer, gutaussehender Mann und der erste gemischtrassige Mann, der in Ghana zu einem großen Politiker wurde. Er hatte gute Schulen besucht. Später war er der ghanaischen Luftwaffe beigetreten. Rawlings liebte das Fliegen und wurde Leutnant. An die Macht kam er auf sehr romantische und dramatische Weise. Als Luftwaffenoffizier setzte er alles auf eine Karte und beteiligte sich an einem Putsch gegen die Regierung. Der Putsch scheiterte, und er wurde des Hochverrats angeklagt. Während des Prozesses hielt er eine bemerkenswerte Rede über die Korruptheit der Regierung. Das war mutig. Alles hätte passieren können; die Institutionen in Ghana waren insbesondere nach Nkrumah noch wacklig. Doch in seiner Rede hatte er für die Mehrheit der Bevölkerung gesprochen, und sein Mut vor Gericht an jenem Tag war der Beginn seiner Karriere als Politiker. Er wurde wegen Hochverrats zu einer Gefängnisstrafe verurteilt, aber er blieb nicht lange in Haft. Schon im nächsten Monat putschten junge Offiziere erfolgreich. Sie holten Rawlings aus dem Gefängnis, und er erklärte sich zum Staatsoberhaupt.

Vier Monate lang versuchte er dann, die Armee, die Verwaltung und die Wirtschaft von korrupten Elementen zu reinigen. Dann übergab er die Regierung an Zivilisten. Es war eine romantische Vorstellung: Nachdem man in einem Land aufgeräumt hatte, passte es auf sich selbst auf. Aber die Menschen und das Land waren komplizierter, als er dachte. Ein Jahr später putschte er erneut gegen die Leute, die er eingesetzt hatte. Diesmal blieb er an der Macht. Neun Jahre später gab er Ghana eine neue Verfassung. Er diente zwei Amtszeiten als Präsident und konnte dann nicht wieder gewählt werden.

Er war jetzt seit acht Jahren nicht mehr im Amt, aber sein Mythos war ungebrochen. Er war der Mann, der seine Karriere und vielleicht sein Leben für sein Volk aufs Spiel gesetzt hatte. Zweimal hatte er die Macht einer zivilen Regierung übergeben. Wenn er gescheitert war, dann nur, weil er von schlechten Menschen umgeben war.

Ich wollte ihn treffen. Ich fragte Kojo, der anscheinend alles organisieren konnte. Doch Kojo konnte in der Sache nicht helfen, und mir fiel ein, dass Kojo dem gegnerischen Lager nahe stand. Auch andere Leute waren nicht willens, und meine Zeit wurde knapp. Ich fragte John Mitchell, den Konsul von Trinidad; er meinte helfen zu können, musste aber für ein paar Tage weg. Ich erwähnte Richmond, dem Mann mit dem unwahrscheinlichen dänischen Vorfahren gegenüber meine Schwierigkeiten, und er sagte (natürlich) sofort: »Mein Vater und Rawlings sind Cousins. Seine Mutter ist die Tante meines Vaters. Deswegen träumt mein Vater davon, in die Politik zu gehen.«

Ich glaube, beide Anfragen – die von John Mitchell und Richmond – gelangten in Rawlings' Büro, aber es war John

Mitchell, der mich am Tag vor meiner Abreise zu Rawlings' Haus zum Mittagessen fuhr.

Das Haus befand sich in einem Viertel von Accra, das unter dem Namen Ridge bekannt ist. Es war ein ganzes Stück vom Zentrum entfernt. Das Anwesen war mit einem großen eisernen Tor verschlossen, und im schattigen Hof standen zwei Nimbäume. Mehrere Wagen waren dort abgestellt. Ein schwarzer Pudel betrachtete John Mitchell und mich, bellte jedoch nicht. Ein Stück von uns entfernt, neben der Treppe zum Haus sprach ein kräftig gebauter Mann in einem weiten weißen Hemd mit einer kleinen Gruppe. Er wandte uns den Rücken zu. Es war natürlich Rawlings, der allen Beschreibungen entsprach, die ich über ihn gelesen hatte.

Ich zögerte einen Augenblick, weil ich nicht wusste, ob wir zu ihm gehen oder warten sollten. Doch sofort löste sich eine schlanke Frau aus der Gruppe und kam zu uns, winkend und lächelnd. Sie musste Mrs Rawlings sein: dunkel, mit feinen Gesichtszügen, apart gekleidet mit einer schwarzen Hose und einer geblümten Bluse. Die Gruppe brach auf und entfernte sich zu den Wagen, die unter den Nimbäumen standen. Rawlings kam zu uns. Er war gebaut wie ein Boxer, und auf seiner Nasenspitze saß eine Lesebrille. Wir gingen die Treppe zum Haus hinauf. Bemerkenswerterweise saß zwischen den Pflanzenkübeln neben der Treppe ein grauweißes Kätzchen, still und von großer Schönheit. Es war das erste zufriedene Kätzchen, das ich in Ghana sah. Mrs Rawlings erklärte, dass es ein Haustier sei; zudem hätten sie viele Hunde. Das Haus hatte mich jetzt schon für sich eingenommen.

Das Wohnzimmer war geräumig, kühl und behaglich. Ein leeres Aquarium stand darin, darauf Plastikblumen, an einer Wand hingen Familienfotos: Auf einem erkannte ich Rawlings als jungen Mann. Wir setzten uns auf Ledersofas. Er saß auf dem Sofa neben meinem, aber in Reichweite. Er nannte mich »Häuptling«. Das war wohl sein Stil; vielleicht enthob es ihn auch der Notwendigkeit, sich Namen merken zu müssen.

Er sagte – und es war wie ein Rätsel, wie eine Fortsetzung des Gesprächs mit der Gruppe von Leuten zuvor –: »Acht Generäle werden hingerichtet, nur um zu verhindern, dass das Land ins Chaos abgleitet, aber für so etwas darf man einem Mann nicht das Leben nehmen. Ich habe versucht, diese Nation zu verjüngen. Diese Nation war bereit durchzustarten. Wir haben den Menschen lediglich die Macht gegeben. Ich sage: Gebt den Menschen die richtigen Anführer, und sie erfüllen alle Erwartungen.«

Er stand auf und begann, durch den Raum zu schreiten. Er kam zu mir, klopfte mir aufs Knie und sagte: »Häuptling, ich will Ihnen was über die Sprache sagen, wie wichtig sie ist. Die Sprache, die Worte haben eine spirituelle Qualität. Wenn man die Sprache dazu benutzt, die Menschen zu unterdrücken, verliert sie alle Spiritualität. Die Sprache unserer Vorfahren hatte eine besondere Spiritualität, und die haben wir verloren, als uns eine andere Sprache aufgezwungen wurde. Unsere Muttersprache hat historische Elemente, und Worte sind wichtig.«

Er war aufgeregt, und wie manche Intellektuelle, die beeindrucken wollen, bestimmte er das Gesprächsthema.

Ich sagte: »Aber manche Menschen können zwei Sprachen haben.«

Er sagte: »Ja. Aber es bringt uns nicht weiter, wenn wir zwei oder mehr Sprachen haben. Wenn wir Englisch sprechen, müssen wir lernen, seine Worte zu gebrauchen. Wenn man eine Sprache erst einmal richtig spricht, dann kommt auch ihre Spiritualität. Die Sprache entwickelt sich immer weiter, aber Afrika ist bedroht. Ihr attackiert seine Kultur und seine Tradition.«

Er nahm die Brille ab und sah mich unverwandt an. »Häuptling, ich will Ihnen was sagen. 1979, als ich an die Macht kam, gab es Fälle, die schon fünf bis zehn Jahre vor Gericht anhängig waren. Sie waren mit der lateinischen Sprache verbrämt. Ich habe sie in fünf bis sechs Tagen entschieden. Den Menschen wurde Gerechtigkeit gegeben.« Er hatte laut gesprochen. Jetzt hielt er inne, als hätte er sich zwischen den vielen Erinnerungen verirrt, die er wachgerufen hatte. (Das erinnerte mich an Pa-boh. Auch er war aus der Bedeutungslosigkeit aufgetaucht und hatte plötzlich sein Talent zum Schlichten entdeckt: In ein paar Tagen hatte er für einen einflussreichen Häuptling einen Streit gelöst, der seit siebzehn Jahren andauerte.)

Rawlings fragte seine Frau: »Wo war ich?«

Sie sagte: »Du hast über Gerechtigkeit geredet.«

Er schlug sich aufs Knie. »Ah ja. Ich erinnere mich. In den frühen Tagen des PNDC [Provisional National Defence Council; Provisorischer nationaler Verteidigungsrat] wurden zornige Leute zu Anführern. Doch als sich die Lage beruhigte, fanden auch ehrbare Menschen einen Platz darin, und er wurde zum NDC, dem National Democratic Congress.« Er sprach über alte politische Auseinandersetzungen. »Einer unserer Bereiche war Gesundheit und Hygiene. Ich habe selbst Hygienekampagnen geleitet. In einem Dorf bin ich zu einer großen offenen Gosse gegangen. Sie war voller Dreck und Krankheiten. Ich und meine Partei wollten ein Beispiel von Gemeinschaftssinn und Verantwortung geben, und wir haben die Gosse gesäubert. Sie wurde modern und sauber.«

Er sprach laut, seine Stimme dröhnte im Raum. Und wieder hielt er inne. Als er erneut sprach, sprang er von einem Thema zu anderen, als suchte er nach dem richtigen. Seine Frau sah ihn an (wohl wissend, dass wir sie anblickten), ebenso zwei alte politische Kollegen, ein früherer Minister und ein Rechtsanwalt, die ebenfalls zum Essen geladen und vor uns angekommen waren. Rawlings stand auf und forderte einen der Männer auf, uns etwas von der Sprache und ihrer Spiritualität zu erzählen. Dann verließ er das Zimmer, und seine Frau folgte ihm.

Seine Stimme und seine unbestreitbare Präsenz hatten den Raum erfüllt, und jetzt, da er nicht mehr da war, wurde es still, und das Zimmer fühlte sich unvollständig an, obwohl der frühere Minister versuchte, über Sprache zu reden.

Der Haushalt funktionierte. Um die Lücke zu füllen, die Rawlings und seine Frau hinterlassen hatten, trat ein gut gekleideter Kellner ein und bot Kaffee und Fruchtsaft an. Ich ging auf die Toilette. Auf dem Hinterhof sah ich die Hunde der Familie in zwei großen Zwingern. In einem Käfig waren kleine Hunde, in dem anderen große, ein Dalmatiner und mehrere Jagdhunde, alle sahen gesund und durchtrainiert und zufrieden aus. Ein Dienstbote betrat die Käfige und fütterte die Hunde. Ich hätte der Fütterung ewig zuschauen können.

Ich kehrte ins Wohnzimmer zurück. Nach ein paar Minuten tauchte Rawlings wieder auf. Er setzte sich schwungvoll auf seine Couch, und um wieder in Fahrt zu kommen, nannte er mich erneut Häuptling. Er klopfte mir aufs Knie und sagte: »Als Pilot bin ich durch das ganze Land geflogen, und in jedem Dorf ist mir ein grüner Fleck aufgefallen. Ich habe nie darüber nachgedacht, doch als ich an die Regierung kam, erfuhr ich, dass es der Hof der Dorfschule war. Er war sehr sauber. Zu Hause waren sie schmutzig, aber in der Schule waren sie sauber. Ich gehe in eine Fabrik. Alles sauber. Ich bitte sie, ich sage ihnen: ›Nehmt die Sauberkeit mit nach Hause. Warum lasst ihr sie hier, wenn ihr nach Hause geht?‹ Was soll ich tun, um das Verantwortungsgefühl zum Leben zu erwecken?«

Er lehnte sich zurück, holte tief Luft und sagte: »Häuptling, ich nenne Ihnen ein letztes Beispiel. Während meiner letzten Amtszeit haben die Burschen in meiner Festung« – ein paar der alten Festungen an der Atlantikküste wurden als Regierungsbüros genutzt – »die Burschen in meiner Festung haben für Ärger im Hauptquartier gesorgt. Ich war sehr besorgt. Ich dachte: ›Was kann ich tun, um die Temperatur zu senken?‹ Die Kultur der Logik, die uns die Mächte von außerhalb vermittelt hatten, hatte keinen guten Stand. Das englische Wort ›sorry‹ hätte nicht ausgereicht. Es war nicht gut genug. Ich habe gesagt: ›Macht es auf traditionelle Weise.‹ Wenn sich hier bei uns jemand wirklich entschuldigen will, wecken sie einen sehr früh am Morgen damit auf. Ich habe meine Burschen früh am Morgen losgeschickt, und es hat funktioniert.«

In Frankreich hatte ihn jemand gefragt, ob ihn nicht nur seine Uniform an der Macht halte. Er antwortete, es sei nicht die Uniform, es sei seine Integrität.

Er sprach über die Rechte der Menschen, als Mrs Rawlings eintrat und mit angenehmer, klarer Stimme sagte: »Das Essen ist serviert.«

Wir sahen sie an, aber Rawlings sprach weiter über den Unterschied zwischen Macht und moralischer Autorität.

Mrs Rawlings beharrte darauf, dass wir ihr folgen sollten, und wir gingen zuerst in einen Flur und dann in das prächtige Esszimmer, wo am Tisch vierzehn Leute Platz finden konnten. Er war mit schönem Porzellan gedeckt. Das Essen war chinesisch und ghanaisch: Yams und Fleisch und Eintopf mit Ziegenfleisch, etwas Fisch. Ein wahres Festmahl. Es gab keine Tischordnung. Mrs Rawlings bat mich, mich neben sie zu setzen. Alle anderen konnten selbst entscheiden. John Mitchell, der Konsul von Trinidad, der die ganze Zeit geschwiegen hatte, kam endlich auf seine Kosten. Er konnte seine Freude nicht verbergen, als er das Fleisch und die dampfenden Yams sah. Doch Rawlings übertraf ihn noch mit seiner Begeisterung.

Wir sprachen über Namen. Mrs Rawlings erzählte, dass ihr Vater ihr einen Ashanti-Namen gegeben hatte – sie war eine Ashanti-Prinzessin –, und das hatte für Schwierigkeiten gesorgt, als sie in der fünften Klasse als Christin konfirmiert werden sollte. Der Sonntagsschullehrer fragte sie nach ihrem christlichen Namen. Sie hatte keine Ahnung, was er meinte. Der Lehrer ließ nicht locker: War sie Esther, Veronica, Mary, Ruth? Sie sagte, sie habe keinen anderen Namen als den ihren. Der Lehrer wies sie an, erst wieder zum Unterricht zu erscheinen, wenn sie ihr Taufzeugnis vorlegen konnte; sonst könnte sie nicht konfirmiert werden.

Sie rief ihren Vater an. Er war empört. Gleich am nächsten Tag kam er aus Kumasi und ging mit ihr zum Direktor von Achimota. Er hatte ihr Taufzeugnis dabei, weigerte sich jedoch, es vorzulegen. Er sagte, seine Tochter sei mit einem afrikanischen Namen getauft worden und würde mit diesem Namen konfirmiert werden. Der Direktor war einverstanden.

Jemand am Tisch fragte, wie sich Rawlings und seine Frau kennengelernt hatten.

Sie antwortete, dass sie sich seit ihrer Kindheit kannten. Rawlings, der bereits viel gegessen hatte und gerade nach einem chinesischen Nudelgericht griff, sagte: »Unsinn. Es hat neun Jahre gedauert, bis ich auch nur ihre Hand halten durfte. Sie war eine Ashanti-Prinzessin. Während ich aus dem Ghetto komme.« Er blickte auf. »Ich war ein Niemand.«

»Na ja«, sagte sie, »du bist doch gekommen, um unseren Wagen zu waschen.«

Er lachte, und der Augenblick ging vorüber.

VIER

DER URWALDKÖNIG

1

Houphouët-Boigny war dreiunddreißig Jahre lang Präsident der Elfenbeinküste, geliebt von den Franzosen, verehrt von seinem Volk: Er war so viele Jahre Präsident, dass man ihn König nennen könnte.

Richmond hatte von seiner Mutter die großartige Geschichte gehört, wie sich Houphouët auf sein Leben als Machthaber vorbereitete. In dieser Geschichte befragte Houphouët einen Schamanen oder Hexenmeister. Den Rat dieses bemerkenswerten Mannes befolgend, ließ sich Houphouët in kleine Stücke hacken und diese Stücke mit Zauberkräutern in einem Topf kochen. In einem kritischen Moment verwandelten sich die Houphouët-Stücke im Topf in eine gewaltige Schlange, die von einem vertrauenswürdigen Helfer zu Boden gerungen werden musste. Dann wurde aus der Schlange wieder Houphouët. Es gab eine zuverlässige Zeugin für diese Geschichte: Es war keine Geringere als Richmonds Tante, Nkrumahs Köchin – Nkrumah, der erste Präsident des unabhängigen Ghana und einer der großen Männer des modernen Afrika.

Die Geschichte, die Richmond mir erzählte, hatten – in unterschiedlichen Versionen – Zehntausende im Land gehört. Es war keine respektlose Geschichte, wie man hätte denken können; dank solcher übernatürlichen oder magischen Geschichten wurde der Mythos des Herrschers in seinem Volk lebendig gehalten.

Es war eine Geschichte für Gläubige. Ich war nicht gläubig. Ich stolperte schon an der ersten Hürde. In diesem Märchen war das Zerhacken des großen Mannes zu einfach. Er war wie ein Wurm, weich und von einheitlicher Beschaffenheit; er konnte mühelos in Stücke geschnitten werden. Das Messer stieß auf keine Knochen oder Muskeln oder empfindlichen Organe; es spritzte kein Blut. Richmond nahm keinen Anstoß an diesen Details. Ihm war wichtig, dass das Rezept des Hexenmeisters gewirkt hatte. Überall in Afrika fanden Veränderungen, häufig blutige Veränderungen statt. Aber Houphouët hatte sein Leben lang regiert. Gegen Ende wurde er herausgefordert, aber er servierte seine Herausforderer ab und blieb der Vater seines Volkes, der große alte Mann, *le vieux*.

Er starb mit achtundachtzig. Das war sein offizielles Alter; viele glaubten, dass er wesentlich älter war. Sein großes Alter war ein weiterer Beweis für seine fetischgestützte Macht. Angeblich starb er an einem wichtigen politischen Jahrestag. Aber keiner im Land wusste es ganz sicher. Das Privatleben des Herrschers, des Königs war ein Geheimnis.

Das königliche Anwesen befindet sich im Zentrum der Stadt Yamoussoukro. Die Stadt war um Houphouëts Geburtsdorf erbaut. Es war das Dorf eines Häuptlings, und ursprünglich (vor den Franzosen) konnte der Busch nicht weit gewesen sein. Das Anwesen war jetzt von einer fast fünfzehn Kilometer langen, hohen ockerfarbenen Mauer umgeben und stand dem gewöhnlichen Besucher nicht offen. Von außen sah man ein junges Wäldchen hinter der Mauer. Gott weiß welche geheimen Rituale, welche Opfer von Gott weiß welchen geheimen Priesterschaften dort vollzogen wurden, um den König und sein Königreich zu schützen zu einer Zeit, da nichts in Afrika sicher schien.

Weit entfernt vom königlichen Anwesen, an zwei unterschiedlichen Stellen in der neuen Stadt, die er gebaut hatte, standen gewaltige Embleme importierten Glaubens: eine wunderschöne weiße Moschee im nordafrikanischen Stil, ein Stil, der die Sahara hatte durchqueren müssen, um bis zu diesem abgelegenen Ort in den feuchten Wäldern des tropischen Afrikas zu gelangen, und eine Basilika, die in ihrer Form den Petersdom nachahmt. Angeblich ist sie höher als der Petersdom (trotz der Bitte des Papstes sie ein, zwei Meter niedriger zu bauen). Es war mehr als kulturübergreifender Städtebau. Moschee und Basilika, die nicht aus Gemeinden heraus entstanden waren, mochten wirken wie eine Spielerei in der Einöde, wie die Laune eines reichen Machthabers, der die Anerkennung des Auslands suchte. Aber sie waren ernst gemeint. Religion war Houphouët wichtig; sie hielt ihn über Wasser, und er musste fast glauben, dass er regierte, weil er religiös war. Ihm gefiel es, diesen beiden Weltreligionen in seiner neuen kostspieligen Stadt ein Denkmal zu setzen, auch wenn er den tiefer verwurzelten afrikanischen Regungen nachgab, die sich vielleicht in privaten, nur für ihn bestimmten Ritualen offenbarten, vollzogen auf dem königlichen Anwesen, jenseits des Wassergrabens mit den heiligen Krokodilen, die jeden Tag unter großem Aufwand gefüttert wurden.

Richmond war der Ansicht, dass Houphouëts Zauber gewirkt hatte. Und so war es. Er blieb bis zum Ende an der Macht. Aber auch ein König war nur ein Mensch, und als seine Zeit kam, starb Houphouët an Prostatakrebs.

Als ich siebenundzwanzig Jahre zuvor zum ersten Mal in der Elfenbeinküste war, hatte mir jemand von der Universität erzählt, dass die Dienstboten und Sklaven eines Herrschers nach seinem Tod das Weite suchen mussten, denn sonst würden sie mit ihm begraben. Der Akademiker, der mir das erzählte, schien es für komisch zu halten. Er war Afrikaner und stolz auf afrikanische Traditionen, aber auf seine afrikanische Art hielt er auch Sklaven für komisch. Als er mir von den Gefahren für die Sklaven nach dem Tod ihres Herrn erzählte, klatschte er in die Hände und machte dann eine schnelle reibende Geste, eine komödiantische Geste, um die Flucht der Sklaven anzudeuten.

Dieses Mal erfuhr ich, was ich früher nicht gehört hatte, nämlich dass es Sklaven gab, die so extrem loyal waren, dass sie mit ihrem Herrn sterben wollten. Sie betrachteten ihren Tod als letzten Dienst. Aber niemand wusste, was hier geschehen war, als Houphouët starb. Die ockerfarbenen Mauern und der Palast dahinter, der Wald, sie behielten ihr Geheimnis für sich. Von einer ausländischen (aber gut positionierten) Quelle erfuhr ich, dass bei Houphouëts Beerdigung »Hunderte« getötet wurden – nicht notwendigerweise Sklaven oder Dienstboten, sondern Obdachlose und Landstreicher, die niemand vermisste.

Im Graben oder Teich vor der Palastmauer befanden sich noch immer Krokodile. Houphouët hatte sie eingeführt, und 1982 waren sie noch so neu, dass ihre Fütterung in der Abenddämmerung als Sehenswürdigkeit galt. Ein großer Mann in einem langen, weißen priesterlichen Gewand und mit roter Kappe kam aus dem Palasttor und bezog Stellung zwischen dem Geländer vor der Mauer und dem Graben. Er hatte einen Plastikeimer mit Fleischstücken, ein paar an den Beinen zusammengebundene lebende Hühner und ein langes schmales Messer dabei. Er fuhr mit der langen biegsamen Klinge über das eiserne Geländer am Rand des Wassers und erzeugte damit ein kratzendes Geräusch. Das war das Signal für die Krokodile, die zu den zwei, drei großen Felsen neben dem Geländer und dem weiß gewandeten Mann schwammen.

Er warf ihnen das Fleisch aus dem Eimer vor; manches davon erwischten die fleischfressenden Schildkröten, die knapp unterhalb der Wasseroberfläche schwammen. Dann waren die Hühner an der Reihe. Die Zuschauer auf der Zufahrt zwischen der öffentlichen Straße und dem Palast oder am Rand des Wassers zwischen Geländer und Palastmauer stießen leise Schreckensschreie aus. Die Krokodile mit ihren scheinbar lächelnden Augen ließen die Kiefer zuschnappen. Nicht alle Hühner waren sofort tot. Die Kiefer der Krokodile sind zu rigide aufgehängt – sie können sie nicht zur Seite verschieben oder kreisen lassen –, und ein paar Hühner entkamen. Aber nicht lange. Eine kleine Ausrichtung des Körpers, mehrmaliges Zuschnappen der Kiefer, und die Hühner, die zu entkommen schienen, waren im Rachen des Krokodils zu Brei zermalmt.

1982 hatte ich dieses Ritual während des Sonnenuntergangs gesehen. Jetzt, siebenundzwanzig Jahre später, ging ich tagsüber hin; ich konnte nicht auf die Dämmerung warten. Ich erinnerte mich an frisch gepflanzte, junge Kokospalmen zu beiden Seiten der Zufahrtsstraße über den Graben. Kokospalmen wachsen schnell. Ich hatte erwartet, dass sie jetzt groß und dürr wären. Aber sie waren nicht groß; vielleicht waren die Bäume von damals schon ersetzt worden, oder das stinkende Wasser des Grabens war dem Wachstum nicht förderlich.

Vielleicht hatte das stinkende Wasser auch den fleischfressenden Schildkröten den Garaus gemacht. 1982 hatte ich sie deutlich gesehen, sie kamen unter der hellbraunen Wasseroberfläche heran, um Fleisch zu ergattern, zeigten ihre Unterseiten, stark und still und beweglich, auf gewisse Weise verstörender als die Krokodile. Jetzt konnte ich sie im dunklen Wasser nicht ausfindig machen. Vielleicht würde die schlechte Wasserqualität auch für ein Ende des Rituals aus Houphouëts Regentschaft sorgen und die überlebenden Krokodile langsam umbringen oder ersticken. (Doch später erfuhr ich, dass Krokodile zum Atmen auftauchen und in stinkendem Wasser überleben können.) Auf einem Betonpfeiler der Zufahrt lag allein ein junges blasses Krokodil, es war knapp einen Meter lang.

Im alten Ägypten war das Krokodil ein heiliges Tier gewesen; für die meisten Menschen hier war es ein Nahrungsmittel. In der indischen Mythologie ruht die Erde auf dem Panzer einer Schildkröte. Instinktiv oder dank der Weisheit eines Schamanen hatte der alte König diese seit Urzeiten verehrten Geschöpfe geschützt. Aber jetzt, 2009, schaute sich kaum jemand die Krokodile an, obwohl sie leicht zu sehen waren. Nur wenige Leute waren da. Ein paar junge Männer und eine sonderbare junge Bettlerin, die geistig verwirrt schien, gingen vorbei. Die Frau blickte wild um sich; sie interessierte sich mehr für den Besucher als für die Krokodile. Die jungen Männer verfolgten den silbernen Hubschrauber, der über der Stadt auftauchte und auf den Palast hinter der ockerfarbenen Mauer zusteuerte.

Der Wachmann auf der Zufahrt (der nichtautorisierte Personen fernhielt) sagte, dass der Präsident heute erwartet würde, und natürlich meinte er den neuen Präsidenten, der nach all den Schwierigkeiten, die infolge von Houphouëts Tod über das Land hereingebrochen waren, nun in der Elfenbeinküste regierte.

Die Römer erhoben nicht wenige ihrer frühen Kaiser in den Stand von Göttern. Und als sie Augustus zum Gott erklärten, waren sie so vernünftig, eine Schule für Priester einzurichten, die dem neuen Kult dienen sollten. Diese Priester des Augustus waren Männer von hohem sozialen Status, und das musste als Voraussetzung wichtiger gewesen sein als Frömmigkeit oder religiöse Kenntnisse. Der Kult konnte die Turbulenzen der nächsten zwei Jahrhunderte nicht überleben, und mit dem Aufkommen des Christentums verschwand er. Ich bezweifle, dass sein Untergang und die Schließung der einst stolzen Schule der Priester überhaupt bemerkt wurden.

In der Elfenbeinküste stellte sich die Frage, wie lange der von Houphouët eingeführte Kult – der so viele Jahre andauerte und so große Kosten verursachte – noch überleben und welche Form sein Vergessen annehmen würde.

In meinem Hotel in Abidjan, der Hauptstadt, wohnte ein Mann von den Vereinten Nationen, der Epidemien erforschte. Epidemien seien etwas Seltsames, erklärte er. Am Anfang breiteten sie sich rücksichtslos aus; später mäßigte sich das Virus oder die Krankheit aus keinem ersichtlichen Grund. Ein Beispiel dafür war die Syphilis. Es war, als fürchtete das Virus, sich selbst zu vernichten, wenn es alle umbrachte, da es dann niemanden mehr infizieren konnte. Vergleichbares war mit Houphouëts Krokodilen geschehen. Sie wurden nicht mehr gefürchtet; die Menschen lebten jetzt angstfrei mit ihnen, und infolgedessen verloren sie an Macht.

Jedenfalls konnte das Ritual seinen Erfinder kaum überleben. Es war nach seinen Bedürfnissen gestaltet. Und mit seinem Tod hatte sich viel von Houphouëts Grandezza in Luft aufgelöst. Der Flughafen war nach ihm benannt; ebenso das große orangefarbene Stadion am Rand der Lagune von Abidjan, das mit einem großen Foto des Mannes geschmückt war. Doch so etwas wie ein Fluch schien auf dem Stadion zu liegen. Ein paar Wochen, nachdem ich die Elfenbeinküste verlassen hatte, kam es während eines Fußballspiels gegen Malawi zu einer Katastrophe. Eine Mauer stürzte ein (vielleicht waren zu viele Zuschauer eingelassen worden); die Polizei ging mit Tränengas gegen die in Panik geratenen Leute vor, und in dem Chaos starben neunundsechzig Menschen. Houphouëts Name wird es schwer haben, sich zu rehabilitieren. Schon vor dieser Tragödie sprachen die Menschen weniger ehrfurchtsvoll über den König und begannen, die Rituale, die einst eingeführt worden waren, um die Herrschaft des Herrn der Krokodile zu perpetuieren, als togolesisch (Houphouëts Frau stammte aus Togo) abzuwerten.

2

1982, als die Krokodile und die fleischfressenden Schildkröten die Attraktion von Yamoussoukro waren, existierte die Basilika nur als Rohbau. Die Kuppel (die schließlich höher werden sollte als die des Petersdoms) bestand nur aus ein paar gebogenen Metallträgern. Mehr gab es nicht zu sehen. Jetzt war die Kirche die Attraktion von Yamoussoukro. Und sie war in der Tat sehenswert, schön, überraschend und umwerfend. Die Kuppel und die hohen Säulen im Außenbereich erinnerten an den Petersdom. Nach manchen Berichten hatte die Basilika dreihundert Millionen Dollar gekostet, nach anderen vierhundert Millionen, und einige eitle Leute prahlten, dass sie das Land in den Bankrott gestürzt hatte, aber das stimmte nicht.

Die Treppe in die Kirche war aus weißem italienischen Marmor, der Boden im Inneren ein römisches Mosaik aus farbigem Marmor. Unter der berühmten Kuppel wurde das tropische Gleißen gemildert von sehr hohen französischen Glasfenstern in Blau und Lila, die vom Boden bis zur Kuppel reichten. Am anderen Ende befand sich eine Kopie von Berninis Baldachin im Petersdom (der seinerseits teilweise aus der Bronze bestand, die pietätlos aus dem alten römischen Pantheon geholt worden war – volle tausendfünfhundert Jahre, nachdem Hadrian das ausgebrannte Original wiederaufgebaut hatte). Ein Schild gemahnte Pilger und Besucher zur Stille: Wir befanden uns in einem Haus Gottes.

Die Außenanlagen waren trostlos. Jenseits der Säulen erstreckten sich weitläufige ebene Gärten, niedrig geschnittene Büsche, angelegt nach einem Entwurf im europäischen Stil. Mehrere Vergleiche kamen einem in den Sinn. Die Anlage hätte ein Pastiche irgendwo in den Vereinigten Staaten sein können. Aufgrund ihrer Kosten – und ihrer Perfektion – hätte sie Houphouëts Taj Mahal sein können.

Der Architekt hatte vergessen, ein Gerät zu entwerfen, mit dem das Reinigungspersonal samt seinen Besen bis zu der Kassettendecke zwischen den hohen Säulen gelangen konnte. Man kam nicht heran, aber tropische Spinnen hatten keine Mühe, und sie hatten dort oben deutlich sichtbare braune Spinnweben hinterlassen. An einer anderen Stelle, zwischen einer Säule und der Außenwand der Kirche war ein ziemlich großes Stück Verputz herausgebrochen und entblößte eine Metallstrebe. Ein kompliziertes Gerüst wäre vonnöten, um die Stelle auszubessern; vielleicht würde das nie geschehen. Möglicherweise würde es langsam zerfallen, dieses Stück Prahlerei des Urwaldkönigs. Eine Fremdenführerin sagte, dass an Sonntagen bis zu neunhundert Gläubige die Messe besuchten. Das mochte so sein, doch solange die Regierung die Hauptstadt nicht vom zweihundertvierzig Kilometer entfernten Abidjan nach Yamoussoukro verlegte (was vorgesehen war), gab es in dieser Urwaldstadt keine verwurzelte Gemeinde. Und selbst dann bliebe noch viel zu tun. Verborgen vor der Basilika und ihren Gärten lagerten Berge von Abfall in allen Straßen der Stadt: Afrika beanspruchte sein Recht.

3

Houphouëts Herrschaft war nicht nur von Zauberei abhängig, sondern auch von der Unterstützung der Franzosen. 1982 befand sich eine französische Militärbasis zwischen den Kokospalmen nahe dem Flughafen, und in vielen Orten der Elfenbeinküste halfen Franzosen, Houphouëts Show am Laufen zu halten. Als Investoren waren sie willkommen, und sie investierten gern, da sie neunzig Prozent der Gewinne nach Hause transferieren konnten. Sie führten Restaurants, und sie führten sie gut. Die Elfenbeinküste war berühmt für ihre exzellente französische Küche. Es gab eine offizielle Bezeichnung für diese französischen Gäste, die zu der Illusion beitrugen, dass dieser afrikanische Staat im Gegensatz zu seinen

Nachbarn Fortschritte machte. Die Bezeichnung lautete *co-opérants*, was man am besten mit »Helfer« übersetzt.

Auch wenn man nichts über die politische Situation wusste, konnte man wegen dieser französischen Präsenz besorgt sein. Eine Krise schien sich anzubahnen, und nach Houphouëts Tod trat die Krise ein: Eine hoch komplizierte Angelegenheit, wie es Krisen in kleinen Ländern gern sind, für einen Außenseiter schwer durchschaubar. Es gab einen Bürgerkrieg mit vielen Fronten: Ivorer gegen schwarze Immigranten aus benachbarten, ärmeren Ländern, Stämme gegen die Franzosen einerseits, die Vergeltung der Franzosen andererseits an feindseligen Afrikanern, und schließlich alle Afrikaner gegen die Franzosen, so dass ein weiterer Aspekt von Houphouëts Hinterlassenschaft verschwand. 2004 kam der Tag, an dem Banden schwarzer Männer durch die Straßen von Abidjan zogen auf der Suche nach Weißen, um sie zu töten.

Zufälligerweise war eine Überlebende dieses Tages in meinem Hotel abgestiegen. Sie war nicht weiß; sie hatte eine afrikanische Mutter und einen französischen Vater, und sie war mit einem Schwarzen verheiratet. An jenem Tag 2004 wollte sie ihre Kinder von der Schule abholen. Eine schwarze Gruppe umzingelte ihren Wagen und zerrte sie heraus. Aus instinktivem Selbsterhaltungstrieb behauptete sie, Marokkanerin zu sein und nicht halb Französin. Sie sah aus wie eine Marokkanerin; vielleicht hatte ihr jemand das irgendwann einmal gesagt, und jetzt sagte sie es zu den Männern, und es rettete ihr das Leben. Marokko ist, vielleicht wegen seiner guten Fluglinie, beliebt bei den Afrikanern und hat in diesem Teil Afrikas einen guten Ruf.

Als sie mir diese Geschichte erzählte, tippte sie mit dem

Zeigefinger der rechten Hand auf ihre blasse linke Hand und sagte: »Sie suchten nach weißer Haut.«

Sie hatte bis dahin ihr ganzes Leben in der Elfenbeinküste verbracht. Doch diese Erfahrung verunsicherte sie auf vielfältige Weise. Sie hatte danach so heftiges »Herzklopfen«, dass ihr schwarzer Mann, ein Diplomat, sie für ein paar Jahre außer Landes brachte. Jetzt war sie wieder in der Elfenbeinküste, doch das Land beunruhigte sie nach wie vor. Sie hatte noch immer Angst, wenn sie eine Gruppe schwarzer Männer sah.

Aber schwarze Menschenmengen waren nicht zu vermeiden. An einem Sonntag fand ein Spiel der afrikanischen Fußballmeisterschaft in Abidjan statt, in dem großen orangefarbenen Stadion, das nach Houphouët benannt war und sich zwischen meinem Hotel und der Lagune befand. Die Elfenbeinküste spielte gegen Sambia. Der Eintritt war frei. Das Spiel sollte um vier Uhr nachmittags beginnen, doch seit fünf Uhr morgens sammelten sich Leute vor den Eingängen des Stadions. Bald standen reglose Massen vor jedem Eingang; vielleicht waren die Menschen so reglos, weil das Stadion noch geschlossen war. Sie wirkten pittoresk, ein Sujet für einen Maler der Massen, einen afrikanischen Canaletto: Tüpfel schwarzer Gesichter, Jeans und orangefarbener, weißer und roter T-Shirts.

Irgendwann am Vormittag tauchten ein paar Menschen auf den nicht überdachten Sitzen auf der linken Seite des Stadions auf, die ich von meinem Hotelfenster aus sehen konnte. Diese Leute würden sechs Stunden bis zum Spielbeginn warten müssen. Es war bereits heiß, aber die große Hitze des Tages stand noch bevor. Ich dachte, dass die wartenden Menschen jetzt allmählich das Stadion füllen würden, aber so war es nicht. Es war mir nicht möglich, vom Hotelfenster aus die Bewegungen der Massen zu verstehen. Als der Spielbeginn näher rückte, stürmte die Bereitschaftspolizei hin und wieder in die Menge; es war wie ein Spiel. Die Angegriffenen stürzten in alle Richtungen davon. Der Tüpfeleffekt löste sich auf, und was pittoresk ausgesehen hatte, hatte jetzt etwas Furchterregendes. Und dann sammelte sich die Menge rasch wieder vor dem jeweiligen Eingang.

Die »marokkanische« Dame sah die Massen ebenfalls. Später sagte sie: »Ich *hasse* Fußball.«

An diesem Sonntag verlor die Elfenbeinküste gegen Sambia. Die Ivorer brachten es nach der langen Wartezeit, der Hitze und den gelegentlichen Polizeiangriffen nicht über sich, großzügig gegenüber den Gewinnern zu sein. Ihre Frustration war nachvollziehbar. Fußball setzte hier große Leidenschaften frei. Houphouëts Stadion war orangefarben. Orange war die Farbe der Nationalmannschaft. Sechs Wochen später, als die Elfenbeinküste gegen Malawi spielte und gewann, stürzte eine Mauer im Stadion ein, und neunundsechzig Personen kamen ums Leben.

4

Abidjan war so sehr gewachsen, dass ich Mühe hatte, mich an die Stadt von 1982 zu erinnern. Damals hatte ich im Forum Hotel gewohnt. Niemand schien es jetzt mehr zu kennen. Auf der anderen Straßenseite war eine freie Fläche gewesen, auf der dicke Affenbrotbäume wuchsen. Von einem der öffentlichen Räume des Hotels aus war die Lagune zu sehen gewesen, weit wie das offene Meer; in der Hitze des Nachmittags hatte das algenverseuchte Wasser geschwappt wie ein welliger grüner Teppich. Ich erinnerte mich an ein Gefühl der Offenheit. Jetzt gab es nichts dergleichen mehr; alle diese Erinnerungen schien die Zeit geschluckt zu haben. Zwei Tage vor meiner Abreise fuhr mich ein Taxifahrer, der mir die Sehenswürdigkeiten zeigte, zum Golf Hotel. Es stand ein bisschen zurückgesetzt von der vielbefahrenen Straße, mit der Rückseite zur Lagune. Es musste das alte Forum sein, überholt gemäß den Bedürfnissen des übervölkerten Afrika, mit neuem Personal und neuen Gästen.

Houphouët, der Yamoussoukro fördern wollte, hatte eine Straße von Abidjan bis dorthin bauen lassen. Zweihundertvierzig Kilometer, überwiegend durch den Busch: Damals war sie Ausdruck der Prahlerei und Verschwendungssucht gewesen, von denen Yamoussoukro geprägt war. Doch jetzt wurde die Straße benutzt, der Belag war streckenweise abgefahren, ein kurzes Stück wurde auf eine rote unbefestigte Straße umgeleitet (Äste auf dem Asphalt kündigten die Umleitung an). Die Straße war jetzt die Hauptroute für die schweren Lkws, die Waren aus dem Norden und den Nachbarstaaten im Norden nach Abidjan brachten.

Das Land zwischen Abidjan und Yamoussoukro ist verwüstet. Auf einer Strecke von zweihundertvierzig Kilometern war der tropische Urwald gerodet worden. Stattdessen sieht man dort jetzt kleine Pflanzungen von Bananen und knorrigem Maniok (von den Portugiesen in Afrika eingeführt): Die Nahrungsmittel von Menschen, die noch keine richtigen Kleinbauern sind und von der Hand in den Mund leben. Sie roden ein Stück Busch, diese Fläche entwickelt sich zu einem Dorf aus Lehm und Strohmatten (für die Dächer), und das

Dorf wird vielleicht zu etwas Dauerhafterem aus Beton und Blech.

Der Druck auf das Land ist enorm; ständig kommen Migranten aus dem armen, unfruchtbaren Norden. Aus den Tagen Houphouëts und der Franzosen stammt der Mythos vom Glück an der üppigen Elfenbeinküste, an der niemand verhungern muss. Die Bedürfnisse sind klein; es gibt weder Zeit noch Raum, um an Größe zu denken. Doch trotz des Mythos ist es vorstellbar, dass in diesem verwüsteten, einst bewaldeten Land eines Tages Hunger herrschen wird. Um Größe anzustreben, müssen die Menschen ein Bild von Größe im Kopf haben. Ein solches Bild vermittelte Houphouët nicht. Seine phrasenhaften Bauten waren Teil seiner privaten Zauberei, die ihm allein diente.

Das Land hat sehr gelitten. In der Elfenbeinküste – Land des Elfenbeins neben Ghana, dem Land des Golds – gibt es heute keine Elefanten mehr, die bei ihrem Tod die Stoßzähne für das Elfenbein lieferten. Es gibt zwei grausame Elefantendenkmale in Abidjan – eins mit einer Elefantenkuh und ihrem Kalb (Elefanten werden in diesem Teil Afrikas verspeist) und ein großer unförmiger Obelisk, der (gemeinerweise) nur aus Stoßzähnen besteht. Viele kleine Hände haben die Elefanten beseitigt, und viele kleine Hände haben den großen Urwald zerstört.

In einer anderen Richtung – östlich von Abidjan, Richtung Bingerville – wurde die Landschaft niedergemacht oder zumindest versteckt durch Reihe um Reihe von unansehnlichen kleinen Häusern. Ich erinnerte mich, dass die Straße nach Bingerville über Land, nahezu durch eine Wildnis führte. Jetzt gehört sie den Bauunternehmern, und das Elend Abidjans reicht bis hierher.

Bingerville wurde nach Binger benannt, einem französischen Gouverneur der Elfenbeinküste. Und es gibt in dieser früheren französischen Kolonie so wenig Geschichte und Architektur zu sehen, dass Bingers Haus, angeblich ein sehr schönes Haus, als Sehenswürdigkeit gilt. Es ist bei weitem kein schönes Haus. Auf der anderen Seite des Atlantiks, auf der kleinen Insel Trinidad, gibt es wesentlich schönere öffentliche und private Häuser. In Bingers Haus befindet sich jetzt passenderweise ein Waisenhaus; Afrika ertrinkt in der Fruchtbarkeit seiner Bevölkerung.

Nebenan in Ghana, wo die gleichen Menschen leben, das gleiche Klima herrscht und die Vegetation die Gleiche ist, haben die Briten (wie anderswo im Empire) einen botanischen Garten angelegt, den es nahezu unverändert immer noch gibt. Neben Bingers Haus gibt es angeblich auch einen botanischen Garten. Auf der frisch geweißten Außenmauer verweist ein riesiger, über einen halben Meter hoher Schriftzug aus phantasievoll schattierten Buchstaben auf diesen Garten. Es ist alles da, nur der Garten fehlt.

Außer ein paar Gruppen von uraltem, dickem Bambus – tot und grau in der Mitte, dann gelb und schließlich grün gestreift, eindeutige Überreste des ursprünglichen Gartens, die noch immer einen angenehmen Schatten spenden, die große Tugend des Bambus in den Tropen – ist nichts mehr da, nur noch der Busch und ein paar stockfleckige Betongebäude. Dennoch wollen einem Fremdenführer den Garten und die Pflanzen zeigen.

Nachdem sie aufgegeben haben, erzählen sie, dass der botanische Garten von Bingerville während der vielen kleinen Kriege zerstört wurde, in die das Land nach Houphouëts Tod stürzte. Man könnte also sagen, dass die Landschaft der Bauunternehmer, die die schönen Hügel zwischen Abidjan und Bingerville entstellt haben, und dieser tragische Garten zur Hinterlassenschaft Houphouëts gehören, der den Franzosen gestattete, das Land am Laufen zu halten, während er selbst Zauberei praktizierte und die Substanz des Landes verschwendete und wie ein Pharao religiöse Bauten errichtete – wieder einmal Shelleys Ozymandias.

Das Land ist voller Grausamkeit, die der Besucher nur schwer erträgt. Aus dem unfruchtbaren Norden werden Langhornrinder in großen maroden Lkws über die holprige, streckenweise kaputte Straße nach Abidjan gekarrt in den riesigen Schlachthof in der Nähe der Docks. Und dort, auf der zertrampelten, widerlichen schwarzen Erde erwarten diese noblen Geschöpfe im Gestank des Todes ruhig und würdevoll ihr Schicksal; manchmal ist ein Kalb dabei, ganz allein, ohne Mutter, und findet Trost im Schlaf, ein kleiner brauner Kreis auf dem schmutzigen Boden, neben den schönen Ziegen und Schafen, die zum Schlachten zusammengetrieben wurden. Das Gelände des Schlachthofs ist endlos. Wenn einfache Menschen jeden Tag diesen Anblick vor Augen haben, können sie keine Vorstellung von Menschlichkeit, von Größe haben.

5

Im Land war allgemein bekannt, dass die Natur hier freigiebig und unerschöpflich war; deswegen kamen die Immigranten. Zum Reichtum der Natur gehörten die Fledermäuse. Spätnachmittags flogen die Fledermäuse ungefähr eine halbe

Stunde lang ihre Runden vor den Fenstern der höheren Gebäude. Sie fleckten den Himmel. Eine Million Fledermäuse wären schon unvergesslich gewesen, aber die verschwenderische Natur bot vier oder fünf Millionen auf. Die Fledermäuse kreisten über der Stadt. Sie hatten kein bestimmtes Ziel. Sie schliefen auf Bäumen, hängten sich mit dem Kopf nach unten an die Äste, geschützt von ihren blassrosa Flügeln, in die sie sich in einer nahezu menschlichen Geste hüllten. Die Wipfel der Bäume, an denen sie hingen, waren halb kahl.

Afrikaner essen alles, was die Natur bietet (außer wenn ein Tier das Totem eines Stammes oder Clans ist). Den Menschen hier schmeckten die Fledermäuse. Die größte Schwierigkeit bestand darin, sie von den Bäumen zu holen. Manche benutzten Steinschleudern, dann folgte die Mühsal, sie zu kochen. Die Fledermäuse waren zäh (sie flogen viel) und mussten stundenlang gekocht werden, bevor sie genießbar waren.

Man hätte annehmen sollen, dass bei so vielen Fledermäusen jeden Abend ein paar Hundert tot vom Himmel und dankbaren Menschen vor die Füße fielen. Aber jemand (vermutlich kein Experte) erzählte mir, dass sich Fledermäuse, wenn sie sterben müssen, verstecken wie Katzen, die zum Sterben ihr Zuhause verlassen und fortgehen.

Das jedoch war ein Luxus, der nur wenigen Katzen in der Elfenbeinküste vergönnt war. Hier streunten keine Katzen in den Straßen. Katzen wurden gegessen; sie waren Teil des Reichtums der Natur und konnten gezüchtet werden. »Wie Hühner«, sagte ein junger Mann und amüsierte sich über den Vergleich.

Erst am letzten Morgen meines Aufenthaltes auf dem Weg zum Flughafen erfuhr ich, wie Katzen oder Kätzchen in der

Elfenbeinküste bevorzugt getötet wurden. Man steckte sie in einen Sack und ließ den Sack in einen Topf mit kochendem Wasser fallen.

Der Gedanke an diese alltägliche Grausamkeit ließ alles andere in diesem Land unwichtig erscheinen.

Ein paar Tage später in Gabun erfuhr ich mehr über die Fledermäuse von Abidjan. Es waren fliegende Hunde, auch bekannt als Flugfüchse. Und sie waren nicht so harmlos, wie ihr Name suggerierte. Sie oder ihre Flöhe waren Wirte des ansteckenden Ebolavirus. Die Infizierten verbluteten hilflos. Niemand wusste mit Sicherheit, wie das Virus von der Fledermaus auf den Menschen übertragen wurde; plausibel ist die Vermutung, dass sich das Virus durch den Verzehr der Fledermäuse verbreitete. Die fliegenden Hunde von Abidjan waren also nicht nur Teil des visuellen Dramas Westafrikas, sondern sie waren wie eine Plage, die nur darauf wartete, die Menschen unter ihnen zu befallen.

FÜNF

DIE KINDER DES ALTEN WALDES

1

Guy Rossatanga-Rignault, Anwalt und Wissenschaftler, ehemaliger Rektor der Universität von Gabun, sagte: »Die neuen Religionen, Islam und Christentum, sind nur an der Oberfläche. In unserem Inneren herrscht der Urwald.«

In einem anderen Land hätte er zu poetisch und mystisch, zu unpräzise geklungen, wie jemand, der die Rückständigkeit eines Landes vertuschen wollte. Aber so war Rossatanga nicht, und in Gabun waren seine Worte durchaus bedeutungsvoll. Gabun, flächenmäßig so groß wie England mit einer Bevölkerung von nicht einmal zwei Millionen Menschen, ist ein Land am Äquator voller Flüsse und Urwald. Es war heiß, es dampfte, Malaria grassierte. Im Anflug auf den Flughafen schienen das schimmernde Mündungsgebiet und das Meer alles zu überwältigen. Der Wald in der Nähe der Hauptstadt war Sekundärwald, es gab Ölpalmenplantagen, die nach harter Arbeit in schrecklicher Hitze aussahen. Ein Stück weit im Landesinneren begann der hohe, dichte Primärwald. Das buschige Land, grün mit fahlgelben Schattierungen, wurde hügelig. Die Wolken warfen keine planen Schatten wie auf dem Meer, und diese unebenen Schatten halfen dabei, sich die Konturen des Landes unter dem Baumkronendach vorzustellen.

Die Franzosen waren widerwillige Kolonisatoren. Sie steckten ihr Territorium in den 1840er Jahren ab. Nur dreißig Jahre später, nach der Niederlage gegen die Preußen, glaubten sie, nicht mehr über die notwendigen Ressourcen zu verfügen, und wollten das kostspielige Unternehmen absagen. Sie sandten sogar ein Schiff, um ihre Leute nach Hause zu holen. Die Missionare weigerten sich jedoch, das Land zu verlassen, und die Kolonie überlebte. Die Flussschifffahrt entwickelte sich. Der große französisch-italienische Afrikareisende Brazza fuhr den Fluss Ogowe hinauf, wechselte auf einen Zufluss, reiste dann an Land weiter und stieß innerhalb von vier Tagen auf den gewaltigen Kongo.

Mit der Kolonisierung begann das Roden des ursprünglichen Urwalds. Es dauert bis heute an, und doch ist nach über einem Jahrhundert fast nichts davon zu sehen. Noch nicht. Den Chinesen, Malaysiern und Japanern wurden Rodungsgenehmigungen auf dreißig Jahre erteilt. Sie sind ruchloser und besser ausgerüstet als die Leute, die bislang hier waren, und wenn ihre Lizenzen ausgelaufen sein werden, wird es mit Sicherheit wüstenartige Landstriche auf ehemaligem Waldgebiet geben. Ein internationaler Experte sagt voraus, dass in sehr kurzer Zeit dreißig Prozent des Waldes in Gabun – jahrhundertelang das Objekt gabunischer Liebe und religiöser Verehrung – verschwunden sein werden. Von demselben Experten stammt aber auch eine gute Nachricht, die besagt, dass es möglicherweise eine internationale Vereinbarung (vielleicht in Form von Subventionen) geben wird, die es für die Gabuner lohnenswert machen könnte, ihren Wald stehen zu lassen. Unterdessen sind die Wälder Gabuns eine der großen Sehenswürdigkeiten der Welt.

Rossatanga-Rignault, ein attraktiver Mann in den Vierzigern, hatte gemischtrassige Vorfahren, wie sein Doppelname nahelegte. Sein Vater war Franzose, seine Mutter Afrikanerin. Er wurde in Gabun und in Paris ausgebildet. Aber wie viele Menschen mit gemischtrassiger Abstammung schien er vor allem der afrikanischen Seite seines Erbes zuzuneigen. Er sprach nicht viel über seinen Vater; er selbst war mit einer Afrikanerin aus der Elfenbeinküste verheiratet. Als wir uns zum ersten Mal trafen, kam er gerade aus der Universität (er war sehr beschäftigt) und trug die entsprechende Kleidung, einen grauen Zweireiher. Beim zweiten Mal war er entspannter. Er brachte seine beiden Kinder mit und war informell mit einem langen westafrikanischen Gewand mit verziertem Kragen bekleidet. Das Gewand war keine gabunische Kleidung, und ich vermutete, dass er es zu Ehren seiner Frau aus der Elfenbeinküste trug. Ich fand, dass ihm der graue Anzug besser gestanden hatte.

Als er in die Schule ging, war Gabun (aufgrund der Ölvorkommen) so reich, dass das Land es sich leisten konnte, ein Wohlfahrtsstaat zu sein. Seine Eltern hatten nur den Schulranzen bezahlen müssen. Alles andere war umsonst. Wenn die Kinder eine weiterführende Schule besuchten, erhielten sie sogar Taschengeld. Jeden Mittwoch mussten die Schüler antreten und bekamen eine Chinintablette und Milch, um sie hinunterzuspülen. Auch das Universitätsstudium in Paris war umsonst. Und als Rossatanga in Paris heiratete, bezahlte die gabunische Regierung den Flug seiner Frau nach Gabun, obwohl sie aus der Elfenbeinküste stammte.

Er war Anwalt von Beruf und betrachtete sich als Politikwissenschaftler. An der Universität von Gabun lehrte er politische Anthropologie. Durch Studien in diesem Fach war er zweifellos zu seinem poetischen Verständnis vom Stellenwert des Waldes für die gabunische Denkweise gelangt.

Dieses Verständnis hatte er nicht immer gehabt. Seine Mutter arbeitete im öffentlichen Dienst, und er war in einem Krankenhaus in der Stadt geboren. Als er drei war, wurde er in den Wald gebracht. Es war eine großartige Gelegenheit, etwas über die Lebensweise im Wald zu lernen, aber er war zu jung dafür. Der Wald jagte ihm Angst ein; er ist jetzt noch furchterregend, obwohl sie im Haus der Familie einen Generator haben. Es wird sehr schnell dunkel im Wald. Um sieben Uhr ist es Nacht, um acht legt man sich schlafen, und um fünf steht man wieder auf. Die Dunkelheit ist kohlrabenschwarz. Um das Weltbild der Gabuner zu verstehen, muss man den Wald verstehen.

»Wenn es dunkel wird im Wald, hört man keinen Laut mehr. Aber nachts, wenn Tiere jagen, hört man unterschiedliche Laute und Geräusche. Die Nacht und die Geräusche prägen unsere Mentalität, weil die Menschen mit allem im Wald in Verbindung stehen. Der Donner ist nicht nur Donner, wie er es für Sie ist. Es ist die Stimme Gottes: Versuchen Sie das zu verstehen. Das furchterregendste Tier in unserem Dorf ist die Eule. Wir haben Angst vor den Eulen, weil sie eine Manifestation des Bösen sind. Wenn Sie unterwegs sind und eine Eule sehen, ist das ein sehr schlechtes Omen. Unser Land ist etwas ganz Besonderes. Unser Dorf liegt im Mündungsgebiet des Flusses, und auch wenn wir mit dem Auto fahren, kommen wir nicht weit wegen des Wassers und der schlechten Straßen. Es ist ein urzeitliches Gebiet. Der Wald bricht sich immer Bahn, er gewinnt immer. Es gibt einen Ort namens Loango Lodge. Sie sollten ihn sich anschauen. Er ist himmlisch, ein Garten Eden. An Land sieht man Elefanten.

Von derselben Stelle aus sieht man Wale und Delphine im Meer. Wenn Sie diesen Ort sehen, werden Sie verstehen, warum ich behaupte, dass dieses Land nicht für Menschen bestimmt ist. Es ist für die Tiere. Im Wald ist es sehr schwierig zu überleben. Man kann das Land nicht kultivieren. Vielleicht ist es Ihnen nicht aufgefallen, aber wir haben kein Vieh. Wenn man das alles zusammenzählt, begreift man, warum es in diesem Land, das halb so groß ist wie Frankreich, so wenig Menschen gibt. Malaria, Schlafkrankheit, das heiße Klima.«

Die Franzosen waren zwar gute Ingenieure, doch hier haben auch sie keine Straßen gebaut. Es regnete zu viel, es gab zu viel Wasser; es wusch alles weg. Die Franzosen konzentrierten sich auf den Luftverkehr. Das unabhängige Gabun baute 1981 die erste Eisenbahnstrecke; sie war teuer und wurde gegen den Rat der Weltbank realisiert.

Ich fragte Rossatanga: »Wie fühlt man sich physisch im Wald?«

Er sagte außergewöhnlich leidenschaftlich: »Er ist wie eine *Mauer*. Man sieht nicht weiter als fünfzehn Meter, er ist so dicht und üppig. Der Wald schränkt das Sichtfeld ein, und im Wald ist jeder so *klein*. Ich sage es noch einmal: Dieses Land ist nicht für Menschen bestimmt. Das Überleben ist ein Kampf. Nicht einmal im Fluss weiß man, was einen anfallen wird. Vielleicht ein Krokodil, eine Wasserschlange oder irgendetwas anderes. Gott weiß, was nicht alles im Wasser lebt.«

»Wie beeinflusst das Ihren Glauben?«

»Wir glauben, dass alles lebt, auch die Bäume. Es gibt einen mystischen Baum, er ist rot. Wenn wir in den Wald gehen, sprechen wir mit ihm und erzählen ihm unsere Probleme. Wir bitten ihn auch um Erlaubnis, einen Ast oder ein

Stück Rinde abschneiden zu dürfen, und wir sagen dem Baum, warum wir seine Rinde nehmen oder etwas abschneiden. Man *muss* es ihm sagen. Alle Stämme haben Totems, und dieses Totem ist tabu. Sie dürfen ihr Totem nie töten oder ihm Schaden zufügen. Sie dürfen es nicht jagen. Es kann das Krokodil sein, der Papagei, der Affe, alles Mögliche.«

Weil die Lebensbedingungen in Gabun so hart sind, glauben die Menschen an den Wald und das Prinzip der »Energie«, das der Wald verkörpert. Dieses Prinzip hält sie am Leben. Die Energie zu verlieren bedeutet dahinzuschwinden. Wieder aufzuleben bedeutet, aus irgendeiner Quelle neue Energie zu erhalten.

Rossatanga sagte: »Jedes Lebewesen ist Energie. Jeder von uns ist wie eine Batterie. In unserer Version der Welt sind sogar Tiere Batterien. Deswegen glauben wir, dass es so etwas wie einen natürlichen Tod nicht gibt. Wenn jemand in der Familie stirbt, wissen wir, dass ihm jemand die Energie gestohlen hat. Um Energie zu stehlen, muss man das Opfer umbringen, sei es ein Mensch oder ein Tier. Man tötet es und nimmt seine Energie. Um jemandem die Energie zu nehmen, gehen wir auch zum Hexenmeister. Und deswegen glauben die Leute manchmal, dass sie ein rituelles Opfer bringen müssen. Wir sind eine matrilineare Gesellschaft. Wir tragen den Namen unserer Mutter, und der ältere Bruder unserer Mutter ist der große Mann in der Familie. Er ist so mächtig, dass der Onkel verdächtigt wird, wenn sein Neffe stirbt. Man glaubt, dass er die Energie des Neffen für sich wollte.«

Rossatangas erstes übernatürliches Erlebnis – das in Zusammenhang mit dem alles überwältigenden Wald stand – hatte er mit fünf. Es war im Dorf seiner Großmutter, einem traditionellen Dorf, wie er sagte. Er war dort, um sich rituell beschneiden zu lassen. Das war »zwingend«, ein Ritus, der ihn zum Mann machte. Was für eine – christliche – Religion auch immer seine Familie angenommen hatte, es waren die alten afrikanischen Traditionen, die in Ehren gehalten werden mussten und die vielleicht unerlässlicher waren als die offizielle Religion.

Eines Tages während seines Aufenthalts bei seiner Großmutter ging er mit seiner Mutter zu einer »Plantage« – etwas wesentlich Kleineres, als das Wort suggeriert: ein kleiner Garten, ein Gemüsegarten. Seine Mutter kannte den Weg nicht, und auf dem Rückweg verirrten sie sich. Sie kamen zu einer Lichtung. Es handelte sich um einen Friedhof, aber das wussten sie nicht. Sie sahen etwas sehr Seltsames: Dort saßen vier Affen mit einem roten Band um die Stirn. Rot ist eine sehr mächtige Farbe in Gabun. (Nur drei Farben sind bekannt: Rot, Schwarz und Weiß.) Schließlich fanden sie den Weg zurück zum Haus. Seine Mutter erzählte im Dorf, was sie gesehen hatten. Die Dorfbewohner erklärten, dass sie keine Affen, sondern Geister gesehen hätten.

Rossatanga sagte: »Ich wollte weg aus dem Dorf.«

Doch das Übernatürliche begann sich ihm von nun an aufzuzwingen. Viel später fuhr er mit einem amerikanischen Freund, dem Sohn ausländischer Freunde seiner Eltern, in das Dorf seiner Mutter. Der Freund erkundete Ölvorkommen in Gabun. Im Dorf riet ihnen ein Mann, dass sie keinen Abfall in den Fluss, der am Dorf vorbeifloss, werfen oder ihn sonst irgendwie verschmutzen sollten. Ein Geist oder Dschinn lebte darin und wollte nicht, dass der Fluss verunreinigt wurde. Der Amerikaner sagte, das sei schwarze Magie und Unsinn, und um es zu beweisen, spuckte er in den Fluss.

Rossatanga sagte: »Zehn Minuten später war kein Wasser mehr im Fluss, und es gab ein Mordsgeschrei und Gezeter. Das Dorf war aufgebracht, und wir mussten durch den Hexenmeister aus dem Ort viel unternehmen, um den Dschinn oder Geist zu beschwichtigen. Es hat uns viel Geld gekostet, und nach vielen Zeremonien oder Ritualen war das Wasser genauso plötzlich wieder da, wie es verschwunden war.«

Rossatanga glaubte also trotz seiner Vorfahren und des Studiums in Paris, trotz seiner analytischen Denkweise und seiner leidenschaftlichen Rationalität in anderen Belangen an die Magie des Waldes und kannte wie andere Gläubige viele Geschichten, die seinen Standpunkt rechtfertigten.

Er sagte: »Einen anderen Dschinn gab es in Lambaréné.« Berühmt dank Albert Schweitzers Urwaldkrankenhaus. »Er lebte im Fluss. Um den Fluss zu überqueren, fuhr man mit der Fähre, aber dann beschloss die Regierung eine Brücke zu bauen. Die alten Leute in der Gegend warnten die Ingenieure und rieten ihnen, zuerst die Zustimmung des Dschinn einzuholen. Die holländischen Ingenieure lachten nur und machten weiter. Jeden Tag starb ein Arbeiter. Die Leute hatten große Angst, und sogar die Ingenieure meinten, man solle die Arbeiten einstellen. Sie sagten, sie würden einen Exorzisten und den Hexenmeister aus der Stadt holen, um den Dschinn zu besänftigen. Sie holten den traditionellen Heiler, der viele Rituale vollzog, bis ihnen schließlich erlaubt wurde, die Brücke zu bauen. Ich glaube, dass diese Waldgeister mit der Psyche der Menschen in Verbindung stehen, auch wenn die Leute in der Stadt leben. Das ist ein Grund, warum die amerikanischen evangelikalen Kirchen hier so erfolgreich sind. Auch sie rufen den Geist des Herrn an, um den Teufel auszutreiben. Genau das Gleiche tun wir, wenn wir zum Hexenmeister gehen. Das Prinzip ist das Gleiche. Beiden gemeinsam ist der Geist.«

Ich bat ihn, die Religion des Waldes genauer zu definieren.

Er sagte auf seine präzise akademische Art: »Wir nennen es nicht Religion. Es handelt sich um eine Reihe von Glaubensvorstellungen. Wir beten nicht zu Gott, weil Gott unserem Verständnis nach den Menschen nicht zugänglich ist. Er hat viele andere Probleme und keine Zeit für Menschen.«

Im Waldglauben ist die organische Welt, die Welt, die Bedeutung hat, in Form einer Pyramide aufgebaut. »Die unterste Ebene bilden die Minerale und Erze, die zweite sind die Bäume und Pflanzen, und die dritte Ebene sind die Tiere. Die vierte Ebene sind die Menschen.«

Hätte es damit sein Bewenden gehabt, hätte es geklungen wie das elisabethanische Weltbild der großen Kette des Seins. Aber er fuhr fort, und bald wurde deutlich, dass sein Konzept ein lokales war.

Er sagte: »Wir unterteilen die Menschen. Kinder haben größere spirituelle Kräfte als Leute mittleren Alters, die nutzlos und blind sind. Die Älteren sind wie die Kinder spirituell stark, weil sie bald an einen neuen Ort gehen werden. Kinder sind stark, weil sie gerade von einem neuen Ort kommen. Sie sind rein und können noch sehen. Sie können das Böse spüren, weil sie aufgeschlossen sind. Manchmal weinen sie, weil sie zu viel sehen, und dann müssen wir sie zu einem mächtigen traditionellen Meister bringen. Er legt ihnen einen Stein auf die Stirn, damit sie nicht mehr so viel sehen, aber man muss aufpassen, denn zu viel von dem Stein kann aus dem Kind einen Idioten machen. Die Alten sind etwas Besonderes, weil sie Macht haben und den Ahnen nahe sind. Nur die

Ahnen können sich an Gott wenden. Man muss die Knochen und den Schädel des Ahnen aufheben und ihm Rum zu trinken geben und mit ihm sprechen, wenn man in Schwierigkeiten ist.«

Das tat auch Rossatanga. Zumindest in dieser Hinsicht sprach er nicht mit der Distanz des Anthropologen.

Er sagte: »Bevor ich das Dorf verlasse, stelle ich Alkohol und etwas zu essen auf das Grab meiner Mutter und das Grab meines Großvaters.«

Das gefiel mir. Gab es noch andere Arten, die Vorfahren zu ehren?

Er sagte: »In jeder Familie gibt es einen Alten, der mit dem Ahnen sprechen kann. In jeder Familie wird ein Mann für diese Aufgabe bestimmt. Der Alte bewahrt die Knochen und den Schädel auf. Man ehrt ihn, indem man initiiert wird. Die Initiation ist ein fundamentaler Ritus.«

Ich hatte viel über Initiation gehört. In Gabun reden alle davon, oder zumindest scheint es so. Dazu notwendig sind ein Meister, eine Zeremonie, die eine ganze Nacht dauert und bei der getanzt und getrommelt wird, und der Verzehr der bitteren Wurzel einer halluzinogenen Pflanze, der Iboga. Der Ritus ist geheim, und auch am Ende meiner Zeit in Gabun hatte ich die Idee und die Bedeutung der Initiation noch nicht einmal annäherungsweise verstanden.

Ich wollte wissen, ob die Verehrung der Ahnen auch die Vorstellung der Tugend, des guten Lebens beinhaltete.

Rossatanga sagte: »Nein. Die Ahnen zeigen dir nur die Antwort auf deine Probleme und geben dir das, was du willst.« Und über die Initiation sagte er: »Im Dorf hat man nichts zu sagen, solange man nicht initiiert ist. Um als Mann anerkannt zu werden, muss man im Dorf beschnitten werden. Das ist ein Ritual. Die Vorhaut des Kindes wird in der Erde vergraben. An der Stelle wird ein Bananenbaum oder -schössling gepflanzt. Das ist die Banane des Jungen, und er sieht zu, wie sie wächst. Wenn der Baum zum ersten Mal Früchte trägt, gibt es eine große Zeremonie, da die Banane die Männlichkeit des Jungen symbolisiert. Der Junge isst die erste Banane, dann wird Bananenfleisch auf seinem ganzen Körper verrieben. Keine Frau darf in der Nähe sein oder diese Zeremonie sehen.«

Ich fragte ihn: »Wollen Sie damit sagen, dass man sich vor dem Wald nicht fürchten muss, wenn man alle diese Rituale vollzieht?«

»Man hat weiterhin Angst. Initiation und Rituale zeigen einem nur einen Weg durch den Wald. Vor anderen ist man nicht geschützt, besonders nicht vor Frauen. Frauen sind in dieser Gesellschaft sehr wichtig. Sie sind die wahre Macht. Auch wenn eine Frau selbst keine Macht ausübt, gibt sie sie doch weiter an ihren Sohn. Wir sind eine matrilineare Gesellschaft, und Frauen schenken Leben. Das ist kein Land für Männer. Die Frauen sind körperlich stärker, und es gibt auch Hexen. Es gibt viele rituelle Opfer, bei denen lebenden Opfern die Augen entfernt werden oder die Zunge herausgerissen wird. Jeden Tag gibt es ein rituelles Opfer. Weiße Haut wird hier sehr geschätzt, und deswegen kann ich meine hellhäutigen Kinder abends nicht hinauslassen.«

»Warum ist die Zunge wichtig?«

Er sagte: »Man entfernt die Zunge, um Energie zu bekommen.«

»Was denken Sie darüber?«

»Ich kann es nicht benennen. Es ist zu entsetzlich.«

Es war eine Erleichterung, das zu hören. Er hatte so positiv über »Energie« gesprochen, dass ich geglaubt hatte, er würde das Konzept vollkommen akzeptieren.

Er sagte: »Macht ist alles. Sie wird immer gesucht. Viele Menschen aus dem Wald leben heute in den Städten. Während des Wahlkampfs muss man auf der Hut sein wegen der rituellen Opfer. Man muss seine Kinder jeden Tag von der Schule abholen. Ich war fünfundzwanzig, als ich promoviert habe, und weil ich ein erfolgreicher Rechtsanwalt bin und bis spät abends arbeite, glauben sie, dass ich ein Zauberer und Mitglied einer Geheimgesellschaft bin. Normale Menschen schlafen nachts! Sie werden Sie auch für einen Zauberer halten. Und was den Präsidenten betrifft, er ist der König der Könige der Zauberer.«

»Wenn der Wald gerodet und ausgedünnt wird, werden dann die Vorstellungen, die mit dem Wald verbunden sind, verblassen oder sich verändern?«

»Vielleicht. Aber ich bin nicht sicher. Auch Menschen, die seit zwanzig Jahren nicht mehr in einem Dorf waren, haben diese Vorstellungen. Unser Denken ist noch immer vom Wald geprägt. Es ist eine Herausforderung, und ich bin nicht sicher, dass wir sie meistern werden. Hier in Libreville sieht man Leute, die im Meer baden. Aber im Allgemeinen baden die Gabuner nicht im Meer, weil es nicht unsere Domäne ist.«

»Deprimiert Sie dieser Fatalismus?«

»Nein. Ich kenne eine Menge gebildeter Menschen, die zum Hexenmeister gehen und dort viel Geld lassen. Diese Gesellschaft funktioniert nur mit diesem Glauben. Unsere Musik, Malerei, Bildhauerei, alles hat mit dem Wald zu tun.«

2

Von der gabunischen Wunderpflanze Iboga hörte ich zum ersten Mal von Professor Gassiti. Sie ist nicht besonders selten und sieht ziemlich gewöhnlich aus: ein dünner Stamm und Blätter ähnlich denen des Pfefferbaums. Die Wurzel ist bitter. Wenn der Patient oder Aspirant nach gründlicher psychologischer Vorbereitung diese Wurzel isst, entleert sich sein Magen, und er hat Halluzinationen. Und die Einheimischen werden (da wir nur halluzinieren können, was wir erwarten) auf eine Traumreise zu ihren Ahnen in die andere Welt geschickt. Und in dieser anderen Welt sehen sie (da sie sozusagen hinter die Kulissen blicken) klar und deutlich die andere Seite der Realität und wer einem mittels Zauberei und Hexerei schaden will. Sobald man es weiß, kann man sich schützen.

Der Professor lehrte an der Universität, war Apotheker und besaß eine berühmte moderne Apotheke in Libreville. Er war zudem bekannt als Experte für traditionelle Medizin und traditionelles Heilen. Er verglich diese Medizin mit dem indischen Ayurveda. Die Grundlage waren Metalle, Tiere und vor allem Pflanzen. Sie hatte eine geistige Seite; es ging buchstäblich um Geister. Die Pflanzen waren aromatische Kräuter aus dem Wald, gesammelt von traditionellen Heilern.

Seine Kenntnisse vom traditionellen Heilen stammten von seinem Großvater väterlicherseits und von Vorfahren, die Heiler gewesen waren. Der Name seiner Großmutter bedeutete »der Baum ist Medizin«. Die ganze Familie war von dieser Dame inspiriert, doch den größten Einfluss auf ihn hatte die Cousine seines Großvaters. Sie war eine berühmte Heilerin und hatte viele Patienten in ganz Gabun geheilt.

»Ich habe in Frankreich studiert. Dort lernte ich einen Mann aus Gabun kennen, der allen Studenten erzählte, sie sollten etwas lernen und dann nach Gabun zurückkehren. Mir hat er geraten, Pharmazie zu studieren. Eigentlich sollte das mein älterer Bruder tun, aber er wurde stattdessen Ingenieur. Ich habe also Pharmazie studiert mit dem Schwerpunkt Pflanzen. Damals redete alle Welt über Iboga. Die Pflanze wächst in Zentralafrika. In Gabun wird vieles damit geheilt. Im Westen wird sie jetzt als ›Methadon‹ verwendet. Sie substituiert Heroin und Morphium und soll Süchtigen den Entzug erleichtern. Die Wurzel enthält fünfzehn Substanzen. Von jeher wird Iboga in Initiationsriten verwendet, und diese Riten sind einzigartig. Man könnte sagen, sie sind das Erbe Gabuns. Der erste Stamm, der Iboga kannte, waren die Pygmäen.« Das kleinwüchsige Urwaldvolk, das allmählich von den Größeren aufgerieben wird. »Sie kennen den Urwald am besten von allen. Abgesehen von Iboga kennen und destillieren sie jede Art Gift, und dieses Wissen haben sie an andere Stämme weitergegeben. Seltsamer Gedanke. Sie waren die wahren Meister, und jetzt hat ein Amerikaner das Patent und macht Millionen damit.«

Der Professor sagte, dass es in Gabun jeden Tag eine Initiation gebe und die Menschen in die »Häuser der Tradition« gingen, um Iboga zu essen und in die andere Welt zu reisen. Dort, in der anderen Welt, erfuhren die Menschen, was mit ihnen nicht stimmte. In dem tranceartigen Zustand trafen sie ihre Vorfahren und erzählten ihnen von ihren Schwierigkeiten. Die Ahnen sagten ihnen, wie sie den Zauber brechen konnten, der ihnen auferlegt war, und sie kehrten »frei« zurück. Viele Ausländer, vor allem aus Slowenien, gingen in die »Häuser der Tradition«, um sich initiieren zu lassen.

Der Professor sagte: »Sie oder wir sind ein sehr abergläubisches Volk.«

Und obwohl der Professor seine Freunde zu der Zeremonie begleitete, vor allem um bei ihnen zu sein, und obwohl er die Zeremonie achtete, wollte er nichts damit zu tun haben. Er sagte: »Mir ist die Chemie lieber.« Er war ein älterer Herr mit einem runden, humorvollen Gesicht.

Früher als erwartet wurde ich zu einer Initiation mitgenommen oder zumindest zu dem Teil, der nicht geheim war. Sie fand in Libreville statt, in dem Bezirk, der als PK 12, Kilometer 12, bekannt ist – die Kilometer wurden vermutlich ab einer Stelle an der Küste von Libreville gemessen.

Ich wurde begleitet von Nicole, einer Hauptmännin der Armee. Sie war meine Leibwächterin. Der Verteidigungsminister, der zudem der Sohn des Präsidenten war, hatte mich in einem außergewöhnlichen Akt der Großzügigkeit zu seinem Gast in Gabun erklärt, und während meines gesamten Aufenthalts im Land hatte ich diese Beschützerin. Nicole war gebildet, weitgereist und hatte gute Verbindungen.

Nach der Elfenbeinküste präsentierte sich Libreville dank der Straße am Ozean und den neuen öffentlichen Gebäuden mit einem freundlichen Gesicht; es war leicht zu glauben, dass es hier einen Ölboom gegeben hatte. Doch die Fahrt nach PK 12, einem Außenbezirk, machte diesen Eindruck zunichte. Die Lichter waren matt; an einer Stelle war die schmale Straße überflutet, weil ein Wasserrohr geborsten war, und der Verkehr gestaltete sich schwierig, insbesondere an Kreuzungen. Jemand, der uns irgendwo treffen sollte, konnte nicht kommen, und obwohl Nicole die Strecke bei Tageslicht ausgekundschaftet hatte, sahen die Häuser und

Läden mit ihren schwachen, nahezu gespenstischen Leuchtstoffröhren in der Dunkelheit alle gleich aus, und wir fuhren einen guten Kilometer über unser Ziel hinaus. Habib, der Fahrer (ebenfalls in der Armee und mit einer Pistole bewaffnet) fuhr den großen Wagen sehr langsam zurück. Wir begegneten zwei »Cruisern« mit Weißen. Sie fuhren durch ein großes Tor in der hohen Mauer eines Anwesens. Sie waren eindeutig, was wir waren: Leute, die zu einer Initiation gingen. Wir folgten ihnen.

Hinter der Mauer verbarg sich ein »Initiationsdorf«, erschaffen von einem großen, gutaussehenden Franzosen, der mit einer Gabunerin verheiratet war. Es wurde unablässig getrommelt; darunter mischten sich ein kehliger Singsang und sehr tiefe, ziemlich beeindruckende Schreie. Der Franzose schien Nicole zu viele Fragen zu stellen. Ich dachte, dass er sich nach uns erkundigte, doch gegen Ende des Abends, als sie ihm Geld gab, meinte ich, dass er Nicole gleich zu Beginn zu verstehen gegeben hatte, dass wir eine beträchtliche Summe würden zahlen müssen. Nicole, die sich mit diesen beinahe-spirituellen Angelegenheiten in Gabun auskannte, war im Gegensatz zu mir mit Geld in der Tasche gekommen.

Das »Dorf« und der »Initiationstanz« waren Attraktionen für Touristen und Städter, die einen Einblick in die Iboga-Erfahrung gewinnen wollten. Es war also nicht das wahre Erlebnis. Das war eine Enttäuschung, aber nach einem Augenblick des Nachdenkens war mir klar, dass es falsch war, enttäuscht zu sein. Was sonst war in der Hauptstadt zu erwarten? Um eine echte Initiation zu erleben, angenommen sie existierte und war Ausländern zugänglich, müsste man weit ins Landesinnere fahren, und dort wäre man ein Eindringling, was wiederum höchst unangenehm wäre. Und das unablässige Trommeln war echt, die bemalten Tänzer waren echt. Sie waren in den strohgedeckten Hütten im unteren Teil des Grundstücks zu sehen: Rot, Weiß und Schwarz, die auffälligen Farben auf den bereits schweißnassen Körpern.

Als der Franzose uns später in die Initiationshütte führte, bezeichnete er die Trommler und Tänzer als *artistes*, und das sagte vermutlich schon alles. Trotz all ihrer Leidenschaft und Energie waren sie Darsteller. Sie traten hier jeden Samstag auf. Alle Beteiligten verdienten damit ihren Lebensunterhalt. Die gesamte Truppe, erklärte der Franzose, bestand aus Mitgliedern der Familie seiner Frau.

Kurz hinter dem Eingang fiel ein Abhang steil ab zu einer ebenen Fläche, die von Kerosinlampen und eingerollten brennenden Palmwedeln erhellt war. Stufen waren in den Hügel geschlagen worden, und unten wurde getrommelt und gesungen und später auch getanzt. Um die Fläche standen im Halbkreis Tische und Hocker für die Besucher. Es war heiß wegen der Lampen und brennenden Palmwedel, und die Luft war sehr feucht, aber es gab keine Moskitos.

Das beständige Trommeln, der Singsang und die Schreie sorgten für einen wilden Rhythmus.

Eine Frau, offenbar eine Bedienstete des Hauses, fragte, ob wir etwas trinken wollten. Ich bat um eine kalte Cola. Sie brachte eine geöffnete Flasche. Habib, der Fahrer, schnell wie ein Adler, beschwerte sich. Die Frau sagte: »Ich habe nichts damit gemacht.«

Als uns der Franzose in die Initiationshütte bat, um dabei zu sein, wenn die Künstler ihre Ahnen und Geister anriefen, weigerte sich Nicole mitzukommen. Sie war Christin und wollte nichts mit Geistern zu tun haben. Das Trommeln und Singen mochte nur eine Aufführung für Touristen sein, aber es machte sie nervös. Sie sagte immer wieder lautlos »Gegrüßet seist du, Maria« als christlichen Zauberspruch gegen was immer an Zauber hier am Werk war, und zollte damit, ohne sich dessen bewusst zu sein, der Macht afrikanischer Geister Tribut.

Die Initiationshütte war ein niedriger Bau aus Lehm und getrockneten Palmwedeln. Palmwedel brannten auf dem Erdboden, und die Initianden, prachtvoll gekleidet und bemalt, saßen in einem Halbkreis um das Feuer. Von sechs bis dreißig waren alle Altersgruppen vertreten. Im Freien war es heiß; hier im Inneren der Hütte war die Hitze aufgrund des Feuers überwältigend. Die große Hitze, das Trommeln, die tiefen und spitzen Schreie, das niedrige Dach, das Gefühl einer alles umfassenden Dunkelheit, die Unfähigkeit, deutlich und klar zu sehen, all das hatte eine hypnotisierende Wirkung.

Die Initianden riefen (glaube ich): »*Bukowa! Bukowa!*« Der Franzose versuchte, uns die Antwort darauf beizubringen. Aber da wir zu langsam lernten, taten wir das Nächstbeste: Wir gaben Geld. Und wie so oft bei diesen Gelegenheiten war das vollkommen ausreichend.

Der Tanz, manchmal mit brennenden Palmwedeln in der Hand, war atemberaubend. Die Tänzer schienen Energie aus einer externen Quelle zu beziehen, gut möglich, dass es die Wirkung der Iboga-Wurzel war. Habib, der Fahrer, der seine Leibwächterpflichten ernst nahm, erzählte später, dass er sich während des Tanzens und Schwingens der brennenden Palmwedel bisweilen Sorgen um mich gemacht hatte.

Nach dem Tanzen wurde denjenigen, die es wünschten, ein Abendessen serviert. Auf einer tieferen Ebene (der Hügel war voller Ebenen) standen Tische mit weißen Tischdecken darauf. Selbstverständlich hatte man dafür zu zahlen. Und gegen eine weitere Gebühr konnte man anschließend Zeuge einer Art Initiation werden. Das klang ziemlich ernst, und ich wollte nicht dabei sein. Manche Dinge sollte man nur bis zu einem gewissen Punkt beobachten. Jenseits dieser Schwelle war man ein Eindringling (zudem sorgte ich mich wegen Nicoles christlicher Aufregung).

Wir stiegen den steilen Hügel wieder hinauf. Oben zeigte uns der Franzose eine Iboga-Pflanze. Nicole zahlte; soweit ich es in der Dunkelheit sehen konnte, gab sie ihm eine nicht unbeträchtliche Summe.

Auf der Rückfahrt zum Hotel rief Nicoles Vorgesetzter an, ein General. Es war weniger Verkehr als am frühen Abend, doch die schwachen Leuchtstoffröhren beeinträchtigten nach wie vor die Sicht. General Ibaba wollte wissen, wie der Abend verlaufen war. Nicole fasste die Ereignisse kurz zusammen, aber der General interessierte sich für alle Einzelheiten. Wir waren in guten Händen.

Gegen Ende meines Aufenthalts in Gabun waren wir weit im Landesinneren, in einem Dorf im Lopé-Nationalpark, und dort wurde ich noch einmal Zeuge eines afrikanischen Tanzes. Er fand vor der Hütte eines Häuptlings statt, eine Hütte mit Wänden aus Baumrinde und einem alten Wellblechdach. Nur die Wände aus Rinde entsprachen dem traditionellen Stil. Die Hütte wurde in unserer Anwesenheit aufgeräumt, und der unebene Boden davor mit einem kurzen steifen Besen gefegt. Auf einem Tisch im Freien war ein sorgfältig zubereitetes Essen angerichtet. Nach dem Essen folgte der Tanz.

Es wurde getrommelt, aber nicht so mitreißend. Die Tänzer waren bemalt, aber nur oberflächlich; ein Tupfen Rot und ein Tupfen Weiß deuteten etwas Vollständigeres an. Die Bewegungen waren zu erkennen, aber die Ausführung war weniger leidenschaftlich, weniger elaboriert. Unter den Tänzern waren ein paar Kinder, aber kaum junge Menschen, denn es gab so gut wie nichts in diesem Busch von Lopé, was die jungen Leute hielt; die Ehrgeizigen oder Gelangweilten wollten nach Libreville. Aber trotz der mageren Ausstattung war der Auftritt im Dorf so authentisch, wie er nur sein konnte. Allerdings hatte mir die städtische Version des Franzosen in Libreville besser gefallen, nicht nur weil die Musiker und Tänzer professioneller waren. Sie berief sich auf die gleichen Grundlagen, hatte jedoch Stil und Glanz als Beigaben, und ich hatte nicht den Eindruck, dass ihr Spiritualität oder Gefühle mangelten.

3

Die Pygmäen, die kleinen Menschen, waren die ersten Bewohner des Waldes, und sie wurden seine Meister. Sie kannten die vielfältigen Pflanzen, ihre heilenden und schädlichen Eigenschaften. Sie entdeckten die halluzinogene Pflanze Iboga. (»Halluzinogen für Sie«, sagte eine kompetente Gabunerin überraschend. »Doch für Afrikaner ist es die Realität.« Und damit sprach sie das Thema der Relativität von Wahrnehmung an, das zu schwierig war, als dass ein Kurzreisender sich ernsthaft hätte damit auseinandersetzen können.) Afrika ist ein Kontinent der Völkerwanderungen, und es waren die Pygmäen, die den später zugewanderten Bantus den »Pfad« des Waldes zeigten, die Philosophie des Waldes.

Claudine engagierte sich leidenschaftlich für die Pygmäen. Sie lebte jetzt in ihrer Nähe im Wald.

Sie sagte: »Ich hielt es für schrecklich, dass sie noch nicht einmal als Menschen, sondern als minderwertig betrachtet und in Reservate gepfercht wurden. Deswegen wollte ich mehr über sie erfahren. Wir achten sie nicht, aber insgeheim gehen wir zu ihnen, um uns heilen zu lassen. Anlässlich einer Initiation, wegen Unfruchtbarkeit oder wegen einer Krankheit, die das Krankenhaus nicht heilen kann. Manchmal tritt jemand auf ein Zaubermittel, das in der Erde versteckt ist, und wird krank. Im Krankenhaus finden sie nicht heraus, was ihm fehlt, sogar mit ihren modernen Mitteln nicht. Der Kranke geht zu den Pygmäen. Der Pygmäe sagt ihm, wer wo und wie den Zauber gewirkt hat. Man kann gelähmt werden, wenn man auf einen Zauber tritt. Man hat kein Gefühl mehr in den Beinen. Ich habe viele Fotos von Menschen gemacht, die von dieser mystischen Waffe verwundet wurden, und ich habe gesehen, wie sie geheilt wurden.«

Ihre Gefühle für die Pygmäen und den »Pfad« veranlassten Claudine, sich bisweilen ungewöhnlich und sehr bewegend auszudrücken.

Sie sagte: »Je näher wir den Pygmäen kommen, umso besser verstehen wir, dass die Welt eine Seele hat und lebendig ist. Dass sie Energie hat. Die Pygmäen sind unsere Erinnerung an die Vergangenheit. Sie kennen jene Welt.«

Die Ereignisse in der zweiten Hälfte des neunzehnten Jahrhunderts zerrissen den Kontinent. Doch die Pygmäen blieben dem Wald verbunden. Sie bewahrten ihr Wissen vom Wald; dieses Wissen begründete ihre Zivilisation. Andere Stämme haben viel von diesem Wissen verloren.

»Trotz des unerbittlichen Drucks der Außenwelt geben die

Pygmäen ihre Zivilisation nicht auf. Sie müssen immer noch einen Elefanten töten, um ein ›Mann‹ zu werden. Eine Gruppe junger Initianden trägt Masken aus Palmwedeln und geht auf die Jagd. Es ist ein Übergangsritus.«

Und dann die Zaubermittel – immer präsent, wenn es um die sich wandelnde Realität geht, in der die Menschen leben.

Claudine sagte: »In der mystischen Welt« – »mystisch« war das Wort für alles jenseits von Rationalität – »kann man ein Zaubermittel aus den Essensresten einer Person machen, um ihr zu schaden. Und die Person muss rasch zu einem Pygmäen gehen, um sich helfen zu lassen. Der Pygmäe schaut in Wasser oder in einen Spiegel, um zu sehen, ob das Opfer am Leben bleiben oder sterben wird. Oder ob das Opfer bereits, wie sie sagen, ›den Fluss überquert hat‹, ob es schon gestorben ist. Es gibt zwei Arten von Heilern. Der kleine Heiler behandelt nur Malaria oder Grippe. Pygmäen können Malaria gut behandeln. Bei größeren Problemen wie Zauber muss man zu einem Meisterheiler gehen. Dieser war viele Jahre lang Schüler eines großen Mannes. Er hat alle ›Taktiken‹ der spirituellen Welt gelernt. Wenn man die Geister bekämpfen will, muss man die Regeln kennen, oder man kann dabei sterben, denn die Geister sind sehr mächtig.«

Wie wird der heilende Pygmäe oder Meister entlohnt?

Claudine sagte: »Heutzutage kennen sie Geld. Aber die, die ihr Metier wirklich verstehen, die echten Heiler, die wahren Meister wollen kein Geld, weil sie das Gefühl haben, dass es ihre Fähigkeiten korrumpiert. Sie sehen ihr Talent als etwas, was sie von einem Ahnen bekommen haben. Man gibt also dem Heiler oder Meister, was immer man ihm geben will – Stoff, Alkohol, Lebensmittel oder Tabak. Er wird nicht darum bitten. Man gibt ihm kein Geld. Er will es nicht. Ich kannte mal jemanden, der wirklich verrückt war. Sie brachten ihn zu einem Pygmäen-Meister, der ihn drei Monate lang behandelt hat, und er wurde geheilt. Der Mann wollte dem Meister alles geben – ein Auto, ein Haus, ein Grundstück. Er sagte, er würde alles für den Meister tun. Aber der Meister wollte nichts für sich. Er sagte nur zu dem Mann: ›Nimm meine kleine Tochter mit nach Hause. Adoptiere sie und erziehe sie auf die moderne Art.‹ Der Mann tat, worum ihn der Meister gebeten hatte. Er nahm das Mädchen mit nach Libreville und ließ sie ausbilden und behandelte sie wie eine enge Vertraute. Sie ist jetzt im öffentlichen Dienst und ihrem Volk noch immer sehr verbunden. Der Meister wusste, dass sich die Welt verändert hat und die Pygmäen ihre eigenen Leute brauchen als Brücke in die neue Welt.«

Die Dörfer der Pygmäen sind klein und umfassen zwanzig bis fünfzig Personen. Einst lebten die Pygmäen in Iglus aus Zweigen oder Laub, die sie jeden Abend neu bauten. Doch jetzt leben sie auf Art der Bantus in dauerhaften Lehmhütten.

Claudine sagte: »Ich glaube nicht, dass sich deswegen ihre Kultur verändert hat. Die äußere Form hat sich verändert, aber der Inhalt ist gleich geblieben.«

Im Süden Gabuns gibt es zwei wichtige Bantu-Stämme. Sie machten die Pygmäen mit der überaus wichtigen Initiationszeremonie bekannt, und die Pygmäen gaben ihr Wissen über Pflanzen, darunter die Iboga, an sie weiter. Die Initiation (nur für Männer) war eine notwendige Voraussetzung, um weissagen zu können. Weissagungen erfolgen mittels Wasser oder Spiegel, und auf diesem Gebiet sind die Pygmäen die Meister. Man könnte also sagen, dass die beiden Kulturen, Bantus und Pygmäen, zusammengekommen waren.

Wichtiger als Weissagungen war die Kommunikation mit den Ahnen. Auch diese war nur nach der Initiation möglich und von größter Bedeutung. Nur von einem Ahnen erfuhr man die eigene Stellung in der Gemeinschaft, die Pflichten und Verantwortlichkeiten. Dafür brauchte man den Schädel und die Knochen des Ahnen; Knochen und Schädel eines rituellen Opfers waren dafür nicht geeignet. Schädel und Knochen mussten von einem Alten stammen, der während des Sterbens die Erlaubnis erteilt hatte, seine Knochen als Relikte zu behalten.

In jeder Familie gab es nur eine Person, einen Alten, der das Privileg hatte, mit den Ahnen zu sprechen. Dieser Alte und seine Frau bewahrten den Schädel und die Knochen auf; die Frau war verpflichtet, beides sauber zu halten.

Claudine sagte: »Dieses *buitee* oder Ritual können nur Männer ausführen. Manche Stämme lassen jetzt auch Frauen zu, aber die Leute sind sehr unglücklich darüber.« Sie sprach über den Genuss von Iboga. »Es ist sehr bitter. Der Mund wird pelzig. Der Körper wird taub, und jede Empfindung wird gesteigert. Im wirklichen *buitee* kommt der Ahne um drei Uhr morgens.« In PK 12 hatte ich das bereits gehört, hatte jedoch angenommen, dass man uns mit dieser Aussage nur dazu bringen wollte, länger zu bleiben. Claudine sagte: »Der Ahne kommt um drei Uhr morgens und spricht in einer alten Sprache, die niemand versteht. Nur auf der dritten Ebene kann der Initiand ihn verstehen. Auf dieser Ebene kann der Initiand mit den Relikten sprechen und andere initiieren. Frauen können durch das *buitee* geheilt, aber nicht initiiert werden. Noch etwas: Um ein Heiler zu werden, muss man irgendwo in der Vergangenheit einen Ahnen gehabt haben, der Heiler war.«

Obwohl Claudine viel über die Lebensweise der Pygmäen wusste und sie liebte, war es schwer, die Pygmäen zu verstehen und sie als Individuen zu sehen. Vielleicht waren sie keine Individuen.

Ich fragte sie: »Sind die Pygmäen glückliche Menschen?«

»Sie sind glücklich und sanftmütig, aber sie sind sehr argwöhnisch. Sie berühren einen erst nach langer Zeit und fassen nur schwer Vertrauen.«

»Gehen sie noch auf die Jagd?«

»Sie jagen jetzt nachts, und sie haben Gewehre. Früher haben sie Fallen gestellt.«

»Leben Sie wirklich gern im Wald?«

»Ja. Weil meine Ahnen Wilde waren.« Sie lachte über die doppelte Ironie ihrer Worte. Sie drückten aus, was zum einen über Afrikaner außerhalb Afrikas und zum anderen von den Bantus über die Pygmäen gesagt wurde. Sie sagte: »Das Leben im Wald ist einfach. Den Stress der Stadt gibt es nicht. Man badet im Fluss. Man isst in der Gemeinschaftsküche und geht um sieben Uhr ins Bett. Im Wald ist es friedlich und still, und ich kann über ›mich‹ nachdenken. Ich habe keine Angst vor dem Wald. Ich denke nie an die Gefahren im Wald, weil man Energie ausstrahlt. Tiere riechen den negativen Geruch der Angst und greifen an. Hier im Wald habe ich verstanden, dass der Wald zu uns spricht. Er stellt uns Fragen, und er ernährt uns. Er ist der Anfang und das Ende. Die Pygmäen wissen das und sind deswegen seine Meister.«

Ich wollte wissen, wie die Pygmäen mit dem Tod umgehen.

»Pygmäen glauben an die Natur. Sie glauben, dass sie aus der Erde kommen, und deshalb wollen sie sie nicht mit Toten verunreinigen. Sie begraben die Toten nicht. Wenn ein Meister stirbt, wickeln sie ihn in eine Matte und legen ihn unter einen großen Baum. Dort verwest er, und niemand nähert sich diesem Ort. Sie jagen dort nicht und suchen dort nicht nach Essbarem. Wenn die Verwesung vollständig ist, begraben sie die Knochen und stellen den Ort unter Quarantäne. Das Christentum können sie nicht verstehen.«

»Warum fällt ihnen das so schwer?«

»Sie begreifen nicht, warum Jesus alle Macht haben soll. Ihrem Verständnis nach muss die Macht unter vielen Häuptlingen aufgeteilt werden.«

»Wie lange leben sie?«

»Die durchschnittliche Lebenserwartung ist fünfzig Jahre. Das Leben ist kurz, weil die Zivilisation viele Krankheiten gebracht hat, die früher unbekannt waren. Alkoholismus, Aids.«

»Wie dunkel ist der Wald?«

»Tagsüber dringt Licht durch das Blätterdach, und er ist voller Schatten. Nachts ist es stockdunkel. Ich sehe es als ›geschlossene‹ Dunkelheit. Man darf auch nicht vergessen, dass der Wald die Luftverschmutzung absorbiert. Deswegen müssen wir ihn bewahren.«

4

Aus der Luft sind die Plünderungen der Holzfäller kaum zu sehen. Der Wald wirkt unzerstört, dicht und ewig. Auf dem Boden ist es eine andere Geschichte. Straßen für den Transport der Stämme wurden geschlagen; der Regen wäscht die lockere Erde in die Flüsse, und die Fische leiden. Jeder, der sich auf mystische Weise mit dem alten Wald verbunden fühlt, leidet. Mme Ondo, eine hohe Beamtin im öffentlichen Dienst und eine sehr elegante Dame, empfand es als akuten Schmerz. Sie hatte gemischtrassige Vorfahren, doch ihr Herz war durch und durch afrikanisch.

Sie sagte: »Man hat uns erzählt, dass für jeden Baum, der geschlagen wird, ein neuer Baum gepflanzt wird, aber das stimmt nicht. Es tut mir im Herzen weh, dass wir uns nicht an dieses Prinzip halten. Wenn ich einen Lkw mit Baumstämmen sehe, sehe ich weder Bäume noch Holz. Ich sehe ermordete Menschen. Das sind keine Stämme, sondern tote Menschen. Die Bäume sind Geschöpfe wie wir. Bäume leben länger als Menschen, und sie geben uns alles, auch Sauerstoff. Wir können viel von Bäumen lernen.«

Mme Ondo war elegant, doch diese Eleganz war nichts Ererbtes. Sie kam tief aus ihrem Inneren. Ihre Mutter war Bäuerin und die Mutter ihrer Mutter ebenfalls.

»Wir haben auf den kleinen Höfen geholfen, und ich bin mit meiner Mutter immer in den Wald gegangen. Ich wuchs bei einer Tante und einem Onkel auf. Als ich acht war, haben sie mich einmal in den Wald mitgenommen und mich an einem Lagerplatz allein gelassen, während sie im großen Fluss fischten. Nachts war ich allein und hatte Angst, weil ich ständig an die Geschichten von der Anakonda denken musste, die nachts kommt auf der Suche nach Kindern. Am Morgen aß ich begeistert den Fisch, den sie gefangen hatten, aber die Nacht war eine andere Geschichte.«

Später konnte sie sich auf die Schönheit des Waldes einstellen.

»Positiv ist, dass er sehr kühl ist. Es herrscht eine große Ruhe. Die Vögel zwitschern, und die Bäume sind von großer Schönheit. Und wenn ich den schmalen Pfad sehe, der sich wie eine Schlange durch den Wald windet, denke ich an das Absolute. Die Suche nach der Wahrheit beginnt im Wald. Ich liebe den Wald, und auch wenn ich ein paar Jahre im Ausland bin, muss ich zurückkommen und sofort in den Wald gehen. Ich brauche den undurchdringlichen Wald, um mich lebendig zu fühlen.«

»Wird sich die Denkweise der Menschen verändern, wenn der Wald ausgedünnt wird?«

»Es wird uns völlig verändern, weil wir alle mit dem Wald verbunden sind. Wir müssen roden, um Gabuns Wirtschaft zu entwickeln, aber wir brauchen Wiederaufforstungsmaßnahmen, die strikt eingehalten werden. Man darf nicht vergessen, dass ein Urwald etwas völlig anderes ist als ein gepflanzter Wald. Auch wenn man die jungen Schösslinge um einen gefällten Baum wachsen lässt, werden Fauna und Flora beeinflusst. Die Tiere verschwinden.«

Die Holzfäller brechen den Wald auf, bauen Straßen und bereiten alles für die Wilderer vor, die jetzt mit AK-47 und anderen Kalaschnikows auf die Jagd gehen. Diese Waffen haben in dem ausgedünnten Wald auf die Wildtiere eine vergleichbare Wirkung wie Insektenspray auf Fliegen und Mücken in einem kleinen Zimmer.

Mme Ondo hatte ein afrikanisches Herz, doch innerhalb Afrikas und trotz ihrer gemischtrassigen Vorfahren betrachtete sie sich kulturell dem Stamm der Fang zugehörig. Die Fang (französisch ausgesprochen, das »g« am Ende stumm) sind einer der großen Stämme Gabuns. Der französisch-amerikanische Forschungsreisende Du Chaillu (1831–1903) hielt sich in den 1850er Jahren bei ihnen auf, und er (obschon in anderer Hinsicht nicht zuverlässig) hinterließ detaillierte Zeichnungen der Fang, ihrer Frisuren, ihrer spitz zugefeilten

Zähne, ihrer Musikinstrumente und ihrer Werkzeuge aus Eisen. Er behauptete, dass die Fang Kannibalen seien. Aufgrund dieser Behauptung (und nicht aufgrund ihres Geschicks in der Metallbearbeitung) galten sie im neunzehnten Jahrhundert als besonders berüchtigt, als man sich vor allem für das Sensationelle an Afrika interessierte.

Mme Ondo sagte: »Die Fang waren nie Kannibalen. Aber wir wissen nicht, was bei den mystischen Zeremonien passiert. Vielleicht essen sie Menschenfleisch, vielleicht nicht. Wir wissen es nicht. Es war die koloniale Art, die Fang schlecht zu machen, weil die Fang als wild und kriegerisch galten. Die Fang stammen aus dem Nordosten Afrikas. Ihnen wurde gesagt, dass ihr Land am Meer liegt. Der Legende nach sollten sie an einen Ort ziehen, an dem die Sonne im Meer untergeht. Um dahin zu gelangen, mussten sie durch die Territorien vieler Stämme, und sie mussten Krieger und wild sein, um hierherzukommen, wo die Sonne im Meer versinkt.«

Auf dieser großen Wanderung stießen die Fang auf die Pygmäen.

»Die Fang hassten die Pygmäen, doch alles, was sie über den Wald wissen, haben sie von den Pygmäen gelernt. Die Pygmäen sind die Meister des Waldes und kennen alle Heilmittel für die vielen Krankheiten, die im Wald auftreten. Die Pygmäen sind die Meister im traditionellen Heilen.« Immer wieder tauchte das Thema Krankheit und Heilen auf, was darauf hinwies, dass der Wald zwar spirituell heilsam, gut für die Seele war, aber in der Phantasie der Menschen zugleich ein Ort der Krankheit, ein Ort, an dem beständig medizinische oder magische Aufmerksamkeit erforderlich war.

Mme Ondo sagte: »Obwohl die Fang die Pygmäen hassten, weil sie klein waren, brauchten sie sie, damit sie ihnen etwas zu essen aus dem Wald holten. Um im Wald zu überleben, brauchten sie die Pygmäen. Der Wald bedeutet einen beständigen schweren Kampf. Der Kampf der Fang gegen den Wald, ihre Durchdringung des Waldes wird in ihren mündlichen Überlieferungen besungen. Sie haben eine Legende mit dem Titel *Odzaboga*. Es ist die Geschichte von den Fang und dem Wald. In der Legende heißt es, dass sie, als sie hierherkamen, einen riesigen Baum sahen, den *fromager* oder Käsebaum.«

In der Elfenbeinküste hatte ich den Namen zum ersten Mal gehört und erfahren, dass die Franzosen aus diesem wirklich schönen Baum mit einem grauen, sehr hohen Stamm und ein paar wenigen symmetrischen Ästen Schachteln für bestimmte französische Käsesorten machten. Vermutlich war das Holz des *fromager* neutral, was Aroma und Geschmack anbelangte.

In der Legende verbrachten die Fang Jahre damit, einen Tunnel durch den Stamm des *fromager* zu graben, der ihnen den Weg in den großen Wald versperrte. Sie gruben und gruben.

Mme Ondo sagte: »Der Baum, durch den sie einen Tunnel gruben, heißt *adzap*, und er ist Bestandteil der mündlichen Überlieferung. Er ist das Symbol des unsterblichen Landes und heilig. Das gesamte Universum sieht diesen Baum. Er steht auf dem Gipfel eines Berges und hat lange seitliche Äste. Den Fang gelang es, sich durch den Baum zu graben, doch dann brach der Baum zusammen, und sie stürzten mit ihm in eine Schlucht, wo eine riesige Schlange auftauchte und sie auf die andere Seite des Waldes brachte. Und damit endet die Legende.«

Mme Ondo war in die Riten der Fang initiiert worden. Schweigen sei das erste Gebot der Initiation, sagte sie und wollte nichts über ihre Initiation erzählen. Sie sprach lieber über den Wald, die Arzneien und Pflanzen, die Krankheiten bekämpfen und den Umgang mit dem Dschinn und den Geistern des Waldes ermöglichen. Die Geister und der Dschinn können den menschlichen Körper heilen. Die Fang praktizieren ihre Religion in Höhlen tief im Wald; Frauen müssen sich von diesen Orten fernhalten.

»Man gräbt ein Loch und legt die Knochen des Ältesten oder Meisterheilers hinein. Dann nimmt man eine spezielle kleine Statue aus Holz. Diese Statuen wurden vor langer Zeit von traditionellen Priestern gefertigt. Heutzutage sind sie als Antiquitäten gesucht, für die viel Geld gezahlt wird. Man legt die hölzerne Statue auf die Knochen in dem Loch. Dann kann der Priester mit der begrabenen Person sprechen, die ein Ahne oder Ältester ist. Es gibt eine religiöse Zeremonie, und die Fang, die dabei sind, befinden sich in Trance. Sie essen eine Pflanze, die der Iboga ähnlich ist. Sie wird *alane* genannt und ist sehr bitter. Als Erstes bittet der Priester um Vergebung für seine Sünden und die Sünden der Initianden.«

Die Bitte um Vergebung schien mir aus dem Christentum abgeleitet. Doch ich sprach es nicht an; ich wollte Mme Ondo nicht ablenken.

Mme Ondo sagte: »Nur der Priester kann mit der Statue des Ältesten sprechen, denn wie wir wissen, kann nur der Älteste mit Gott sprechen. Wir können nicht mit Gott sprechen, weil wir unrein sind. Der Älteste wird für uns eintreten und uns geben, was wir uns wünschen. Dann vollziehen wir die Rituale. Wir opfern ein Schaf ohne Hörner.«

Wenn mein Eindruck nicht trog und sich das Christentum in das Ritual der Fang eingeschlichen hatte, dann stimmte auch, wie Mme Ondo behauptete, dass das Christentum für die Aufgabe vieler Rituale und Riten der Fang verantwortlich war. In der Legende der Fang musste der Stamm nach einem Land suchen, in dem die Sonne im Meer unterging. Sie fanden dieses Land in Gabun. Die Legende konnte unmöglich vorhersehen, dass christliche Missionare, Amerikaner und Franzosen, aktiv werden und die alte Lebensweise der Fang unterminieren (und im Norden unterdrücken) würden, sobald die Franzosen in den 1840er Jahren ihre Kolonie errichtet hatten.

Mme Ondo sagte: »Wenn ein alter Mensch stirbt, sagen wir hier, dass eine Bibliothek verbrannt ist.«

1983 hatte ich das in der Elfenbeinküste gehört. Die Worte wurden ehrfurchtsvoll einem weisen alten Ivorer zugeschrieben, Ahmadou Hampaté Ba, der damals todkrank in einem Krankenhaus lag; die Sentenz war in das kollektive Gedächtnis eingegangen.

Mme Ondo meinte zudem, dass bestimmte Traditionen, bestimmte Glaubensinhalte, insbesondere jene, die in die mündliche Überlieferung aufgenommen worden waren, überleben würden. »Bestimmte Traditionen sind hier über Generationen institutionalisiert worden und können nicht verlorengehen. Es stimmt, dass die Kenntnisse einer Schmiede verlorengehen, wenn der Meister der Schmiede stirbt und das Wissen, wie man Eisen schmilzt, nicht an seinen Lehrling weitergegeben hat. Aber traditionelle Riten wie die Initiation und alles, was in der mündlichen Überlieferung aufgeführt ist, diese Kenntnisse werden bewahrt.«

Ich fragte: »Wie gewinnen die Fang ihre Energie zurück?«

»Die Fang-Meister machen Astralreisen. Es ist ein weit verbreitetes Phänomen wie bei den Yogis in Indien. Sie haben einen Doppelgänger und können an zwei Orten gleichzeitig sein. Wenn sie zurückkehren, geben wir ihnen rohe Eier zu essen und bringen ihnen Tieropfer. Hexen und Zauberer machen ebenfalls Astralreisen, und manchmal kommen sie nicht zurück. Am Morgen werden sie tot aufgefunden. Oder sie werden zu Eulen, Fledermäusen und Flammen, die man nachts im Wald sieht. Das Tageslicht hindert sie daran, in ihre Körper zurückzukehren. Nur ein sehr mächtiger Zauberer bringt es zustande, aber dann wird er sehr krank. Der traditionelle Priester muss viele Rituale vollführen und Opfer bringen, damit er geheilt wird.«

Doppelgänger, Astralreisen, einerseits die Zerbrechlichkeit und andererseits die Beständigkeit von Ritualen, die Vorstellung von Energie, das Wunder des Waldes: Diese Themen tauchten immer wieder auf. Und doch gab es auch Dinge, die mich überraschten.

Ernest, ein Kurator in einem Museum und Christ, sagte: »Unser Leben ist an den Wald gebunden. Jede Initiation steht in Verbindung mit dem Wald. Die Beziehung zwischen den Menschen und dem Wald wird in den Ritualen ersichtlich. Sie haben es in PK 12 gesehen. Die Harfe oder was wir die *gombi* nennen, ist von größter Bedeutung. Die Saiten der Harfe sind aus dem Gedärm unserer ersten Ahnen, der ersten Männer, die im Wald lebten. Es ist das wichtigste Instrument in der Initiationszeremonie, und es war die erste Religion des Waldes.«

Ich erinnerte mich: die Nacht, die Hitze, die brennenden, eingerollten Palmwedel, die Trommeln, die bemalten Tänzer, die Schreie. Und jetzt fiel mir ein, ganz am Rand der Tanzfläche einen Mann mit einer Harfe gesehen zu haben, der sich mit unendlicher Zärtlichkeit über sein Instrument beugte, als wollte er in dem großen Lärm keine Schwingung der Saiten versäumen. Damals dachte ich, dass er wie G. F. Watts' Figur der Hoffnung war, die mit verbundenen Augen unsicher auf der Welt sitzt. Ich sah ihn als Randfigur, die kaum etwas zum Geschehen beitrug. Ich bemerkte ihn und blickte nicht wieder zu ihm. Jetzt begriff ich schockiert, was damals nahezu alle gewusst haben mussten, nämlich woraus die Saiten der Harfe bestanden.

5

Ich hatte so viel über die Pracht des Waldes gehört, dass ich mir gestattete, mir mit Hänsel-und-Gretel-Gedanken die Zeit zu vertreiben, bevor ich in den Lopé-Nationalpark fuhr. Ich stellte mir vor, auf der kleinsten Lichtung zwischen mächtigen Bäumen zu schlafen, zwischen deren Brettwurzeln kleine, freundliche Menschen in kleinen Lehmhütten aus und ein gingen: Pygmäen. Ich stellte mir einen wunderbar sauberen Waldboden vor, getüpfelt mit mildem Sonnenlicht, das durch das hohe dichte Blätterdach sickerte.

Selbstverständlich war es nicht so. Seit hundertsechzig Jahren, seit dem Beginn der Kolonisierung war Lopé (kein spanischer oder portugiesischer Name, sondern ein afrikanischer, der Name eines schnell fließenden, kleinen Flusses) eine Station am großen Fluss Ogowe. Seit den 1980er Jahren gab es eine Eisenbahnverbindung mit Libreville, und Lopé mit seinen tausend Einwohnern war jetzt auch eine Eisenbahnstadt. Die Eisenbahnangestellten wohnten in Häusern nahe dem Bahnhof.

Mir war erzählt worden, dass die Eisenbahnstrecke unter großen Schwierigkeiten durch das von Wasserläufen durchzogene Land gebaut worden war. Die Waggons aus Aluminium waren angelaufen, zweifellos die Wirkung von tropischer Sonne und Regen. Doch der Zug insgesamt sah vertrauenerweckend aus, das Schotterbett war hoch und solide. Die französische Lokomotive lief rund und kraftvoll, die Räder waren erstaunlich leise, und die Klimaanlage funktionierte nach dreizehn langen, harten Jahren noch tadellos.

Der Wald begann langsam, zu Beginn unterbrochen von kleinen Lichtungen und einzelnen Hütten, manchmal von kleinen Siedlungen. Der absolute Wald schien auf sich warten zu lassen, aber vielleicht war etwas entfernt vom Gleis immer schon absoluter Wald gewesen; man durfte nicht vergessen, dass die Gleise in einst unberührtem Urwald verlegt worden waren. Auf diese und andere offenbar kaum merkliche Weise wurde am Wald genagt. Wo die Holzfirmen am Werk waren, war der Wald in großem Stil geschlagen worden. An manchen Orten brachten die langen schweren Lkws die geraden, uralten Stämme (Mme Ondos tote Menschen) zur Eisenbahn. Man hatte mir erklärt, dass die Eisenbahn gebaut worden war, um den Bedürfnissen der Holzfirmen, nicht denen der Reisenden entgegenzukommen. Das mag so gewesen sein, doch manche Ereignisse haben unerwartete Folgen, und alle waren jetzt der Ansicht, dass die Eisenbahn das Land zusammengebracht hatte. Aber ohne jeden Zweifel stand auch fest, dass sich dort, wo es die Eisenbahn gab, Menschen niederließen und kleine Ortschaften entstanden und der Wald schwand.

Das Land vor den Zugfenstern zeigte sich stärker aufgebrochen: Sturzbäche, Schluchten, überall zerklüftetes bewaldetes Land, das überbrückt werden musste, was die Kosten dieses großen Unternehmens der Ingenieurskunst mitten im äquatorialen Regenwald vergrößert hatte. Und dann fuhren wir neben dem Ogowe und seinen vielen Nebenflüssen. Es war wunderbar, diesem mächtigen Strom so nahe zu sein; der spektakuläre, schwindelerregende Anblick erstreckte sich Kilometer um Kilometer; es gab zu viel zu sehen, aufzunehmen, zu verstehen.

In Lopé stiegen wir aus. Eine Weile später sahen wir die hohen Wagen aus Aluminium wieder abfahren. Für Mme Ondo war ein sich schlängelnder Pfad im Wald ein Abbild des Absoluten. Für mich, der ich im Westen aufgewachsen war und lebte, war der Anblick des abfahrenden Zuges ein Bild schrecklicher Einsamkeit.

Der Ogowe floss durch Lopé. Er ähnelte hier dem Nil, kleine Inseln, Felsen und vereinzelte Bäume befanden sich darin. Er floss durch ein breites Tal und war schlammiger als der Nil in Uganda. Er rauschte über unsichtbares Gestein. Jenseits des Rauschens, am anderen Ufer stiegen sanfte, seltsam hellgrüne Hügel an, die sonderbarerweise wie Savanne, wie eine Parklandschaft aussahen (ich hatte mich auf Wald gefreut), in den Einschnitten dazwischen und am Ufer als Kontrast dunkler, tiefer Wald. Darauf verteilt waren viele kleine grüne Spritzer von Vegetation, die aussahen, als könnte man sie abkratzen, aber es war der große Wald, der beständig versuchte, das Land zurückzuerobern und sein Territorium auszuweiten. Der älteste Teil des Waldes, der ein paar tausend Jahre alt war, befand sich direkt am Flussufer; dort gab es natürlich Wasser, und vom diesseitigen Ufer (wo ich stand) schien das durchaus logisch.

Die hellgrüne Farbe der Savanne schien sich unter allem

zu befinden, wie die Grundierung einer Leinwand. Dadurch wirkte die Landschaft zahmer, als sie war, wie ein Ort, an dem Touristenbusse anhielten und Tee serviert wurde.

Und es gab eine weitere Überraschung: In dieser Landschaft, die an so vielen Stellen kahl und hellgrün war, bezeichneten die Waldstücke die Orte alter, ja uralter Dörfer. Deswegen hatte die UNESCO Lopé zum Weltkulturerbe erklärt. Die Dörfer waren aus unbekanntem Grund vor siebenhundert bis eintausendvierhundert Jahren verlassen und nie wieder in Besitz genommen worden. Trotz seines zahmen Aussehens barg das Land also ein Geheimnis.

Meine Begleiterin war Kate White. Sie hatte als Wissenschaftlerin viele Jahre in Lopé verbracht, in einer Abgeschiedenheit, in der ich es vermutlich keinen Monat ausgehalten hätte.

Es war unerlässlich, die Landschaft in Gedanken mit Afrikanern zu bevölkern, um ihr Drama zu begreifen: Das Land wurde vor vielen Jahrhunderten entdeckt und besiedelt, Dörfer wurden gebaut, Bäume gepflanzt. In manchen Orten gab es noch Überreste der Öfen, in denen die verschwundenen Menschen Eisenerz zu Eisen geschmolzen hatten; sie benutzten Holzkohle und Blasebälge auf eine Weise, wie sie der Reisende Du Chaillu Mitte des neunzehnten Jahrhunderts noch gesehen hatte. Und dann, nach Jahrhunderten des Erfolgs, nach Jahrhunderten der Beherrschung des Landes ließen sie wegen einer unbekannten Katastrophe alles zurück. Nur die Bäume in den Dörfern wuchsen weiter. Bis zum heutigen Tag gibt es keine Hinweise, dass je wieder Menschen dort gesiedelt hätten.

Die Orte, an denen Eisenerz geschmolzen wurde, sind als kahle Stellen auf den Hügeln zu erkennen. Es gibt viele davon. Man findet noch immer glänzende Stückchen uralte, verbrannte Holzkohle und halb geschmolzenes Erz – es schien ein Privileg, eine Verbindung zu der fernen Vergangenheit.

Die Straßen in Lopé sind unbefestigte Straßen, holprig und rot, von Regen und Sturzfluten ausgewaschen. Sie erfordern Geduld und einen starken Rücken, auch in einem Wagen mit Allradantrieb.

Ein paar kleine Bäume neben der Straße waren von Elefanten halb abgebrochen worden, und man erklärte uns, dass die Elefanten im äquatorialen Regenwald einen Meter kleiner waren als die afrikanischen Elefanten in offenerem Gelände. Lopé war ein Nationalpark, und die Elefanten waren bis zu einem gewissen Grad geschützt. Doch anderswo in Gabun waren die Elefanten bedroht; ihre Größe, die sie vor der Erfindung des Gewehrs zu furchterregenden Tieren gemacht hatte, machte sie jetzt hoffnungslos verwundbar. Die Einheimischen mochten Elefantenfleisch, und es gab wieder einen chinesischen Markt für Elfenbein. Die Holzfäller schlugen Schneisen in den Wald; die Wilderer hielten Einzug. Einige der Holzfirmen waren aus China und konnten hier, weit weg von zu Hause, ihren chinesischen Hass auf die Erde hemmungslos ausleben.

Die Einheimischen mochten, was sie auf ihre mannhafte Art »Buschfleisch« nannten. Mit den modernen Gewehren waren sie jetzt in der Lage zu töten, um Handel zu treiben, und sie schickten tote Tiere nach Libreville. In einer von der Regierung herausgegebenen Zeitschrift hatte ich gelesen, dass in Gabun jedes Jahr eine Million Tiere – eindeutig eine willkürliche Zahl – getötet wurden. Da die Leute in Orten wie Lopé das ganze Jahr über jagten, musste die tatsächliche Zahl wesentlich höher sein. Afrikaner aßen wie die Franzosen, die Chinesen und die Vietnamesen buchstäblich alles, nicht nur Elefanten, Hunde und Katzen, sondern auch alles andere, was lebte. Alles, was lebte, so könnte man sagen, war eine legitime Beute. Der Verzehr von Buschfleisch war zu einer kulturellen Angelegenheit geworden, die nicht in Frage gestellt werden durfte. Der Wald mit seinem scheinbar endlosen Vorrat an Buschfleisch war wie ein Supermarkt, der allen offenstand und in dem alles umsonst war.

Diese Abhängigkeit von Buschfleisch und der leicht zu erlegende Tierreichtum des Waldes waren vielleicht der Grund dafür, dass die Menschen hier nie eine ernst zu nehmende Landwirtschaft entwickelt hatten, die wiederum eine andere Art von Zivilisation, eine andere Art von Lebensweise, eine andere Art von Mensch gefördert hätte, besser gerüstet für die Welt jenseits des Waldes, freier in seinen Bewegungen. Aber das war nur eine Seite der Geschichte. Guy Rossatanga-Rignault hatte mir erklärt, dass es aufgrund von Schlafkrankheit, von Malaria und der großen Hitze unmöglich war, in Gabun Vieh zu halten. Vielleicht war das Land, wie er auf seine unnachahmliche Weise gesagt hatte, wirklich nicht für Menschen, sondern nur für Tiere geschaffen.

Die Frage war noch immer offen: Warum waren die Dörfer aufgegeben worden? Hatten die Menschen den Wald leer gegessen? Waren sie gezwungen gewesen, tiefer und tiefer in den Wald einzudringen? War es schwerer geworden, die erlegten Tiere in die Dörfer zu transportieren? Waren in den Dörfern daraufhin Hungersnöte ausgebrochen? Laut Kate White ging man derzeit davon aus, dass sie vom Ebolavirus dezimiert worden waren, übertragen von den fliegenden Hunden, die ihrerseits eine afrikanische Delikatesse waren.

6

In Lopé lernte ich Mobiet kennen, einen siebenunddreißigjährigen weißen Amerikaner. Er hatte an einer privaten Universität studiert (seine Eltern hatten dafür bezahlt), und er war elf Jahre zuvor mit dem Friedenskorps nach Gabun gekommen. Er war auf einer Art spiritueller Suche gewesen und schließlich im Land geblieben. Das ruhelose Leben in den Vereinigten Staaten hatte ihn unzufrieden gemacht. In Gabun war er mit Iboga initiiert worden, was ihm ein inneres Bedürfnis gewesen war. Er hatte eine Gabunerin geheiratet, und sie bekamen drei Kinder. Nach dem Friedenskorps hatte er ein paar Jahre lang bezahlte Recherchen für die Forschung durchgeführt, doch jetzt, mit drei Kindern, für die er sorgen musste, und in dem Bewusstsein, dass die Zeit immer schneller verging, dachte er zum ersten Mal ernsthaft über Geld und einen richtigen Job nach.

Im Moment arbeitete er freiberuflich. In einem Land wie Gabun und erst recht an einem so abgelegenen Ort wie Lopé als Freiberufler Arbeit zu finden, konnte nicht einfach sein. Er verkaufte afrikanische Schnitzereien, aber ich konnte mir nicht vorstellen, dass es hier einen großen Markt dafür gab, und vermutete, dass die Betreuung unserer Gruppe auch zu seinen freiberuflichen Tätigkeiten gehörte.

Er war als landwirtschaftlicher Experte mit dem Friedenskorps nach Gabun gekommen. Das war, um es milde auszudrücken, übertrieben, und anfänglich machte es ihm zu schaffen; in den USA hatte er nicht mehr getan, als in einer Gärtnerei zu arbeiten. Schließlich kam er auf die Idee, den Einheimischen zu erzählen, dass er nach Gabun gekommen war, um etwas über ihre Landwirtschaft zu erfahren.

Er erzählte gern von seinem ersten Tag im Dorf. Ein paar Leute brachten ihn zu dem Haus, in dem er wohnen sollte. Ein Mann folgte ihnen, und als sie das Haus betraten, schrie der Mann: »Raus hier! Raus hier!« Es war schrecklich, doch der Mann – der Hausbesitzer, wie sich bald herausstellte –, schrie nicht Mobiet an. Er schrie die Leute im Haus an, und sie – zweifellos unzuverlässige Mieter – nahmen ihre Habseligkeiten und gingen. Am nächsten Morgen brachte der Hausbesitzer Mobiet zum Wachhaus des Dorfes. Er wollte, dass Mobiet den Leuten erzählte, warum er hier war. Das Wachhaus war der Treffpunkt der Männer des Ortes, und der Dorfwächter war so etwas wie ein Häuptling. Als Mobiet ihn sah, war er gerade dabei, eine Matte zu flechten.

Mobiet schaute sich um. Rechts von ihm befand sich ein hoher, schroffer Granitfelsen, und ein bisschen weiter entfernt begann der Wald. Die Luft war frisch. Es war schöner, als Mobiet es sich vorgestellt hatte, aber weil es so anders war als alles, was er kannte, hatte er auch Angst. Manche Häuser waren aus Lehm, andere aus Beton mit strohgedeckten Dächern. Panisch dachte er: Hier soll ich *zwei* Jahre bleiben?

Da beschloss er, den Ansatz des Friedenskorps außer Acht zu lassen und den Leuten zu erzählen, dass er gekommen war, um ihre Form der Landwirtschaft kennenzulernen.

Er lernte sie auf die harte Tour kennen. Das Dorf war ein Fang-Dorf. Mobiet hackte und senste mit den Männern, er lernte zu jagen und Fallen zu stellen und zu tun, was sie taten. Es war mühsam und anstrengend; nie zuvor hatte er so harte körperliche Arbeit verrichtet. Die Frauen waren für die Gemüsegärten zuständig, die in der Regel nicht größer als hundert Quadratmeter waren.

Im Dorf lebte eine Frau, die sich mit dem früheren Freiwilligen des Friedenskorps angefreundet hatte. Jetzt schloss sie mit Mobiet Freundschaft. Sie wohnte ihm gegenüber auf der anderen Straßenseite. Sie war dreißig, ein paar Jahre älter als Mobiet, und hatte acht Kinder. Er schätzte ihre Freundschaft und die vielen Dinge, die sie ihm über das Leben im Dorf erzählte. Sie erklärte ihm zum Beispiel die Stellung diverser Personen im Dorf, die er nicht immer berücksichtigt hatte. Sie sagte, dass er sich an das Fehlen einer Intimsphäre gewöhnen müsse (ständig kamen Kinder in sein Haus, starrten ihn an und berührten seine Sachen). Sie klärte ihn auch über alltägliche Dinge auf, zum Beispiel dass Ameisen ein Haus übernehmen und sich kleine Verletzungen der Haut infizieren konnten. Es war eine platonische Freundschaft; für ihn war sie wie eine Mutter und Lehrerin. Er bemerkte nicht, dass der Mann der Frau eifersüchtig wurde und die Brüder des Mannes und andere Leute im Dorf die Freundschaft als Beleidigung der Familie betrachteten.

Als er es herausfand, wurde er wütend. Er wollte dem Friedenskorps mitteilen, dass sie ihn in ein schlechtes Dorf geschickt hatten und ihn in ein anderes Dorf versetzen sollten. Das Beste wäre gewesen, nach Libreville zu fahren. Libreville war nicht allzu viele Kilometer entfernt, doch die Straßen waren schlecht, und die Fahrt auf den schrecklichen Holzfällerstraßen dauerte acht Stunden. Mobiet verschob die Fahrt immer wieder.

Dann geschah etwas Entsetzliches in diesem schlechten Dorf.

Er war um die Mittagszeit in seinem Haus und hatte sich etwas zu essen gemacht: Reis, Erbsen, Tomatenmark und

Sardinen. Er war kein guter Koch; er kochte nur, weil er kochen musste. Ein kleines Kind aus der Familie gegenüber kam in sein Haus, ein zweieinhalbjähriges Mädchen. Im Dorf war es Brauch, das eigene Essen mit anderen zu teilen. Und er gab dem Mädchen etwas von seinem Reis. Es aß und ging nach Hause zurück. Am nächsten Morgen hörte er Schreie und Wehklagen aus dem Haus des Mädchens. Er ging hinüber. Ein paar Jungen aus dem Dorf erzählten ihm, dass das kleine Mädchen, dem er am Tag zuvor Reis gegeben hatte, vergiftet worden war. Ihre Tante hatte die Kleine vergiftet. Mobiet kannte die Frau. Sie war eine kräftige, intelligente Frau, und sie war verrückt. Die halbe Familie war damit beschäftigt, einen Sarg zu zimmern; der Rest der Familie fesselte die Tante. Mobiet meinte, dass die Sache ein Fall für die Polizei sei. Die Familie verneinte; sie würden die Angelegenheit auf ihre Weise erledigen. Später sollte Mobiet vom Tod der Tante erfahren.

Ungefähr zu dieser Zeit beschloss Mobiets mütterliche Freundin, ihren Mann zu verlassen und nach Libreville zu gehen. Sie bat Mobiet um Geld für die Fahrt, und er gab es ihr in aller Unschuld. Hin und wieder besuchte er sie, und während eines Besuchs lernte er die Frau kennen, die er später heiraten sollte. Sie war die Nachbarin seiner Freundin. Ihm gefiel die Ruhe dieser Frau, und zwei Jahre später heirateten sie.

Als er ihr nun sehr viel näher war, bemerkte er, dass es seiner Frau nicht gutging. Er fand heraus, dass sie von ihrer Familie »spirituell verfolgt« wurde. Mit den Bemühungen um die mentale Gesundheit seiner Frau begann seine eigene spirituelle Suche. Zusammen gingen sie zu traditionellen Heilern. Sie konnten ihr nicht helfen. Zu dieser Zeit war sie schwanger und wollte unbedingt gesund werden. Auch ihm lag ihre Gesundheit am Herzen. Er war nicht mehr beim Friedenskorps und suchte Arbeit.

Hilfe wurde beiden in Person eines jungen Heilers zuteil. Auf Drängen dieses neuen Heilers beschloss seine Frau, ihn im Wald bei den Pygmäen aufzusuchen. Für Mobiet war es eine Zeit großer Angst, in der er sich ständig fragte: »Was stimmt nicht mit der Frau, die ich liebe? Wird sie zurückkommen?« Er meinte, wird sie von den Pygmäen zurückkommen, wird sie gesund werden? Und nach einer Weile kam seine Frau tatsächlich von den Pygmäen zurück, vollständig geheilt. Infolgedessen beschäftigte er sich immer mehr mit der spirituellen Seite der Dinge. Er hatte schon immer spirituelle Neigungen gehabt, auch schon in den USA und bevor er sein Studium begann; nie hatte er »Machtstrukturen« als etwas Selbstverständliches betrachtet, er wollte sie verstehen.

Als sein Sohn zwei Jahre alt war, wurde Mobiet mit Iboga initiiert.

Er sagte: »Es ging mir gut mit meiner Frau, und ich wollte mein spirituelles Wesen kennenlernen. Ich wollte wissen, wohin ich meine Energie lenken sollte. Als ich beschloss, mich initiieren zu lassen, ging ich zu demselben traditionellen Heiler, der meine Frau geheilt hatte. Ich sah in ihm meinen spirituellen Vater. Es war eine Prüfung für uns beide, eine Prüfung für mich und eine Prüfung für meinen spirituellen Vater. Er hatte Angst, mich zu initiieren. Es war auch für ihn das erste Mal. Ich hatte mich, ehrlich gesagt, auch schon lange für Iboga interessiert. Ich wusste, dass ich die Reise machen würde. Ich wollte sie machen, sobald ich bereit dafür war. Es ist eine lange Reise, und man muss vorbereitet sein, denn man riskiert, an einen Ort zu kommen, an dem die Geister tot sind. Man sieht seine Ahnen und kann in unterschiedliche Richtungen gezerrt werden. Ich hatte Initiationen auf dem Land gesehen, aber sie sagen einem nicht alles. Nach der Initiation hat man keine Angst mehr vor dem Tod. Ich habe nur Angst davor, weil ich meine Familie nicht darauf vorbereitet habe, ohne mich zu leben. Ich habe keine Angst, mein Wesen zu verlieren. Ich bete, dass ich lange leben und sehen werde, wie meine Kinder aufwachsen, aber man muss über sich selbst hinausgehen.«

Ich bat Mobiet, seinen spirituellen Vater zu beschreiben: nicht nur seine spirituellen Eigenschaften, sondern auch sein Aussehen.

»Er ist ein kräftiger Mann. Er ist ein Soldat, sehr schlank und muskulös. Wenn alles den Bach runtergeht, möchte ich bei ihm sein, weil er sehr einfallsreich ist. Er ist nur fünf oder sechs Jahre in die Schule gegangen. Er ist Bildhauer. Ich war der Erste, den er initiiert hat. Damals war er noch ein junger Heiler, der sein Handwerk lernte; jetzt weiß er viel mehr. Er hat es von seinem Vater gelernt. Es gibt andere Wege, ein Heiler zu werden, aber die haben mit schwarzer Magie zu tun.«

Die Initiation war gut für ihn gewesen.

»Ich höre jetzt auf meine innere Stimme. Die Initiation bestätigt die Existenz Gottes, und ich kann in Übereinstimmung mit meinen Träumen leben. Und ich meditiere.«

7

Mobiet hatte für einen Nachmittag eine besondere Exkursion für uns arrangiert. Vermutlich gehörte auch das zu seinen freiberuflichen Tätigkeiten in Lopé. Und es war etwas Besonderes: Wir sollten die Knochen des Ahnen eines Stammes sehen. So eine Gelegenheit bot sich nicht alle Tage. Dazu mussten wir in das neue Dorf des Stammes fahren – nach dem Tod des Häuptlings wurde das Dorf verlegt, für gewöhnlich auf die andere Seite des Flusses –, anschließend in Begleitung des Stammeshäuptlings in einem Einbaum (vielleicht mit einem Außenbordmotor) den Fluss überqueren, um zu dem alten Dorf zu gelangen, in dem die heiligen alten Knochen aufbewahrt wurden.

Die Autofahrt dauerte länger, als ich erwartet hatte (Mobiet war nicht sehr präzise gewesen), und die Länge dieser Fahrt machte mich glauben, dass wir direkt zu einem Landungssteg am Fluss fuhren. Aber so war es nicht. Wir erreichten das Dorf. Mobiet schaute bei seinen Freunden vorbei. Das dauerte eine Weile. Anschließend gingen wir an ein paar Holzhütten vorbei, nicht, wie ich gehofft hatte, zu einem Landungssteg, sondern zu einer langen Grasfläche, die zu beiden Seiten von Wald begrenzt war. Es war entmutigend. Ich hatte Schwierigkeiten mit dem hohen Gras; es wickelte sich um meine Schuhe. Nach einer Weile begannen meine zittrigen, dünnen Beine nachzugeben, und sie versagten den Dienst vollkommen, als ich in der Ferne Fässer sah, die höher waren als das Gras und uns den Weg versperrten.

Auf einem hübschen kleinen Schild stand: *Débarcadère 500 metres*. Vermutlich war es gut gemeint, aber es brach meinen Willen. Mein Eindruck war, dass wir bereits fünfhundert Meter gegangen waren. Ich hatte meine ganze Kraft darauf verwendet. Ich fragte mich, wie weit wir am anderen Ufer würden gehen müssen, um die Knochen zu sehen; und ich bezweifelte, dass ich es in mir hatte, die tausend Meter Rückweg zu bewerkstelligen. Das Problem war, dass ich am Vormittag im Wald (für meine Verhältnisse) weit gegangen und den nassen Fußstapfen eines Elefanten gefolgt war. Danach war ich erschöpft gewesen, doch Mobiet hatte es für einen Beweis meiner Leistungsfähigkeit gehalten.

Er hatte viel in diesen Ausflug investiert. Jetzt meinte er, dass ich in einem Schubkarren zum Fluss transportiert werden könnte. Wundersamerweise tauchte sofort ein Schubkarren auf, aber es war ein afrikanischer Schubkarren, komplett verrostet und wacklig, der unter meinem Gewicht nachgab, als ich mich zu weit zurücklehnte und erfolglos versuchte, darin zu sitzen.

Es war der kleine, drahtige Dorfhäuptling höchstpersönlich, der diesen absurden Versuchen mit dem Schubkarren ein Ende setzte. Er kam vom Fluss her auf uns zu, ging mühelos durch das hohe Gras, eiserne Werkzeuge im Arm, Hammer, Pickel, Säge, die erstaunlicherweise aussahen wie die, die Du Chaillu für sein Buch gezeichnet hatte. Er hatte eindeutig große Mühe darauf verwendet, die Knochen für unseren Besuch vorzubereiten, und er war noch enttäuschter als Mobiet. Ich würde die Sirenen im Fluss versäumen, sagte er. Es seien weiße Frauen, die zu sehen sich lohnte; sie beschützten den Fluss und mochten keine Eindringlinge. Um unseretwillen hatte er sie unter großem Aufwand beschwichtigt.

Ich war eine Enttäuschung für alle. Das Vergnügen des restlichen Programms im Dorf – Essen, danach der Initiationstanz –, das Mobiet vorbereitet hatte, wurde dadurch geschmälert.

Nur Nicole, meine Leibwächterin, war nicht enttäuscht. Sie war zwar Christin, aber sie hatte die gabunische Angst vor Wasser, einem unglückverheißenden Element. Das Gerede von den Sirenen am Grund des Flusses konnte ihr nicht gefallen haben; sie hatte wider alle Hoffnung die ganze Zeit über gebetet, dass die Fahrt über den Fluss nicht stattfinden würde. Und jetzt waren ihre Gebete wundersamerweise erhört worden, für sie vermutlich ein weiterer Beweis für die Macht des Betens.

Ich kehrte zur Straße zurück, ging an den Holzhütten vorbei, bat die überraschten Frauen vor ihren Waschschüsseln um Verzeihung und überquerte die Straße.

Wenn man ihn nicht kannte und nach etwas Ausschau hielt, was auf einen Häuptling schließen ließ, hätte man ihn übersehen. Der Mann sprach gewandt, er hatte gute Manieren, doch er sah nicht aus wie ein Häuptling. Die schlichten Holzhäuser seiner Familie – zwei oder drei Häuser: ich nahm an, dass sie seiner Familie gehörten – waren von den Häusern der Frauen auf der anderen Straßenseite nicht zu unterscheiden.

Und jetzt war er hier, das Hemd über der knochigen, aber kräftigen Brust geöffnet, und bereitete mit den Mitgliedern seiner Familie den Hof für das Essen vor. In der Häuptlingshütte – ein niedriges Gebäude mit einem alten Wellblechdach und traditionellen Wänden aus Rinde – standen Stühle für die Besucher. Er ließ die Stühle – weiße Plastikstühle der bekannten stapelbaren Art – in einer Reihe aufstellen und bedeutete uns, uns zu setzen. Er bedauerte, dass er nicht die Ehre gehabt habe, uns die Sirenen im Fluss und die Knochen des Ahnen zeigen zu können; er beklagte sich, aber nur ein bisschen, und danach verhielt er sich höflich und zuvorkommend.

Er war traditioneller Heiler in Lopé. Zudem war er pensionierter Polizist. Das Häuptlingsamt wurde also nicht, wie ich angenommen hatte, vererbt. Der Häuptling des Dorfes wurde vielmehr von der Regierung ernannt und war so etwas wie ein Mitarbeiter im öffentlichen Dienst. Sein Vater hatte Einbäume hergestellt. Außerdem war er traditioneller Heiler gewesen und hatte Initiationen durchgeführt. Die religiösen Errungenschaften seines Vaters (ein Heiler musste einen Heiler unter seinen Vorfahren haben) waren demnach das wahre Erbe des Häuptlings.

Ich fragte, ob es ihm heutzutage schwerfalle, die alten Traditionen am Leben zu erhalten.

Er sagte: »Ein Problem ist der Park.« Der Nationalpark von Lopé. »Der Park hat uns alle heiligen Orte im Wald genommen. Als der Park eingerichtet wurde, hieß es, dass es eine geschützte Zone um das Dorf geben würde. Diese Zone wurde nicht respektiert. Ein weiteres Problem sind die evangelikalen Kirchen.« Nicole war Mitglied einer evangelikalen Kirche, aber sie sagte nichts. »Sie nennen uns Teufelsanbeter und Heiden, und ihre Propaganda wirkt. In Wahrheit respektiert unsere Religion Gott mehr als diese Kirchen.«

Es hatte hier protestantische und katholische Kirchen gegeben; die evangelikalen Kirchen – die Einheimischen nannten sie Rock-'n'-Roll-Kirchen – tauchten in den 1990er Jahren auf. Zu ihrem Einfluss vertrat er zwei unterschiedliche Ansichten. Zunächst behauptete er, dass sie die traditionelle Religion bedrohten; dann sagte er aber, dass die jungen Leute aus dem Dorf Mitglieder seiner Kirche waren. Er hatte sie selbst initiiert. In meinen Ohren klang das so, als würde er die evangelikale Bedrohung übertreiben. Dem widersprach er. Der Einfluss der Rock-'n'-Roll-Kirchen nehme zu.

Er sagte: »Ich wurde getauft und konfirmiert, aber ich hatte das Gefühl, dass die traditionelle Religion in meinem Inneren stark war, und ich wollte zurück zu ihr. Der fundamentale Glaubenssatz der Initiation ist, dass es nur einen Gott gibt.«

Er war vierundsechzig oder fünfundsechzig. Er wurde 1944 an einem Tag geboren, als ein Franzose ins Dorf kam, um eine Volkszählung durchzuführen; deshalb erinnerte er sich problemlos an seinen Geburtstag. Sein Stamm hatte immer gelebt, wo er jetzt lebte, am Ufer des Flusses. Er zog nur dann ans andere Ufer, wenn ein großer Häuptling starb.

»Wir wollten dich an den Ort bringen, an dem unser großer König ist und die Sirene, eine weiße Frau. Aber du hast es nicht bis ans Ufer geschafft.«

»Hast du sie gesehen?«

»Die Sirene? Oft. Man muss nicht initiiert sein, um sie zu sehen. Man geht an den Fluss und betet zu ihr und bringt ihr ein Opfer und bittet sie um Fisch. Wenn sie mit dir zufrieden ist, wird sie deine Bitte erfüllen, und manchmal zeigt sie sich.«

»War sie schon immer im Fluss?«

»Das weiß ich nicht.«

»Wie bist du Häuptling geworden?«

»Ich war im öffentlichen Dienst und sehr qualifiziert. 1987 wurde ich Häuptling. Aber sie können mich abberufen, oder ich höre von mir aus auf. Es ist eine Regierungsstelle. Ich bin für zwei Dörfer zuständig, und ich bin ein Meister der Initiation.«

»Wie wird man das?«

»Ich wurde dazu geboren. Mein Großvater war ein Initiationsmeister. Als ich geboren wurde, verrieb er die rote Paste des Padoukbaums auf mir und sagte, dass ich ihm nachfolgen würde. Ich bin zur Schule gegangen und hatte mein eigenes Leben, aber die traditionelle Religion war immer in mir.«

»Bereitest du jemanden vor, der deine Stelle übernehmen soll?«

»Noch nicht. Ich bin noch stark und mächtig und nicht bereit, abzutreten. Wenn man einen Nachfolger bestimmt, zieht sich die Religion zurück. Man ist bereit zu gehen, und die Religion zieht sich zurück. Es ist halb mystisch. Man überquert den Fluss. Die Person, die man ernennt, kann ihrem Schicksal nicht entgehen, gleichgültig wohin sie geht oder was sie tut.«

»Ist das die Religion der Pygmäen?«

»Die Pygmäen sind Meister dieser speziellen Religion. Ich wurde von ihnen ausgebildet. Ich spreche ihre Sprache, und deswegen war es leicht für mich.«

»Wo wurdest du ausgebildet?«

»In einem Dorf namens Okouka, vierzig Kilometer entfernt von hier. Mein Großvater war auf einem alten Pfad nach Süden gegangen und hatte zwei Pygmäen gefangen. Sie waren sein Eigentum. Die Pygmäen sind mächtig, und wir halten sie, wie ihr ein Haustier haltet. Mit seinem Haustier kann man alles machen, aber in jedem Haustier ist etwas, was man nicht besitzt. Wir hielten sie, und wir bedauerten sie. Wir gaben ihnen zu essen, und bald wussten sie, dass wir nicht böse zu ihnen waren, und deswegen kamen viele von ihnen, und wir haben zusammengearbeitet. Sie haben uns ihr Wissen weitergegeben. Doch die Pygmäen, die ihre Traditionen bewahrt haben, sind ausgestorben. In dieser Gegend gibt es nur noch einen. Junge Pygmäen interessieren sich nicht für ihr Erbe. Die moderne Lebensweise hat sie für sich gewonnen, und jetzt trinken sie. Früher hat sich kein Pygmäe betrunken. Jetzt wollen sie Alkohol und moderne Dinge.«

Ich fragte den nostalgischen alten Häuptling nach dem Wald. Machte er sich Sorgen um seine Zukunft?

»Ich habe Angst um ihn. Dieses Dorf ist nicht mehr das Dorf meiner Vorfahren. Es gehört der ganzen Welt. *Du* hast hier ebenso viele Rechte wie ich, obwohl es *mein* Wald ist. Die Abholzung schafft Probleme. Es gibt keine *mwabi*-Bäume mehr. Sie sind sehr wichtig in der traditionellen Medizin, ebenso wie das Pythonfett.«

»Glaubst du, dass das Abholzen immer weitergehen wird? Kannst du dir vorstellen, dass es hier irgendwann keinen Wald mehr geben wird?«

»Das hängt von der Regierung ab. So groß wie der Wald ist, glaube ich nicht, dass es passieren wird. Wir sind im Gegensatz zur Elfenbeinküste eine Wiege des Friedens. Wenn der Wald verschwindet, wird es globale Konsequenzen haben.«

8

Die Sonne ging unter. Für das Essen (und später den Initiationstanz) wurden die Stühle aus der Hütte getragen und in einer Reihe neben die Rindenwand auf den unebenen Boden im Freien gestellt, so dass wir über den kleinen Hof des Häuptlings – auf dem der Tanz stattfinden sollte – zum

Busch und den niedrigen jungen Bäumen schauten, die das Grundstück des Häuptlings begrenzten. Dahinter war gerade noch die Mauer der benachbarten Hütte zu erkennen. Von einem Ende zum anderen und an der Hütte des Häuptlings vorbei verlief ein kaum mehr sichtbarer Weg. Ständig gingen Leute, allein oder zu zweit, diesen Weg entlang und sammelten sich für den Tanz vor dem halb dunklen Busch am Ende – die Künstlergarderobe sozusagen, die ländliche Version der palmgedeckten Hütte des Franzosen in Libreville.

Die Frauen aus den Häusern des Häuptlings brachten einen Tisch, bedeckten ihn mit einem weißglänzenden, gemusterten Wachstuch und stellten einen edlen Teller nach dem anderen mit Essen darauf: Kochbananen, Süßkartoffeln, Fisch und andere Dinge. Es wirkte städtisch; vielleicht hatte Mobiet den Stil vorgeschlagen.

Das Essen – der Geruch, das Klappern der Teller – lockte den Hund des Hauses an. Es handelte sich um eine Promenadenmischung, braun und weiß, klein, aber gut genährt, mit einem tiefen Brustkorb. Vielleicht war es ein Jagdhund mit einem festen Platz in der Familienhierarchie. In diesem Hof trat er selbstbewusst auf; er legte sich hinter die Reihe weißer Stühle, zuversichtlich, dass etwas für ihn abfallen würde.

Selbiges galt nicht für den zweiten Hund, der auftauchte. Er mochte aus derselben Familie stammen wie der Haushund. Er war genauso groß, aber dünner und ausgezehrt. Gute Behandlung hätte ihn gedeihen lassen, aber aus irgendeinem Grund wurde er nicht geschätzt. Er war blasser, als hätte ihm seit seiner Geburt irgendein wichtiger Nährstoff gefehlt. Seine Nervosität war seinem Blick und seinem zitternden Schwanz anzusehen.

Der Haushund knurrte den Neuankömmling an, allerdings nicht allzu aggressiv. Vielleicht war das eine der Aufgaben, die er für das Haus erledigte: andere Hunde vertreiben. Eine Frau, die das Essen aufgetragen hatte, bemerkte den Eindringling und tat so, als wollte sie etwas nach ihm werfen. Ohne zu zögern, rannte er hinter die Hütte des Häuptlings, und war sofort wieder da, in großer, quälender Sorge um das Essen. So verbrachte er sein Leben.

Ich fragte Kate White, ob es von schlechten Manieren zeugte, wenn ich ihm etwas von meinem Teller zu fressen gäbe. Sie meinte, es wäre in Ordnung, und ich gab dem Hund etwas von meinem Essen. Der Haushund bemerkte es und nahm es seltsamerweise hin; er knurrte nicht. Wie es schien, tat er nur, was von ihm erwartet wurde.

Am Treffpunkt oder in der »Garderobe« am Ende des Hofs herrschte Betriebsamkeit. Die Tänzer, manche von ihnen noch Kinder, hatten sich aufgestellt – der Häuptling war eindeutig ein Mann großer Autorität – und wurden mit Farbe bemalt. Dann kamen sehr ernste ältere Männer. Es waren die Trommler, und die Trommeln waren ungewöhnlich schmal und lang, wie Kanonenrohre. Sie entfachten auf der leeren Fläche vor uns ein Feuer und erhitzten die Ziegenhaut ihrer Trommeln, bis sie mit dem Ton zufrieden waren.

Einer unterbrach diese wichtige Tätigkeit und sagte zu Nicole: »Ich mag dich. Wie wär's?« Als sie mir davon berichtete, sagte sie, dass es die Art der Bantus sei; diesbezüglich könnten sie sehr direkt sein.

Der Häuptling sagte zu mir: »Wie du siehst, kommen auch die jungen Leute. Nicht alle sind in Libreville. So bewahren wir unsere Traditionen.«

Es war jetzt dunkel genug für die Fackeln aus Palmwedeln

und sehr romantisch. Ein Funken einer Fackel fiel auf meinen Handrücken, und ich hatte tagelang eine Brandblase.

Die Jungen standen vor der Öffnung der Häuptlingshütte, die Mädchen und eine, zwei Frauen daneben. Jeweils zwei traten nacheinander vor und tanzten; mehr fiel ihnen nicht ein. Es war kaum besser, als der drahtige alte Häuptling eine Einlage tanzte. Ich hatte das Gefühl, als würde er schreien und tanzen, um die anderen aufzumuntern. Aber es funktionierte nicht. Irgendetwas fehlte; vielleicht waren wir das falsche Publikum; vielleicht inspirierten wir die Trommler und Tänzer nicht.

Mobiet war enttäuscht. Er sagte: »Er hätte Ihnen viel mehr zeigen können. Die Trommler wissen eine Menge über das Initiationsritual.«

Er vermutete, dass ich ihren Enthusiasmus gedämpft hatte, weil ich nicht zum Fluss gegangen war und die Knochen des Stammesältesten gesehen hatte. Nachdem ich sie enttäuscht hatte, waren sie nicht mehr in der Lage, ihr Bestes zu geben.

Nichtsdestoweniger bedankte Mobiet sich ausgiebig bei den Leuten aus dem Dorf. Der Nachmittag war seine Show gewesen; er spürte ihr Scheitern deutlich.

Auf der Rückfahrt sprachen wir über Initiation. Seine Frau hatte die spezielle Fraueninitiation absolviert, doch dabei gab es Dinge, über die sie nicht sprechen durften.

Was für Dinge? Hexerei?

Er sagte: »Ich glaube, dass es Menschen gibt, die ihre negative Energie dazu benutzen, anderen zu schaden. Negative Gefühle schaden. Manchmal benutzen sie Gegenstände, um sicher zu sein, dass auch wirklich ein Schaden entsteht. Es beginnt mit Meditation, und die Leute nennen es schwarze Magie, aber ich nenne es nicht so, weil es rassistisch ist.«

»Haben Sie mit anderen darüber gesprochen? Mit Ihren Eltern?«

»Zum spirituellen Weg gehört es, andere aufzuklären, aber nicht auf evangelikale Art. Ich habe es bei meinen Eltern versucht, aber es hat nicht funktioniert. Ich mache Filme und zeige sie in den USA. Meine Eltern sitzen unter den Zuschauern, aber sie stellen mir keine Fragen. Ich warte, bis die Zeit reif ist.«

»Glauben Sie, dass Sie Ihr spirituelles Leben in den USA verlieren werden?«

»Nein. Das ist in mir drin. Ich werde den Wald vermissen und das Laub und die rituellen Seiten von Zeremonien. Sie sind sehr wichtig. Ich muss zurück, um meinen Kindern eine bessere Zukunft zu ermöglichen, aber ich möchte auch, dass sie das Land ihrer Mutter kennen. Gabun ist Teil meines Schicksals, aber die ganze Geschichte kenne ich noch nicht.«

»Was denken Sie über den Wald?«

»Ich wusste schon immer, dass Pflanzen lebende Wesen sind, aber jetzt weiß ich, dass sie Wesen mit einem Bewusstsein sind. Sie haben Stimmungen, und sie sind von großer Diversität. Sie haben besondere und viele chemische Eigenschaften, die man sich zunutze machen kann, wenn man mit ihnen spricht. Auch wenn man alle Pflanzen Gabuns analysiert, kann man den Heilungsprozess erst dann in Gang setzen, wenn man die Sprache der Pflanzen spricht. Um die Sprache zu können, muss man die Religion kennen, die mit der Initiation einhergeht.«

9

Auf dem Rückweg machten wir in Lambaréné Halt, wo Dr. Schweitzer gelebt hatte. Von Libreville nach Lopé waren wir mit dem Zug gefahren, zurück flogen wir dank der Armee und des Verteidigungsministers mit einem Hubschrauber.

Erst als ich in Gabun war, brachte ich das Land mit Dr. Schweitzer in Verbindung. Wenn ich früher an ihn gedacht hatte, hatte ich einen vagen tropischen Ort in Afrika vor Augen. Jetzt befand sich dieser Ort direkt neben dem Hubschrauberlandeplatz, und mein erster Gedanke war, dass Hitze und Wasser alles überwältigten, dass sich nichts in der Nähe befand, was einem teuer und vertraut war, und dass es schwer gewesen sein musste, den größten Teil der mittleren Lebensjahre hier zu verbringen. Lambaréné war eine schmale, vierundzwanzig Kilometer lange Insel im Ogowe. Nach dem Staubwirbel, den die lauten Rotorblätter des Hubschraubers verursacht hatten, folgte der ebenso große Wirbel der offiziellen Begrüßung. Jeder, der den Gast des Verteidigungsministers begrüßte, schien beeindruckt von der Dringlichkeit des Hubschraubers; jeder – Repräsentanten der unterschiedlichen Ebenen der örtlichen Verwaltung, Offizielle des Krankenhauses – schien versessen darauf, sofort zu sagen, was er zu sagen hatte. Es waren atemlose Momente. Ich hatte mir ein bisschen Ruhe erhofft, um den Ort, den genius loci, auf mich wirken, ihn für sich selbst sprechen zu lassen und dadurch zu einer Vorstellung des Mannes zu gelangen, zu dessen Ehre wir gekommen waren.

Es sollte nicht sein. Dr. Schweitzer war hier nirgendwo mehr zu spüren trotz des langen Krankenhausgebäudes mit den tief nach unten gezogenen Giebeln und den zwei Räumen an einem Ende, die seine gewesen waren. Es gab ein altes Klavier (wie uns erklärt wurde, das zweite der zwei Klaviere, die der Doktor nach Lambaréné hatte schicken lassen), eine Partitur, die vierundvierzig Jahre nach dem Tod des Arztes überflüssigerweise aufgeschlagen war (um die Authentizität zu bezeugen zweifellos), die Seiten braun vom gleißenden Licht des breiten Ogowe. In einem Regal standen ein paar Bücher Dr. Schweitzers: nicht Bücher, die er besessen und gelesen hatte, sondern asiatische Übersetzungen (für die kein eigenes Zuhause gefunden werden konnte) der Bücher, die er geschrieben hatte, unwichtige Überreste eines Schriftstellerlebens. Im nächsten Zimmer stand das schmale Bett des Doktors mit einem Moskitonetz. Auf einem Tisch technische Relikte, darunter ein Mikroskop. Fotos, auf denen kaum etwas zu erkennen war. Möglicherweise befand sich die wahre Hinterlassenschaft irgendwo anders, und hier sahen wir nur die Dinge, die niemand sonst hatte haben wollen.

Als Junge in Trinidad, auf der anderen Seite des Atlantiks, hatte ich immer das Gefühl gehabt, dass das Licht und die Hitze die Geschichte des Ortes verbrannt hatten. Busch und Meer konnten keine Geschichte haben. Für ein Gefühl von Geschichte brauchte es Gebäude, Architektur. Auf dem Marine Square im Zentrum der alten spanischen Stadt und dank der wenigen ambitionierten Gebäude der britischen Periode gab es plötzlich Geschichte – man schien sehen zu können, wie sich die Veränderung vollzog. Hier in Lambaréné gab es keine Architektur, nur nichtssagende tropische Häuser, ockerfarben, ohne erkennbaren Stil, die die Vergangenheit verschluckt zu haben schienen.

Während wir uns umsahen, sagte eine junge Frau, unsere

offizielle Fremdenführerin, die Lebensdaten Dr. Schweitzers auf: Es war Bestandteil des Begrüßungstrubels.

Trotz des Mikroskops auf dem Tisch war Dr. Schweitzer mehr Missionar als Arzt gewesen. Die medizinische Ausbildung, die er absolviert hatte, war die verkürzte Ausbildung der Missionare gewesen; er war in Afrika das, was später die barfüßigen Ärzte in China waren. Als er und Lambaréné berühmt wurden, kamen qualifiziertere Ärzte, inspiriert von der Idee, die er zu verkörpern schien.

Dr. Schweitzer kam 1915 nach Gabun. Die französische Kolonie bestand seit über sechzig Jahren, und nahezu ebenso lange wurde von Amerikanern und Franzosen, von Presbyterianern und Katholiken missioniert.

Die englische Reisende Mary Kingsley besuchte Gabun 1893 und 1895. Ihr berühmtes Buch, *Die grünen Mauern meiner Flüsse. Aufzeichnungen aus Westafrika*, wurde 1897 von Macmillan publiziert. (Um des Kontextes willen: Es war das Jahr, in dem Somerset Maugham seinen ersten Roman veröffentlichte.)

Mary Kingsley beschreibt das rege Flussleben der Missionare und Händler in Gabun. Als Dr. Schweitzer 1915, zwanzig Jahre später, nach Gabun kam, musste er nicht wie Robinson Crusoe leben. Das Leben der Missionare war vermutlich bereits institutionalisiert. Afrikanische Kinder hatten häusliche Arbeiten gelernt; der Missionar, der keine große Energie hatte, musste lediglich einen Gottesdienst in der Kirche halten, die sich direkt neben seinem Haus befand.

Mary Kingsley schreibt insbesondere über Dr. Nassau, einen sehr frühen Missionar der amerikanischen Presbyterianer. Als sie ihn kennenlernte, arbeitete er bereits vierzig Jahre in Afrika. Sie ist voll des Lobes für ihn; er war eindeutig ein ungewöhnlicher Mann, intelligent, tatkräftig und kenntnisreich, was die Lebensweise und Glaubensvorstellungen der Afrikaner anbelangte. Das Thema afrikanische Religion interessierte auch Mary Kingsley. Sie befragte Dr. Nassau ausführlich über das, was sie »Fetisch« nennt, ihr Begriff für afrikanische Religion, und widmete dem Thema fünf Kapitel ihres Buches, hundert Seiten.

Neben Mary Kingsley und Dr. Nassau büßt Dr. Schweitzer seinen Glanz ein. Sein Ruf in Afrika, der sich bis heute erhalten hat, ist der eines Mannes, der »hart« zu Afrikanern war und sich nicht für ihre Kultur interessierte. Das ist vielleicht das wahre Geheimnis des Mannes: Nicht seine Fähigkeit, der Zivilisation seiner Zeit den Rücken zu kehren (obwohl der Kriegsbeginn 1914 ein Faktor gewesen sein mag), sondern die – nahezu heroische – Überzeugung von seiner eigenen Rechtschaffenheit, die es ihm ermöglichte, so viele Jahre distanziert in Afrika zu leben: Das bis an die Grenze getriebene Ideal des Missionars, der sich weniger dafür interessiert, den Menschen zu dienen, als sie zu umgarnen.

Auf ihren Reisen sah Mary Kingsley die Ruinen des ersten Missionshauses, das Dr. Nassau am Oberlauf des Ogowe gebaut hatte. Es stand oberhalb einer Schlucht, und vor dem Haus befand sich »als Illustration der flüchtigen Natur europäischen Lebens in Westafrika« das Grab von Mrs Nassau. Die vier oder fünf Zeilen über das verfallene Haus und das Grab sagen viel über Hingabe und Verlust und das rasche Wachstum des Busches.

Ganz anders die Granitkreuze neben dem Krankenhaus von Lambaréné. Sie stehen eng beieinander. Sie scheinen keinen Platz für andere zu lassen. Es sind die Kreuze der Familie Schweitzer. Sie sprechen mehr von Inbesitznahme und

Triumph als von Tragödie. In der Nähe steht das kleine Gehege eines deprimiert dreinblickenden Pelikans, der über festgetretene Erde läuft. Dr. Schweitzer hatte einen Pelikan als Haustier, und dieser unglückliche Pelikan, der nirgendwo hinfliegen und nirgendwo tauchen kann, wird zu seinem Andenken gehalten.

Es war Zeit, zum Hubschrauber zurückzukehren und weiterzufliegen. Ein paar Schulkinder waren für den Abschied abkommandiert worden, und ein paar Fotografen waren da. Der Junge, der neben mir stand, vollkommen versunken in seiner Phantasie, blind für alles, was um ihn herum geschah, begann, für die Fotografen schattenzuboxen, und sie, die ihn nicht sahen, drückten ein ums andere Mal auf den Auslöser.

SECHS

DENKMÄLER UND WÜSTEN

1

Es war Winter in Südafrika. Die Luft war trocken im Hochland um Johannesburg, und das Gras war braun; die Jakarandabäume (so waren sie mir gegenüber bezeichnet worden) vor dem Flughafen waren gelb. Hier erinnerte nichts an das tropische Afrika; die Farben ähnelten den winterlichen Farben von Gegenden weit im Norden, Iran vielleicht oder Kastilien. Die geraden Linien der Industriebauten auf dem Weg in die große Stadt gehörten einer Kultur der Wissenschaft und des Geldes an, es war der Stil eines anderen Kontinents, einer anderen Zivilisation. Die afrikanischen Arbeiter neben der Straße, die in dieser Umgebung zuerst exotisch gewirkt hatten, begannen allmählich ins Bild zu passen (und das außergewöhnliche Licht verlieh ihrer Schwärze einen tieferen Ton und einen extra Glanz).

Zwei Tage später, im Zentrum von Johannesburg, begriff ich, was in diesem Teil der Stadt nach dem Ende der Apartheid passiert war. Die Weißen, die nervös gewesen waren, weil sie nicht wussten, was das Ende der Apartheid bringen würde, waren gegangen, einfach so, und Afrikaner waren hergezogen, nicht Leute aus der Stadt, sondern ungebundene Menschen aus den angrenzenden Ländern, Mosambik, Somalia, Kongo und Simbabwe. Die Regierung des freien Südafrika hatte in einem Anfall von Afrikanisch-Sein die Grenzen für diese Menschen geöffnet, und sie lebten auf ihre eigene Weise in dieser Ecke der zu großen, zu harten und zu unnachgiebigen Stadt: Sie verwandelten die hohen Gebäude und die breite Schnellstraße in einen Slum oder reduzierten sie zumindest auf etwas Halbzerfallenes, und das auf eine Weise, die schwer vorstellbar gewesen wäre, als die Gebäude noch ihrem ursprünglichen Zweck dienten. Im Erdgeschoss waren die großen Glasfenster eingeschlagen, und Leinen voll ärmlicher Wäsche überzogen ein Bürogebäude (oder vielleicht auch Wohnhaus) bis ganz nach oben.

Der außergewöhnliche südafrikanische Schriftsteller Rian Malan (geboren 1954), der stets ohne Rhetorik und Falschheit und auf nahezu religiöse Weise den rassischen Schmerz seines Landes zu beleuchten sucht, sagte einmal, dass sich die Weißen in Afrika eine Mondbasis für ihre Zivilisation errichtet hätten; wenn sie zerfiele, gäbe es nichts mehr, weder für die Schwarzen noch für die Weißen.

Vierzig Jahre zuvor hatte ich in Ruanda am Ufer des Kiwusees gesehen, wie eine belgische Feriensiedlung vom Wald und von den Menschen des Waldes übernommen worden war. Die Menschen, die solide Dächer und Mauern und feste Böden, kurz fertige Unterkünfte schätzten, waren eingezogen, aber bald unglücklich geworden: Sie mochten die viereckigen Räume der belgischen Häuser nicht und versuchten sie schrittweise in die ihnen vertrauten runden Räume ihrer Hütten umzugestalten. Ein paar Jahre später hatte ich im Kongo gesehen, wie ganze Wohngegenden der Stadt, die früher Stanleyville und jetzt Kisangani hieß, vom Wald verschlungen wurden. Hier und da war noch ein verblichenes Straßenschild aus einem früheren Leben übrig geblieben (der Verlauf der Straßen selbst war nicht mehr entzifferbar).

Diese Gegend von Johannesburg, die von Wissenschaft, Eleganz und Architektur geprägt war (ebenso von Bildung und Hingabe, wie das geheimnisvolle Lehrbuch, das Joseph Conrad in einer Hütte am Ufer des Kongo fand), hatte die gleiche Wirkung auf mich wie der Busch in Kisangani. Sie erinnerte mich an andere Orte des Verfalls und Ruins, die ich gesehen hatte: Den Kriegsschutt in Ostberlin, der während des Kommunismus als Denkmal bewahrt wurde. Aber selbst in den schlimmsten Tagen schien es einfacher, diese Teile Ostberlins wieder aufzubauen, als dieser halb zerfallenen Gegend von Johannesburg so etwas wie ihre ursprüngliche Bedeutung zurückzugeben. Wo sollte man anfangen? Man müsste mit der Idee der Stadt anfangen, mit der Idee der Zivilisation, und noch bevor man damit begonnen hätte, würde man von Protesten überschwemmt.

In diesem neuen Slum gab es weitere Entdeckungen zu machen. In einem massiven alten Lagerhaus wurden jetzt neue Waren feilgeboten, die man nur als Parodie dessen begreifen konnte, was einst hier gelagert hatte. Es war ein Markt für die Waren der Hexenmeister, und er war riesig. Hier gab es die *muti*-Waren, die die Patienten der Hexenmeister kaufen mussten, damit der Hexenmeister sie nach eigenem Gutdünken verwendete, normalerweise um Medizin daraus herzustellen, die die unglückliche verhexte Person zu sich nehmen musste. Die am wenigsten anstößigen Zaubermittel waren die Kränze aus Kräutern, mit denen ein Raum oder Haus ausgeräuchert wurde, um einem bösen Geist das Leben schwer zu machen. Weiter oben auf der Skala der Gewichtigkeit rangierten Wurzeln, an denen noch Erde klebte; vielleicht wurden sie zu Reinigungen benutzt: Die Reinigung ist ein allgegenwärtiges Thema afrikanischer Zauberei.

Und dann kamen wir in den Bereich des Schrecklichen: Körperteile von Tieren, ordentlich aufgereiht auf einer Art Plattform. Der Händler saß auf einem niedrigen Schemel neben seinen Waren. Die Waren wurden im Markt gelagert, so dass die Händler ihre Sachen am Ende des Tages nicht forttragen und am Morgen zurückbringen mussten; städtische Vorschriften begünstigten den *muti*-Markt. Unser Händler hatte ein geschicktes Händchen für das Arrangement seiner Waren; er hatte disparate Körperteile nebeneinander gelegt, einen Kieferknochen, eine Rippe, und nun schienen sie zusammenzugehören oder Teil einer Serie zu sein. In der linken oberen Hälfte lagen drei Pferdeköpfe, das Fell nicht abgezogen, um zu veranschaulichen, dass diese Stücke, die so stolz zur Schau gestellt wurden (und zweifellos wertvoll waren), einst frisch aus dem Schlachthaus gekommen waren. Es war bestimmt nicht leicht gewesen, sie aufzutreiben. Die Person, der vom Hexenmeister auferlegt würde, einen Pferdekopf zu bringen, wäre auf fürchterlichste Weise verhext. Es musste ein sehr teurer Zauber sein. (Aber vielleicht nicht so teuer wie die Brust einer weißen Frau, die gemäß der Polizei hier als *muti* angeboten worden war.)

Ich hätte gern gewusst, wie viel ein Pferdekopf kostete, aber ich wagte nicht, den Händler danach zu fragen. Ich hatte ihm bereits viele Fragen gestellt, und seine Geduld mit mir war nahezu erschöpft. Er wurde missmutig. Er war stolz auf seine Ware und ihre Anordnung. Jeden Tag kamen Müßiggänger wie ich vorbei, Besucher, Touristen, die ihn nach dem Zweck von diesem und jenem fragten ohne die Absicht, etwas zu kaufen, und die Zeit des Händlers verschwendeten und erwarteten, ernst genommen zu werden.

Abgesehen von den Pferdeköpfen hatte er noch mehrere

Köpfe von Rotwild, die in der Mitte mit einem Hieb eines scharfen Messers oder einer Axt gespalten waren, so wie auf einer Kakaopflanzung zur Erntezeit eine Kakaoschote mit der linken Hand hochgehoben und mit einer Machete in der Rechten gespalten wurde. Präzision und Geschwindigkeit waren unerlässlich, damit das Hirn des armen Tieres aus dem Schädel genommen und verkauft werden konnte, und die Spaltung geschah so schnell, dass die Köpfe mit der schmalen Schnauze ansonsten unverletzt und anmutig waren und im Markt angeboten werden konnten mit Augen, die noch lebendig und neugierig und furchtlos dreinblickten.

Der Geruch war entsetzlich. Neben den auf der Plattform verteilten Körperteilen hingen Streifen von Mägen wie Stoffstücke an Leinen, so dass ein Fachmann seine Wahl treffen oder überprüfen konnte, was er wollte. Diese Stücke waren weiß oder weißlich, farblos; Staub hatte sich darauf angesammelt.

In einem Käfig bot der Händler zwei Meerschweinchen an. Der Geruch des Todes peinigte sie, und sie kuschelten sich aneinander und fanden einen flüchtigen Trost in der lebendigen Wärme des anderen. Der Händler, der meine Bedenken bemerkt hatte, rief mir zu, dass es seine Haustiere wären. Er machte sich lustig über mich. Nachdem sie verkauft wären, würden die Meerschweinchen auf die bevorzugte rituelle Weise mit einem sehr schmerzhaften Messerstich ins Herz geschlachtet. Ihr frisches Blut würde auf Anweisung des Hexenmeisters getrunken als Teil des Opfers.

Ich fand alles schrecklich und zutiefst enttäuschend. Die Menschen von Südafrika hatten einen großen Kampf hinter sich. Ich hatte erwartet, dass ein großer Kampf große Menschen hervorbringen würde, Menschen, deren magische

Praktiken auf tiefgründige Einsichten verweisen würden. Ein rationaler Mensch konnte sich unmöglich vorstellen, dass aus den Überresten dieser armen Tiere etwas Gutes entstehen konnte. Ebenso wenig konnte ich mir später vorstellen, dass die Unterstützung, die die Wahrsager boten, das große Leiden mildern konnte, das die Menschen in der riesigen Stadt und den dazugehörigen übervölkerten Townships erdulden mussten. Hier war nichts von der Schönheit zu sehen, die ich bei den Yoruba in Nigeria mit ihrem Kult der natürlichen Welt vorgefunden hatte, nichts von der gabunischen Vorstellung von Energie, die mit dem Wunder der mächtigen Wälder zusammenhing. Hier gab es nur die simpelste Form von Zauberei, die nicht über sich hinauswies und aus der nichts erwachsen konnte.

Nur ein paar Stunden zuvor war mir im Apartheid-Museum eine andere Art von afrikanischem Schmerz begegnet. Es waren zwei unterschiedliche Afrikas; ich brachte sie nicht zusammen. So erging es einem hier, wenn man sich umsah: Man pendelte von einem Afrika zum anderen. Und wenn man auf diese Weise von einer Vorstellungswelt in die andere wechselte, gewann man schließlich den Eindruck, dass sich Politik und Geschichte verschworen hatten, um die Menschen von Südafrika zu verdummen.

Nicht weit vom *muti*-Markt lag die Straße der Wahrsager. Die Räume waren beengt; ein Tisch und eine Bank für die Ratsuchenden nahmen fast den ganzen Raum ein. Im ersten Laden war eine sehr dünne Frau, die für ihr Baby, ein Mädchen, Medizin besorgen wollte – wahrscheinlich Aids, aber ich mochte nicht fragen. Sie gab dem Heiler hundert Rand, und bald darauf kehrte er mit vierzig Rand und Kräutern oder Kräuterpulver in Zeitungspapier zurück. Die dünne

Frau freute sich auf bedauernswerte Weise und glaubte, Gesundheit für ihr Baby gekauft zu haben. Auf der anderen Straßenseite gab es eine Wahrsagerin. Auch ihr Raum war klein, und es war dunkel darin. Zwei Kerzen brannten. Die Wahrsagerin saß auf einem niedrigen Schemel, ließ uns Knochen werfen, so wie wir es ein paar Monate zuvor in Nigeria getan hatten, und interpretierte die Zeichen für uns.

Auf der Straße parkten Polizeiautos. Unser Fahrer sprach mit den Polizisten. Als er zurückkam, sagte er, dass die Polizei die Spur von gefährlichen Verbrechern verfolge und hierhergekommen sei in der Hoffnung, schützenden *muti* zu finden.

2

In eine Wand des Apartheid-Museums waren die Namen einiger repressiver rassistischer Gesetze eingraviert, mit deren Hilfe der Staat sich gehalten hatte. Die Apartheid gab es nicht mehr, aber sie hatte lange genug gedauert – sechsunddreißig Jahre –, um Menschen durch diese Gesetze zu prägen. Fatima, unsere Reisebegleiterin und Organisatorin, war von diesen Gesetzen geprägt worden. Jemand, der weniger stark gewesen wäre, wäre daran zerbrochen. Fatima hatte literarische Ambitionen; dieser Ehrgeiz bewahrte sie davor, ihre Seele zu verlieren. Außerdem interessierte sie sich für Kulturen außerhalb Südafrikas – anfänglich träumte sie von der islamischen Welt –, und obwohl sich dieser islamische Traum als fehlgeleitet erweisen sollte, hatte er ihr letztlich geholfen.

Als wir uns kennenlernten, sagte sie, dass sie eine »Farbige« sei. Es war ein südafrikanischer Ausdruck, der zum einen jemanden mit gemischtrassigen Vorfahren beschrieb, zum anderen war er aufgeladen mit unausgesprochenen Ressentiments. Die Bezeichnung stammte aus der fernen Vergangenheit und implizierte, dass ein Vorfahre ein Buschmann gewesen war: das südafrikanische Äquivalent eines Pygmäen, einerseits körperlich unbedeutend, andererseits der erste Mensch, jemand, der sich mit Bäumen, Pflanzen und Giften auskannte. Im »Origins Centre« der Universität von Witwatersrand liefen endlos Kurzfilme (verkratzt und laut, weil sie ununterbrochen wiederholt wurden) über Buschmänner, die sangen, tanzten und die großartigen Elenantilopen jagten, die sie vergifteten und auf grausame Weise töteten.

Mütterlicherseits hatte Fatima einen Engländer zum Urgroßvater. Ihre Urgroßmutter war eine Xhosa gewesen, die behauptete, gemischtrassig zu sein (eine Phantasie, die bereits die Gesetzgebung der Apartheid hervorgerufen hatte). Doch Fatima hatte Fotos von ihr gesehen und meinte, dass sie wie eine reinrassige Xhosa aussah. Fatimas Großvater väterlicherseits war sehr schwarz, aber die Familie sprach Afrikaans und hasste dunkle Haut; wenn Fatima sie besuchte, gingen sie mit ihr zum Friseur und ließen ihr drahtiges Haar entkrausen, damit es wie das einer Weißen aussah.

Sie wuchs in einer Farbigengemeinde als »farbiges Mädchen« auf, ohne irgendeine Identität. Die Xhosa-Mädchen in der Schule hatten eine Identität, und sie hatte nichts. Ihre Nachbarn waren Muslime, und sie sah, dass sie Feste feierten und Rituale vollzogen und eine muslimische Identität besaßen, und zweifellos um sich an dieser Identität festzuhalten, heiratete sie mit zwanzig einen muslimischen Kleriker. Sie war sehr zufrieden mit dieser Entscheidung, da sie die Religion sozusagen an der Quelle kennenlernte. Sie begann, sich

»zu bedecken«, zuerst nur mit einem Kopftuch, doch bald schon waren nur noch Gesicht und Hände zu sehen. Es war ihre eigene Entscheidung, doch dann stellte ihr Mann immer weitere Forderungen. Er wollte nicht, dass sie zusammen mit anderen Männern in einem Taxi fuhr; er wollte nicht, dass sie fremden Männern die Hand gab. Er drohte ihr mit Scheidung. Sie konnte nicht mehr als Journalistin arbeiten; ihr Traum von der islamischen Identität platzte. Er erlitt einen weiteren herben Schlag, als sie nach Durban ging, um sich dort der indischen Gemeinde anzuschließen. Die Gemeindemitglieder machten es ihr nicht leicht; sie wollten ihren Familiennamen wissen und aus welchem Dorf sie stammte, und als sie am Ende dieser strengen Befragung erfahren hatten, dass sie eine Farbige war, wollten sie nichts mehr mit ihr zu tun haben. Sie las viel über den Islam, und sie wusste mehr als die Inder und Muslime, die sie befragten; es half nichts. Sie machte die Pilgerreise nach Mekka, empfand jedoch nichts dabei; sie sah nur die Restriktionen, denen Frauen unterworfen waren.

Dann suchte sie nach einer schwarzen Identität, doch auch das war nicht leicht. Wieder kam ihr in die Quere, dass sie eine Farbige war; die Schwarzen wiesen sie zurück als jemanden ohne Land und Kultur. Ihre südafrikanische Reise wurde zu einer Entdeckung des Schmerzes: von ihren farbigen Anfängen über den islamischen Traum und die Inder von Durban zu den Schwarzen in den Townships. Es gab Townships in Durban, aber sie waren in der Nähe des Flughafens, wohin sie nie gekommen war. Townships sah sie erst, als sie nach Johannesburg zog und begann, mit Schwarzen zu arbeiten. Erst da verstand sie das große Leiden der Afrikaner, die Illusion von politischer Freiheit und vom Ende der Apartheid.

Fatima sagte: »Ich beobachte, dass die Schwarzen hier aufgeschlossener sind als die weißen Südafrikaner. Sie, die Weißen, wollen die Schwarzen ›dort‹ haben, das heißt, nicht in ihrer Nähe. Sie können sich nicht versöhnen, noch können sie verzeihen, sie wollen Distanz zu den Schwarzen. Sie sind voller Vorurteile, zum Beispiel, dass Soweto gefährlich und ein schwarzer Freund schlecht ist.«

Als ich mit diesem Buch anfing, wollte ich mich von der Politik und von Themen fernhalten, die mit Rasse zu tun haben. Mein Ziel war es, nach dem Kern afrikanischer Glaubensvorstellungen zu suchen. Aber so wie Fatima auf ihrer Suche nach Identität fühlte ich mich in Südafrika an meinem Vorhaben gehindert und musste einsehen, dass Rasse hier alles durchdrang und so tief reichte wie anderswo die Religion.

3

Das Apartheid-Museum war mein erster Kontakt mit der südafrikanischen Vorstellung von einem Denkmal. Ich empfand es als bewegend, aber am Ende der Straße von Johannesburg nach Pretoria stand noch etwas Großartigeres. Es war das Afrikaaner-Denkmal, das den Großen Treck der Buren von der Kapkolonie ins Landesinnere in der ersten Hälfte des neunzehnten Jahrhunderts feierte. Die Buren unternahmen den Treck, um sich von den Briten zu befreien. Sie nahmen alles mit, was sie besaßen, auch ihre Tiere, und machten sich mit Ochsenkarren auf den Weg. Es konnte nur langsam und schwerfällig vorangehen. Was sie erwartete, war ungewiss. Die Afrikaner waren ihnen nicht wohlgesinnt; viele starben. Fatima hatte in der Schule alles über den Großen Treck lernen müssen; aus Scharmützeln waren Schlachten geworden, und alle diese Schlachten mussten auswendig gelernt werden. Und dann war es ihr – eine weitere grausame Wendung – nicht einmal erlaubt gewesen, das Denkmal zu besuchen.

Das Denkmal aus braunem Granit steht auf der Kuppe eines Hügels. Von der Straße sieht es aus wie eine Beule auf dem Hügel. Nichts Freistehendes, keine heroische, überlebensgroße Skulptur. Man nähert sich ihm durch den Garten auf der Rückseite, blickt empor zu seiner großen Höhe, und dann steigt man hinauf. Am Eingang steht die grüne Bronzestatue einer strengen Frau, überlebensgroß, ihr Kopf bedeckt. Sie beschützt zwei Kinder, die sich an sie klammern. Das ist ein merkwürdiger sentimentaler Touch, der nicht zu der germanischen Schwere des Monuments aus den 1930er Jahren passt, das (wie so viele Art-déco-Gebäude) ein bisschen aussieht wie ein vergrößertes Radio oder Röntgengerät. Das Denkmal ist umgeben von einer symbolischen Mauer, die es zu beschützen scheint. Sie besteht aus einem kreisförmigen Basrelief aus vierundsechzig Ochsenkarren. Die Zahl ist von Bedeutung. Vierundsechzig Ochsenkarren bildeten die Wagenburg, als die Trecker am 16. Dezember 1838 von den Zulus angegriffen wurden. Die Zulus erlitten eine schwere Niederlage, und für diesen Sieg am Blood River steht das Denkmal.

Man betritt es durch eine Tür aus Teakholz, und im Inneren ist es rund und kühl und schön. Licht dringt durch vier große Bogenfenster, eines auf jeder Seite. Zwischen vier Scheiben befinden sich Längsstreben aus Granit, die seltsamerweise ein islamisches Muster bilden. Auf siebenundzwanzig Basrelief-Plaketten befinden sich im Rund auf Augenhöhe die Stationen, Niederlagen und Siege des Trecks. Dabei muss festgehalten werden, dass die Afrikaner nicht karikiert werden. Sie werden mehr oder weniger nackt dargestellt und sehen aus diesem Grund heroischer aus als die Trecker, die die volle Montur des neunzehnten Jahrhunderts tragen.

All das allein wäre schon beeindruckend, aber es gibt noch mehr zu sehen. Unterhalb der Haupthalle befinden sich mehrere Ebenen, auf denen Artefakte des Trecks ausgestellt sind. Die Arbeiten an dem Denkmal begannen am 16. Dezember 1938, auf den Tag einhundert Jahre nach der Schlacht am Blood River, und es wurde in Anwesenheit von 250 000 Menschen offiziell am 16. Dezember 1949 von D. F. Malan eröffnet, im ersten Jahr der Apartheidpolitik, die er und seine nationalistische Regierung Südafrika auferlegt hatten. Es ist ein Afrikaaner-Denkmal, ein Denkmal afrikanischer Niederlage, und es ist leicht zu verstehen, warum Fatima und Menschen wie sie es nicht besuchen durften.

Der Architekt, Gerard Moerdjik, war der Ansicht, er habe ein Denkmal gebaut, das tausend Jahre überdauern würde. Er hätte vorsichtiger sein sollen. In einem so fragmentierten Land wie Südafrika sieht man leicht, was man sehen will, und baut auf Sand. Die Zeiten haben sich natürlich geändert. Moerdjiks Afrikaaner-Denkmal ist ein Nationalmonument, Teil des kulturellen Erbes und darf weiter bestehen. Aber niemand weiß wirklich, was die Zukunft bringen wird.

4

Rian Malan machte mich mit dem Werk des Afrikaaner-Schriftstellers Herman Charles Bosman bekannt. Kurz vor meiner Abreise gab er mir ein Exemplar von *Mafeking Road*, eine der vier Sammlungen von Kurzgeschichten Bosmans. Es war eine südafrikanische Ausgabe, die keine Daten über den Autor und sein Leben enthielt. Infolgedessen hatte ich das Gefühl, als ob ich blind lesen würde. Ich konnte mich nur an ein Zitat von Roy Campbell halten, und er war vor vielen Jahren gestorben. Bosmans Talent war beeindruckend. Er schreibt über einfache oder rückständige Menschen vom Land gegen Ende des neunzehnten Jahrhunderts; die Geschichten bauen aufeinander auf, fügen sich zu einem Ganzen zusammen. Sie erschaffen eine Gemeinschaft, und der schlichte Stil des Autors deckt viele Stimmungen ab. Er kann komisch sein; dann wieder erschafft dieselbe schlichte Stimme große Schönheit. Eine Geschichte handelt von einem Leoparden, der vor dem Erzähler auftaucht, ihn bedrohlich abschnüffelt, aber sich dann nahezu wie ein Hund verhält. Der Erzähler beginnt mit seinem Leoparden anzugeben. Seine Nachbarn glauben ihm nicht. Eines Tages sieht er den Leoparden auf der Straße, er schläft wie ein Hund mit überkreuzten Pfoten. Bei näherer Betrachtung entdeckt er jedoch in der Brust des Tieres das Loch, das das Mauser-Gewehr gerissen hat. Das Mauser-Gewehr ist die bevorzugte Waffe des Dorfes. Die Prahlerei des Erzählers und die Grausamkeit seiner dummen Nachbarn haben den Tod dieses magischen Geschöpfes verursacht.

Die längste Geschichte in der Sammlung handelt von einem Treck. Der Große Treck vom Kap ist Bestandteil der

Folklore dieser einfachen Menschen; in ihrer Phantasie ist er etwas, was sie alle versuchen können. Am Ende des verlorenen Burenkriegs braucht es nur wenig, um sie davon zu überzeugen, dass die Briten sie unterdrücken wollen, dass sie einen Treck in die Freiheit, nach Namibia, Deutsch-Südwestafrika, unternehmen sollten, wo sie germanische Menschen, wie sie selbst es sind, vorfinden würden. Doch dieser Treck würde sie durch die schreckliche Wüste Namib führen. Nicht viele von ihnen kennen sich mit der Wüste aus und wissen, wie man dort Wasser findet. Aber in ihrem Leichtsinn setzen sie sich über diese Gefahren hinweg.

Sie beladen die Ochsenkarren wie die früheren Trecker und ziehen los; nahezu sofort bricht das Unheil über sie herein. In Bosmans Geschichten gibt es keine falschen Fährten. Nachdem das Vieh zum ersten Mal getrunken hat, haben sie kein Wasser mehr. Dann finden sie ein Schlammloch, doch die armen gequälten Ochsen gehen auf die Knie, finden nichts zu trinken und können kaum mehr aufstehen. Nach nur ein paar Tagen reden sich die Trecker in ihrem Wahnsinn ein, dass sie die Wüste fast durchquert hätten. Eines Morgens sind ihre afrikanischen Dienstboten verschwunden; das kommt einem Todesurteil für die Gruppe gleich. Ein Detail fügt sich zum anderen: Bosmans dezenter Stil wird dem Elend und der Großartigkeit dieser schrecklichen Begebenheiten auf wunderbare Weise gerecht. Ein paar der Möchtegern-Trecker beschließen umzukehren, doch in einer sonderbaren Wendung verlieren diese Leute ihre moralische Autorität (obwohl allen mittlerweile klar ist, dass der Treck durch die Wüste ein fürchterlicher Fehler war); sie haben die Gruppe im Stich gelassen. Der Mann, der sich als Erster für den Treck stark gemacht hat, wird verrückt. Er drängt weiter und wird später – als die Überlebenden zurückkehren und die Vermissten zählen – von Fährtenlesern aus Bechuana tot aufgefunden.

Ich erwähne Bosmans Geschichten und das Voortrekkerdenkmal an gleicher Stelle, weil ihnen eine Ambiguität gemeinsam ist. Sie hat etwas mit dem Thema zu tun. Das Voortrekkerdenkmal steht nicht nur für den Großen Treck, sondern auch für die Niederlagen und das Leiden Afrikas. Das Denkmal ist ein Kunstwerk; es zeugt von Ehrgeiz. Seine Errichtung dauerte elf Jahre und kostete in den frühen 1940er Jahren 400 000 Pfund (360 000 Euro). Alles daran ist wohlüberlegt, doch sein Gegenstand erniedrigt es.

Ähnliches kann man über Bosmans Geschichten sagen. Sie sind wunderbar geschrieben, doch ihr eigentliches Thema wird nicht explizit ausgeführt. Die geschilderten Menschen sind einfache Menschen vom Land, doch aufgrund ihrer Schlichtheit, ihres Mangels an Phantasie bringen sie unsägliches Leid über die Afrikaner. Man könnte sagen, dass Bosman fair ist, dass er auf seine stille Art nichts auslässt und dem Leser die Freiheit lässt, alles zu interpretieren. Vielleicht ist Bosmans Art *zu* still. Rian Malan meinte, dass man ihn mit Mark Twain vergleichen könnte. Und da ist was dran. Man müsste ihn mit Huck Finns schrecklichem, absurdem Vater vergleichen, eine wunderbare, komische Figur. Doch in Bosman findet sich nichts ähnlich Vollblütiges; diese Vollblütigkeit ist außerhalb seiner Reichweite.

5

Ein wahrhaft großer Mann reiste in den 1890er Jahren von Durban über Johannesburg nach Pretoria. Seine Reise, teilweise eine moderne Version (mit Eisenbahn und Postkutsche) des Großen Trecks, war eine Art Golgatha; sie veränderte sein Leben und setzte sein Lebenswerk in Gang, aber dieses Werk vollzog sich in Indien und nicht in Südafrika, und weder in Johannesburg noch in Pretoria steht ein Denkmal für ihn. Der Reisende war Mohandas Gandhi, und die Geschichte seines Leidenswegs begann 1893, als er nach Südafrika kam. Er war erst vierundzwanzig Jahre alt, und dank der Beziehungen seiner Familie hatte ihn ein wohlhabender indisch-muslimischer Geschäftsmann als Anwalt engagiert. Er hatte so gut wie keine Berufserfahrung.

Er war nur einmal in Bombay vor Gericht erschienen, in einem absurden Fall, in dem es um dreißig Rupien ging. Nichts hätte trivialer sein können, aber für Gandhi endete es in einem Fiasko. Als der Fall verhandelt wurde, stand Gandhi auf, um die gegnerische Seite zu befragen. Aber er war plötzlich sehr schüchtern und brachte den Mund nicht auf. Er setzte sich wieder und bat, dass der Fall (für einundfünfzig Rupien) Mr Patel, einem erfahrenen Anwalt, übergeben würde. Mr Patel erledigte die Sache brüsk und bekam zweifellos sein Honorar; Gandhi schämte sich zu sehr, um sich zu informieren, ob seine frühere Mandantin gewonnen oder verloren hatte. Nach diesem Vorfall entschied er, die Gerichte zu meiden und Schriftsätze aufzusetzen.

Damit verdiente er sich einen Lebensunterhalt, bis das Angebot des Freundes der Familie Gandhi kam. Ein Jahr in Südafrika, Schiffspassage erster Klasse, ein Gehalt von

105 Pfund, Kost und Logis. Gandhi war klug genug, um zu realisieren, dass er unter diesen Bedingungen eher als Dienstbote angeheuert wurde und der Geschäftsmann einen Anwalt zum Schnäppchenpreis eingekauft hatte. Aber das machte ihm nichts aus; ihm gefiel die Vorstellung des Abenteuers, und er feilschte nicht.

Anfänglich schien es tatsächlich ein Abenteuer: eine gemächliche Seereise, Lamu, Mombasa, Mosambik und dann Durban. Dort traf er seinen Arbeitgeber, und der erklärte ihm, dass er für die Firma eine letztlich unnütze Investition sei, weil es nicht viel für ihn zu tun gebe. Das anhängige Verfahren seines Arbeitgebers hatte etwas mit der Buchhaltung zu tun. Gandhi kaufte ein Buch und studierte es, und bald wusste er, was er wissen musste.

Nach acht Tagen kaufte man ihm eine Fahrkarte erster Klasse nach Pretoria (im Norden). Sein Arbeitgeber war der Ansicht, dass Gandhi fünf Schilling für Bettzeug haben sollte. Gandhi wollte das Geld lieber sparen und glaubte später, dass seine Sturheit und seine Sparsamkeit verantwortlich waren für alles, was folgte – obwohl schwer einzusehen ist, warum er das glaubte. Und so begann sein Leidensweg. Auf jedem Bahnhof unterwegs – Maritzburg, Charlestown, Standerton: dreißig Jahre später, als er seine Autobiographie schrieb, erinnerte sich Gandhi an jeden Namen (nicht alle haben in einem modernen Atlas überlebt) – musste er Schande, Angst und Beleidigungen auf sich nehmen, eine so schlechte Behandlung, solche Gewalttätigkeiten, dass er sich fragte, ob er heil ankommen würde.

In Maritzburg fragte der Schaffner, ob Gandhi Bettzeug brauche. Er erwiderte: »Ich habe mein eigenes dabei.« Und obwohl er es nicht ausspricht, glaubt er, dass genau damit die Probleme begannen. Es kamen zwei Eisenbahnangestellte, und dann kam ein Dritter, und dieser Dritte wollte ihn in den Güterwaggon schicken. Als Gandhi sich weigerte und sagte, sie müssten ihn mit Gewalt dorthin bringen, wurde ein Polizeiwachtmeister geholt; der Polizist stieß ihn und sein Gepäck aus dem Zug. Gandhi setzte sich irgendwo hin und wartete die ganze Nacht. Es war sehr kalt. In seinem Koffer hatte er einen Mantel, meinte jedoch, beleidigt zu werden, wenn er ihn auspackte. In dieser Nacht ging er lange in sich. Sollte er nach Indien zurückkehren? Sollte er bleiben und kämpfen? Sollte er nach Pretoria weiterreisen und sich nichts aus den Vorfällen machen? Er befand, dass er bleiben und gegen die Krankheit der Vorurteile kämpfen, und wenn es sein musste, deswegen leiden sollte. Am Ende dieser Nacht beschloss er, mit dem nächsten Zug nach Pretoria zu fahren.

Er wäre nicht Gandhi gewesen, wenn er aus dieser Krise nicht mehr Gewinn gezogen hätte. Aber er war bereits Gandhi – abgesehen von allem anderen ein Mann mit Manieren, ein Mann des Gesetzes, der Vertrauen in das Gesetz hatte (noch nicht Vertrauen in den Glauben) –, und am nächsten Morgen schickte er ein langes Telegramm an den Generalmanager der Eisenbahn. Der nächste Zug (den er mit der Fahrkarte für das Bettzeug bestieg, das zu kaufen er sich in Maritzburg geweigert hatte) brachte ihn nach Charlestown. Dort setzte sich sein Leidensweg fort. Zwischen Charlestown und Johannesburg verkehrte damals kein Zug, sondern nur eine Postkutsche, und der Mann, der sie fuhr, war ein Menschenschinder. Er quälte Gandhi, ließ ihn nicht in der Kutsche und auch nicht auf dem Kutschbock Platz nehmen, sondern verlangte, dass er sich auf das Trittbrett setzte. Er behandelte Gandhi so grob, dass die anderen Fahrgäste protestierten.

Die Kutsche machte in dem kleinen Dorf Standerton (auf keiner größeren Karte verzeichnet) über Nacht Halt. Dort lebten Inder, die Gandhi auf Bitte seines Arbeitgebers aufnahmen. Er stand unter ihrem Schutz und nutzte die Gelegenheit, um dem Betreiber der Postkutschenfirma einen langen Brief zu schreiben. Er erhielt eine positive Antwort: Die Kutsche, die von Standerton aus weiterfuhr, sei größer und der elende Kutscher wäre nicht dabei. Am nächsten Abend begleiteten ihn die Inder zur Kutsche und sorgten dafür, dass er einen guten Platz bekam, und so erreichte er Johannesburg schließlich sicher. Um das letzte Stück der Reise, nach Pretoria, so zurückzulegen, wie er es sich für einen Anwalt vorstellte – in der ersten Klasse –, ergriff er die Vorsichtsmaßnahme, dem Bahnhofsvorstand schriftlich mitzuteilen, wer und was er war, und kaufte die Fahrkarte selbst (ein Sovereign). Dazu zog er einen Frack und eine Krawatte an. (Es gibt ein Foto von Gandhi in Südafrika, auf dem er so bekleidet ist, und wenn wir davon ausgehen, dass seine Garderobe nicht sehr umfangreich war, dann ist er darauf möglicherweise auf dem Weg zum Fahrkartenschalter von Johannesburg zu sehen.) Und wie so oft, wenn wir uns intensiv auf Ärger vorbereiten, gab es keinen. Der Mann hinter dem Fahrkartenschalter war kein Südafrikaner. Er war Holländer und ausgesprochen höflich und freundlich.

Zu diesem Zeitpunkt glaubte Gandhi an das britische Empire. Er glaubte, dass Inder in Südafrika diskriminiert wurden, weil sie politisch indifferent, in keinen Institutionen vertreten und nicht organisiert waren. Als die juristische Arbeit, die ihn nach Südafrika geführt hatte, erledigt war (er überzeugte die beteiligten Parteien von einem Vergleich), bereitete er sich darauf vor, nach Indien zurückzukehren. Er fuhr nach Durban, um auf ein Schiff zu warten. Dort entdeckte er eines Tages in der Lokalzeitung einen Artikel über die Geschäftskonzessionen der Inder: In der Provinz Natal sollte ein Gesetz verhandelt werden, das den Indern die Konzessionen entzog. Gandhi war schockiert, doch die wohlhabenden indischen Geschäftsleute, mit denen er sprach, wussten nichts davon und waren nicht allzu besorgt. Das war noch schockierender; nach kurzer Diskussion beschlossen sie, die Last des Protests Gandhi aufzubürden.

Gandhi verschob seine Rückkehr nach Indien. Und so ging es immer weiter; er begriff zunehmend, wie Inder benachteiligt wurden, und blieb letztendlich zwanzig Jahre. Als er nach Südafrika kam, war er sehr jung und unerfahren gewesen, extrem schüchtern, lediglich ein Anwalt, der Schriftsätze aufsetzen konnte; er war in mittleren Jahren, als er zurückkehrte, der Anwalt ging auf im Mahatma, und seine politischen Mittel hatte er perfektioniert: ziviler Ungehorsam, Hungerstreik, Spiritualität.

Und alles begann auf der schrecklichen Reise von Durban nach Maritzburg nach Charlestown nach Standerton nach Johannesburg nach Pretoria. In achtundvierzig Stunden fiel seine Schüchternheit von ihm ab wie ein Gewand; obwohl er noch so jung war, wurde er zu einem Anführer. In Johannesburg halfen ihm viele Europäer, vor allem deutsche Juden. Das muss eine Offenbarung für ihn gewesen sein. Sein Anliegen waren die Inder in Südafrika; die Unterstützung von außen muss seinen Horizont erweitert und ihm politisch und religiös die Augen für die Welt geöffnet haben. Später schrieb er voller Liebe über Johannesburg. Allerdings muss auch festgestellt werden, dass Gandhi Probleme mit Afrikanern hatte; es fiel ihm schwer, ihnen einen Platz in seinem Weltbild zuzuweisen.

Noch in dem krisenhaften Augenblick in der Kutsche nach Standerton findet er ein grausames Wort – »Hottentotte« – für den afrikanischen Dienstboten des Kutschers, der auf dem Kutschbock sitzen darf. Da er sich über Rassenvorurteile beschwert, ist dies ein seltsames Wort aus seinem Mund. Aber vielleicht gibt es eine Erklärung dafür. Gandhi diktierte seine Autobiographie seinem gujaratischen Sekretär, Mahadev Desai, in Gujarati. Desai übersetzte sie ins Englische, und möglicherweise ist »Hottentotte« ein englisches Wort aus dem Wörterbuch, ein Synonym, für das Desai sich entschied.

6

Man kann sich eine Weile in Johannesburg aufhalten – auf den breiten Straßen, in den Ausstellungsräumen für Autos, den Parks –, ohne die Townships zu sehen. Man weiß, dass sie irgendwo im Hintergrund sind – es wurde so viel über sie geschrieben –, und dennoch kann man über das erste Township, das man sieht, erschrecken: die kleinen Häuser aus Ziegeln oder Beton, eins wie das andere, die geraden Straßen, die kleinen Höfe, keine Bäume. Wenn man sich weit genug in üble Gegenden wagt, bestehen die Häuser oder Hütten nur noch aus alten Wellblechplatten, mit einer Nummer gekennzeichnet, um sie identifizieren zu können. Es ist erstaunlich, dass Menschen in solchen Behausungen leben und gedeihen können, aber sie tun es, und es fällt einem zwangsläufig Oscar Wilde ein: »Man kann alles überleben außer den Tod.«

Wenn es mit dem Leben vorbei war, blieb nur noch die Straße zum Friedhof von Avalon, der wie zum Spaß nach dem Friedhof von König Arthurs Rittern benannt war: Hektar über Hektar niedriger Grabsteine, die das Muster der kleinen Hütten zu wiederholen schienen und auf diese Weise den Kreislauf von Leben und Tod vollendeten. Samstags wurde beerdigt. Die Autos, die zu einer Beerdigung fuhren, schalteten die Warnblinkanlage ein, um kundzutun, dass sie in ernsten Angelegenheiten unterwegs waren und Priorität beanspruchten. Um die Warnblinkanlage einzuschalten, musste man nur auf einen Schalter drücken, aber die teuren Autos, die ineinander fließenden Verkehrsspuren und die tanzenden Lichter wirkten so heiter, dass man auf den Gedanken kam, die Fahrer würden in ihrer samstäglichen Freude mit den Schaltern spielen.

Die Mauern auf dem Weg zum Friedhof waren mit den Namen von Beerdigungsinstituten bemalt. Der Tod war hier ein großes Geschäft; es gab keine Einbrüche; jeder Samstag brachte neue Kunden. Auf der offenen Fläche von Avalon, unter dem hohen hellen Himmel sah man die Gruppen von Männern in dunklen Anzügen und Frauen in Rot und Weiß an frisch ausgehobenen Gräbern stehen. Die Erde war rot und steinig. Manchmal – vermutlich in Abhängigkeit von der Eleganz und den Kosten der Bestattung – war ein kleines flaches Zeltdach nahe bei einem Grab aufgestellt worden, und unter diesem Dach (und nicht wirklich im Schatten) saßen Frauen, die mit der toten Person verbunden waren. Sie saßen auf Stühlen, und manche hatten sich Decken um die Beine gewickelt. Die Decke, sagte Fatima, sei ein zeremonielles Kleidungsstück, sie habe sich aus der Haut der geopferten Kuh entwickelt, in die bisweilen die Leiche gewickelt worden war, um sie warm zu halten.

Die neuen Gräber lagen eng nebeneinander, die Erdhaufen berührten sich nahezu, und jedes Grab war mit einer provisorischen Platte gekennzeichnet, die später vermutlich von einem richtigen Grabstein ersetzt wurde. Auf vielen Platten standen die Daten junger Menschen, die vielleicht von der Aids-Pandemie hinweggerafft worden waren, eine weitere Wendung in der Chronik des Leidens in Südafrika.

Während ich die Weitläufigkeit von Avalon betrachtete und an den unermesslichen Schmerz dachte, den sie repräsentierte, fiel mir ein, was Fatima (und andere) mir erzählt hatte: Dass es ohne die Apartheid kein Anliegen mehr für Südafrika gab, nichts, was seine Schriftsteller erforschen könnten, nichts, was Aufmerksamkeit auf sich zöge, kein wahres Motiv mehr für Verlust und Tragödie. Aber gab es abgesehen von der Apartheid nicht ein tieferes, universelleres Motiv? Etwas, was rein und aus sich selbst heraus weiter existierte? Es sah nicht danach aus. D. H. Lawrence (um willkürlich einen Namen zu nennen) kam heraus aus den Kohlebergwerken von Nottinghamshire und konnte sich dem Rest von England widmen (obwohl er im Grunde seines Herzens ein Provinzler blieb) und dann dem Rest der Welt. Das konnte man von südafrikanischen Schriftstellern nicht sagen: Sie blieben an ihr brennendes Rad gebunden.

Ich fragte Fatima, ob sie glaubte, dass sich die Menschen verändern würden.

Sie sagte: »Unsere jetzige Regierung möchte, dass die Menschen hier weggehen, aber die Menschen wollen nicht. Die Leute klingen noch genauso wie früher, und das Leiden unter der Apartheid wird am Leben erhalten, um Verantwortung abzulehnen. Wenn man keine bessere Antwort hat, sagt man eben das. Davon lebt unsere Filmindustrie: ›Früher waren wir schwarz …‹«

Ich wollte wissen, was sie in Avalon empfand angesichts der Frauen mit den Decken und der Trauernden, die auf den Gräbern tanzten. Was ich sah, war neu für mich, und ich glaubte, dass andere Menschen auch an etwas Unmittelbareres und Persönlicheres denken würden als an die Apartheid.

Sie sagte auf ihre bemerkenswert offene Art: »Es erinnert mich an meine Vergangenheit, an meine Großmutter, die eine weißrote Uniform trug. Ich muss daran denken, dass man auch als Christ einen Ochsen für die Ahnen opfert. An manchen Orten opfern sie den Ochsen oder die Kuh und wickeln die Leiche in das abgezogene Fell, bevor sie begraben wird. Das Tier muss brüllen, damit die Ahnen es hören, aber ich kann das nicht tun. Ich konnte nicht einmal zusehen, wie meine Ziege geopfert wurde, als ich den Hadsch machte.«

Und der Gedanke an die Kuh, die im Tod brüllen muss, war so quälend wie der Gedanke an die Art und Weise, wie in der Elfenbeinküste Katzen umgebracht werden: in einem Sack, der in kochendes Wasser geworfen wird. Und so wie diese Vorstellung in der Elfenbeinküste alles andere unwichtig erscheinen ließ, so verdunkelte hier die Opferung der Rinder alles andere.

7

In Südafrika schwarz zu sein hieß, zumindest potentiell ein Erbe anzutreten. Weiß und empfindsam zu sein hieß, sich zu fragen, welchen Platz man in der neuen Ordnung der Dinge einnahm, und wenn eine Situation zu schwierig wurde, nahezu sofort mit Ideen zu spielen, die vielleicht zu groß waren für das brutale Thema des Überlebens.

Colin lebte mit der Angst. Er sagte: »Es ist extrem schwierig, etwas zu sagen, ohne sich gleich umzublicken. Es gibt überhaupt keinen Diskurs. Ich habe das Gefühl, dass ich unfähig bin zu sprechen, und ich reagiere ständig auf eine Situation, ohne einen Schritt zurücktreten und über die Situation und meine Reaktionen nachdenken zu können. Ich habe mir noch einmal den Humanismus angesehen in der Hoffnung, dort etwas zu finden, woran ich mich halten könnte. Es gibt Afrikaner, die zum Humanismus beitragen, aber es gibt keinen afrikanischen Humanismus. Aber das darf man nicht sagen. Ich lebe mit der Angst und der Lähmung, die eine Folge davon ist. Ich habe das Gefühl zu ersticken. Ich blicke zurück und denke an die 80er Jahre und an den Kampf, das Richtige zu tun. Ich habe gekämpft, weil ich aus einer konfliktreichen Familie stamme. Jetzt ist das nur noch eine Erinnerung, aber diese Erinnerung hält mich aufrecht.«

Die Konflikte in Colins Familie sind das Ergebnis seiner Vorfahren. Er war halb Engländer und halb Afrikaaner. Er hatte eine Großmutter, die viel über die britischen Konzentrationslager während des Burenkriegs erzählte. Er verstand die Wut der Afrikaaner auf die Lager; zugleich hatte er dank seines Vaters einen Sinn für britischen Liberalismus. Mit zwölf wurde Colin zu einem Onkel geschickt, der in einer kleinen Stadt auf dem Land lebte. In diesen Städten war die Rassentrennung nicht ganz so streng wie an anderen Orten, und Colin freundete sich mit einem schwarzen Jungen an, Franz, der genauso alt war wie er. Diese Freundschaft war sehr wichtig für Colins intellektuelle Entwicklung. Colin sagte: »Ich sah Franz und mich und unsere Verbindung als einen humanistischen Augenblick in der Geschichte.« Colin konnte so sprechen, weil er es völlig ernst meinte.

Er erzählte Franz von der Großstadt, und Franz zeigte ihm im Gegenzug die Natur, die Wüste, den Wald und die Heuschrecken. Eines Tages wurde Franz von Bienen gestochen. Colin holte ihm die toten Bienen aus dem Haar: Nach so vielen Jahren war die Erinnerung immer noch frisch.

Dann musste Colin zurück zu seiner Familie. Er wollte, dass Franz und er sich schrieben. Aber das war nicht möglich. Franz bat ihn jedoch um einen Gefallen: Er wünschte sich von Colin ein Wörterbuch und einen Atlas. Weiße Schulkinder hatten diese Dinge selbstverständlich; schwarze Kinder hatten sie nicht. Und Colin hatte das Geld, Franz diese Bücher kaufen zu können.

Über die Angst, die an ihm nagte, und vielleicht auch über seine nicht erfüllte humanistische Sehnsucht tröstete Colin sich mit der Natur und seiner Arbeit hinweg und – völlig unerwartet – »mit der intensiven persönlichen Beziehung« seiner Katze zu ihm.

Ich ahnte jedoch, dass Colins Beziehung zu seiner Katze in Afrika, wo Katzen und Tiere generell gnadenlos behandelt wurden, sogar an einem geschützten Ort wie dem Krüger-Nationalpark, einen ganz neuen Bereich des Leidens eröffnen würde. Colin erzählte folgende Geschichte:

»Vor einiger Zeit fand im Stadion hier ein größeres,

wichtiges Fußballspiel statt. Irgendwann warf jemand eine schwarze Katze in die Hälfte der gegnerischen Mannschaft. Die Katze wurde dabei natürlich getötet, und die gegnerische Mannschaft war empört und sprach von Magie und einem bösen Zauber, mit dem sie belegt worden war. Ich muss immer wieder daran denken, und die einzige rationale Erklärung dafür, die mir einfällt, ist, dass nur die physische Nähe von Tieren und Animismus ein so brutales Verhalten ermöglicht. Und man muss auch wissen, dass zwar alle Gesellschaften Metaphern haben, mit denen sie unangenehme Gefühle oder Frustration oder Zorn mildern, dass aber hier in Südafrika die Distanz zwischen Metapher und Realität sehr gering ist. Während des Wahlkampfs nennen sich der ANC und seine Gegner Kakerlaken, Schlangen und Hunde. Man kann hier schnell Ärger kriegen, wenn man Metaphern benutzt, und in intensiven Debatten fließt echtes Blut, wenn Tiermetaphern verwendet werden. Das macht mir Angst und deprimiert mich.«

1987 war Colin zum ersten Mal in Paris. Er war »völlig hin und weg«. Er sah dort Dinge, zu denen er sich in Beziehung setzen konnte, aber es gab auch Dinge, die er überhaupt nicht verstand. Dennoch, die Erfahrung erschloss ihm neue Perspektiven.

Er sagte: »Wir werden eine sehr gewalttätige postkoloniale Phase durchmachen müssen, um menschlich zu werden. Man muss nicht an einer Universität studieren, um ein Intellektueller zu werden. Hier gibt es organische Traditionen. Biko nannte es *buntu*. Es geht um das Konzept, dass du eine Person aufgrund einer anderen Person bist. Dadurch wünschst du dir, etwas zu erreichen. In diesem Wunsch liegt meine Hoffnung, auch wenn die Idee, etwas erreichen zu wollen, zu Fehlern führen kann.«

Er konnte den Wehrdienst in der südafrikanischen Armee nicht umgehen. Er wurde nach Angola geschickt und musste dort ein Flüchtlingslager bewachen. In den Lagern lebten schwarze Frauen und ihre Kinder, farbige Frauen und ein paar blonde weiße Frauen und ihre Kinder – portugiesische Familien, die von ihren Männern verlassen worden waren.

»In diesem Lager, während wir die verhasste Uniform trugen, wurde mir klar, dass der Mensch eine moralische Wahl hat. Dort waren Männer, die vergewaltigten, ausbeuteten und schreckliche Dinge taten, und dort gab es Männer wie mich, eine kleine Gruppe, die versuchten, den Frauen das Leben zu erleichtern, die bereit waren, alles zu tun, um ihre Kinder zu schützen. In der Armee sah ich moralische Schattierungen. Es gab und gibt immer eine moralische Wahl. Aber ich empfinde das Weißsein als eine Schuld, die man nie zurückzahlen kann, auch wenn man gekämpft hat.«

8

Ich fragte Phillip, ob es in der südafrikanischen Gesellschaft die Vorstellung gab, dass Dinge möglich waren. Ich hielt das für wichtig, sowohl für die Gesellschaft als auch für den Einzelnen.

Er sagte: »Meiner Ansicht nach hat so eine Vorstellung etwas mit Menschlichkeit zu tun. Auf meine eigene kleine Weise glaube ich, dass der Übergang von der Apartheid zur Demokratie, den die Wahrheits- und Versöhnungskommission begleitete, in einem gewissen Maß für Menschlichkeit gesorgt hat. Dabei ging man vielleicht nicht weit genug, und es wurden sicher Fehler gemacht, aber zumindest gab es keinen Bürgerkrieg wie in Simbabwe, wo sie die Weißen loswerden wollten. Das hat uns ein Gefühl dafür gegeben, dass etwas möglich ist.«

Er arbeitete professionell mit einer gemischtrassigen Gruppe. »Ich habe nicht das Gefühl, dass ich hier keine Möglichkeiten habe, nur weil ich nicht schwarz bin. Auf seltsame Weise ist dies ein Katastrophengebiet und dann auch wieder nicht. Vielleicht ist es Verdrängung. Aber als Südafrikaner versuche ich, für mein Land zu tun, was ich tun kann. Ich weiß auch, dass ich in einem beständigen Dilemma lebe: Soll ich weggehen oder bleiben? Manchmal frage ich mich auch, ob das aus der Vergangenheit stammt oder Teil meines jüdischen Erbes ist. Die Familie meiner Mutter kam zu Beginn des zwanzigsten Jahrhunderts, um den Pogromen in Osteuropa zu entgehen. Vor 1994 gab es hier eine große jüdische Gemeinde, aber nach '94 schrumpfte sie dramatisch. Es war wirklich eine dramatische Abwanderung. Viele haben das Land verlassen. Wenn ich das Gefühl habe, dass es keine Hoffnung mehr gibt, wenn ich die Kriminalität, die Korruption und den allgemeinen Verfall sehe, dann komme ich mir vor wie ein weißer Jammerlappen. Aber in meinem Hinterkopf lauert immer die Frage: Soll ich weggehen?«

Diese Freiheit, das Land zu verlassen, war ein Privileg. Colin hatte dieses Privileg nicht.

Phillip sagte: »Als Zuma [seit 2009 der neue Präsident; ein Zulu] an die Macht kam und es die Vergewaltigungs- und Korruptionsvorwürfe gegen ihn gab und er sich wie ein Stammesfürst verhielt, gab es wieder einen Exodus. Ich dachte, obwohl ich Zuma nicht mag, ist es vielleicht gut zu bleiben. Vielleicht bringt er uns mit der populistischen Bewegung im Land in Verbindung.«

Im Gegensatz zu Colin konnte er seiner misslichen Lage keine philosophischen Implikationen abgewinnen.

»Ein Teil von mir sagt, dass es zwangsläufig so kommen musste. Vielleicht ist es eine Ausrede, aber die Leute hier haben so viel gelitten als ›Minderwertige‹, dass sich der umgekehrte schwarze Rassismus einfach einstellen musste, damit auf lange Sicht die Wunden heilen können. Ich glaube, es wird noch eine Generation brauchen, bis sich für diese Lage eine Lösung abzeichnet. Und das kann nur passieren, wenn unser Erziehungssystem verbessert wird. Und das ist ein großes ›Wenn‹.«

Diese Klage war überall zu hören. Das schlechte afrikanische Schulsystem (keine Wörterbücher und Atlanten für Franz) war wesentlicher Bestandteil der Apartheidpolitik gewesen; fünfzehn Jahre später waren die Auswirkungen in der gesamten Gesellschaft immer noch zu spüren.

Phillip sagte: »Im Augenblick verzehrt uns ein Konsumismus amerikanischer Prägung – Einkaufszentren, lange Straßen und Autos, um überall hinzufahren. Es ist schon eine Ironie der Geschichte. Ich ziehe mich immer mehr zurück, weil mir nicht gefällt, was ich in der Stadt sehe. Es herrscht ein Klima der Angst, und ich weiß, wie es ist, in einer Stadt ohne Angst zu leben. Wenn ich in Europa bin, sehe ich, wie eine Stadt sein kann – kleine Läden, Fußgänger, eine Straßenkultur. Nicht jeder geht in ein Einkaufszentrum, und nicht jeder fährt ständig mit dem Auto. An manchen Tagen versuche ich noch immer, zu Fuß in die Stadt zu gehen, weil ich nicht den ganzen Tag im Auto sitzen will, und wenn ich das nicht mehr tun kann, werde ich weggehen müssen. Es gibt eine Bewegung, sich die Stadt zurückzuerobern und die Stadtteile neu zu besetzen, aus denen die Weißen einfach weggezogen sind. Sie sind aus Angst weggezogen.«

9

Joseph war angeblich ein Zulu-Traditionalist. Ich wollte ihn besuchen, um an die religiösen Nachforschungen anzuknüpfen, die ich in anderen Ländern für dieses Buch angestellt hatte. Ich hatte keine Ahnung, was ich zu erwarten hatte. Er wohnte in einem niedrigen Betonhaus in einer Gegend, die man als friedlich gemischtrassig bezeichnen könnte. Das war nicht weiter ungewöhnlich, aber er hielt wie reiche Leute Wachhunde in einem Zwinger aus Maschendraht, und in seinem Hinterhof (viele Plastikstühle dort) und auf der Straße vor seinem Haus standen junge Männer. Sie waren seine Anhänger: Joseph war berühmt und wohlhabend, und seine Anhänger versuchten, zu sein wie er und zu sprechen wie er. Ein nicht unerheblicher Teil politischer und kultureller Ansichten in den Townships ging auf Joseph zurück. Er war in den Dreißigern. Er kannte seinen Ruf. Er redete viel und immer provokativ. Die gepolsterten Stühle in seinem Wohnzimmer waren ein wenig zerknittert; es waren an diesem Tag schon etliche Leute dagewesen. Eine Sekretärin in mittleren Jahren saß vor einem Computer, den Rücken dem Zimmer zugekehrt; sie machte einen Plan oder eine Tabelle mit seinen Terminen. Er war ein viel gefragter Mann.

Er sagte, dass die Weißen die meisten Medien besaßen, und er sprach die wohlbekannte Tatsache aus wie jemand, der sich das Recht zu sprechen verdient hatte. Weiterhin sagte er, dass die ausländischen Medien lokale Traditionen nicht achteten. Das entsprach mehr dem, was man von ihm erwartete, und nachdem wir bei diesem Thema angelangt waren, entspannte er sich und redete drauflos. Er wusste, was Ausländer nicht immer wussten, dass man die Erlaubnis des örtlichen Häuptlings einholen musste, wenn man zum Beispiel in einer bestimmten Gegend drehen wollte, und wenn sie erteilt wurde, musste man dem Häuptling ein Geschenk bringen: eine Flasche Brandy und 200 Rand. Und wenn man seine Arbeit getan hatte, konnte man nicht einfach wieder abziehen. Wenn der Häuptling wollte, dass man zu einem Abschiedsfest blieb, musste man bleiben. Weiße und indische Produzenten begriffen das nicht, und das sorgte für Probleme. Manchmal belegte der Häuptling sie deswegen mit einer Geldstrafe, und sie musste bezahlt werden. So wollte es die afrikanische Tradition, und auf diese Weise wurden eine Menge Fehler aus der Welt geschafft – ein Mädchen zu schwängern, zu stehlen, sich zu betrinken und einen Ältesten zu beschimpfen. So wurden die Gesetze der Weißen vollkommen umgangen. Es war die afrikanische Art.

Dann unterbrach er sich abrupt und fragte mich: »Woher kommen Sie?«

Ich sagte: »Trinidad.«

Er war völlig verwirrt.

»In der Nähe von Jamaika.«

Er sagte: »Bob Marley.« Und dann fuhr er nachdenklich fort: »Der Sklavenhandel.«

Ich sagte: »Ja.«

»Hat sich Großbritannien für den Sklavenhandel entschuldigt?«

Ich sagte: »Es ist schon lange her, und viele Nationen waren beteiligt.«

Er legte den Konversationston ab und hielt eine Rede, die er eindeutig schon oft gehalten hatte: Die Welt wisse nichts über afrikanische Geschichten oder Geschichte oder Traditionen. Andererseits kannten alle afrikanischen Kinder Aschenputtel und Elfen und westliche Soaps und die Geschichte des Westens. Sie seien deswegen »verwirrt«.

Er sagte: »Wir haben unsere Kinder anglisiert, und wir füttern sie mit selektiven Informationen, die immer nur den Westen preisen. Wussten Sie, dass die Leute hier die Lieder vergessen haben, die sie bei Beerdigungen singen? Sie kommen mit fetten Ghettoblastern und spielen am Grab oder bei der Totenwache eine CD. Wenn man ihnen erzählt, dass das Christentum und der Islam von den Kolonisatoren gebracht wurden, werden sie zornig. Auch wenn sie wie die Weißen heiraten wollen und in der Kirche den Mittelgang entlanggehen, ist das eine Folge unserer Kolonisierung. Den einundzwanzigsten Geburtstag zu feiern ist nicht afrikanisch. Wir haben alle unsere Traditionen verloren und tun das Falsche.«

Die Leute waren gegen die Polygamie. Das ärgerte ihn. Er war ein Produkt der Polygamie und hatte keine Probleme damit. In Afrika kam ein Mann auf dreizehn Frauen. »Das war Teil des afrikanischen Reichtums. Unser Reichtum bestand in Land, Frauen, Vieh, landwirtschaftlichen Produkten und Kindern. Als Ältester musste man all das haben, und jetzt gibt es das nicht mehr.«

Er redete; er bestimmte die Themen. Und bald schon sprach er über das Christentum, das er mit afrikanischen – wie er sagte, seinen eigenen – Glaubensvorstellungen kontrastierte.

Er sagte: »Ich bin ein moderner Mann.« Er meinte ein moderner afrikanischer Mann, jemand, der eine große koloniale Last abgeworfen hatte; bestimmte Worte gebrauchte er auf seine eigene Weise. Er sagte: »Ich bin kein Christ. Meine Mutter war Priesterin, und mein Vater war auch in der Kirche, aber sie konnten mir keine Identität geben. Erst als ich mich auf die Suche machte und meine Ahnen fand, bekam ich das Gefühl, dass ich irgendwohin gehörte. Die traditionelle Lebensweise hat mich gerufen, und ich habe Frieden gefunden. Hier gibt es viele christliche Kirchen, und sie alle erdrücken und ersticken unsere afrikanische Identität.«

Wenn man alles zusammennahm, konnte man verstehen, warum er als Zulu-Traditionalist galt und warum er so großen Einfluss auf die Jugend hatte. Eine wenig gebildete Person aus einem Township, die nichts über Geschichte und kaum etwas über ihren eigenen Platz in der Welt wusste, bekam von ihm etwas, woran sie sich halten konnte, und Josephs spezieller Stil machte seine Ansichten attraktiv.

Er verteidigte leidenschaftlich die traditionelle Weise, Kühe und Ziegen zu opfern; Tierschützer hätten hier nichts zu suchen. »Sie schlagen nur Krach, wenn es die Leute mit geringem oder mittlerem Einkommen tun. Sie sollten erleben, wie es ist, wenn ein Bonze ein Tier schlachten lässt. Er macht es in aller Öffentlichkeit, und alle kommen in Autos und Limousinen und Hubschraubern, um an dem Ritual teilzunehmen. Wenn wir eine Ziege schlachten, müssen wir sie viele Male in die Seite stechen, damit das schlechte Omen aus ihr entweicht. Schauen Sie sich meinen Körper an. Er ist übersät mit Narben. Ich bin nicht gequält worden. Ein Hexenmeister hat mich mit einer Rasierklinge geschnitten und die Asche von einer Schlange in die Schnitte gerieben. So machen wir es.

Und als traditioneller Mann muss ich eine Kuh auf unsere Weise stechen und schlachten. Warum wollen Sie, dass das Tier auf eine Weise geschlachtet wird, die Sie für menschlicher halten? Das Tier, das geopfert werden soll, gehört dem Ahnen, und es muss den Ahnen aufmerksam machen, indem es laut brüllt. Ich habe die Schwarzen satt, die unsere Kultur zensieren oder verdammen. Sie tun es, weil sie so geschwächt sind. Sie wissen nicht, wer sie sind und was die Rituale bedeuten. Ich stelle das Christentum ganz und gar in Frage. Wer sind sie, dass sie uns vorschreiben wollen, wir sollen diese Dinge auf hygienische Weise machen? Wir werden schon selbst dahin kommen. Filmen wir ihre Beschneidungen? Warum kommen sie her und bezahlen arme Leute dafür, dass sie ihre heiligen Rituale filmen dürfen? Sie, die Christen, haben die Apartheid erfunden und mein Volk trotz der Bibel versklavt. Ich praktiziere unsere Traditionen. Ich gehe in die Townships, um ein Tier zu schlachten, und wenn das Ritual sehr kompliziert ist, dann gehe ich in das Dorf meiner Vorfahren. Dort habe ich meine heiligen Stätten und verehre meine Ahnen.«

An der Wand in seinem Rücken hing ein Paar Handschellen. Sie waren verrostet, aber nicht sehr alt: Sie waren ein Gesprächsthema, ein Symbol der Sklaverei, über die er so gern sprach. Er sagte, er habe die Handschellen in einem Trödelladen gekauft. Er nahm sie von der Wand und spielte damit herum, als ob er sie zu etwas Harmlosen gemacht hätte. Er fragte mich: »Sind die Dinger älter als Sie?« Ich dachte über die Frage nach, fürchtete eine Falle, konnte keine entdecken und sagte dann, dass ich es nicht wisse. Es musste die richtige Antwort gewesen sein, weil er das Thema aufgab und die Handschellen wieder an die Wand hängte.

Er redete weiter, sprang von den Handschellen zu den

Fastfood-Ketten in Johannesburg. Er fragte sich, warum sie kein afrikanisches Fastfood anboten. Er hatte sein eigentliches Thema erschöpft und willkürlich ein anderes gewählt. Die Fastfood-Leute und alle anderen kämen nur nach Afrika, um Geld zu machen, sagte er, und infolgedessen sei Afrika »ein Sumpf von Kriegen«. Früher habe es Stammeskriege gegeben, aber sie wären wie ein Strohfeuer schnell wieder erloschen. Jetzt, da es keine Tradition mehr gab und die Menschen keine Ahnung mehr hatten, woher sie kamen, hatten sie kaum mehr Achtung für die Gräber ihrer Könige, und die Lage war allgemein beklagenswert. Die alten Gräber der Zulu-Könige – sie wurden in sitzender Haltung und in eine Kuhhaut gewickelt begraben – wurden vernachlässigt.

Er sagte: »Ich finde wirklich, dass wir für unsere Freiheit einen sehr hohen Preis bezahlt haben. Mandela hat uns im Stich gelassen. Er hat den Weißen ihren Reichtum und ihren Lebensstil und ihre Positionen in der Demokratie gelassen. Regenbogennation ist Blödsinn. Die Schwarzen werden noch immer Kaffern genannt, und die Farbigen gehören nirgendwo hin. Sie haben keine Helden und werden ›Wollhaar‹ genannt. Sie mussten den Bleistifttest über sich ergehen lassen – ob der Stift im Haar stecken bleibt oder nicht.«

Es wurde zu willkürlich und oberflächlich. Es war Zeit zu gehen. Er folgte mir auf die Straße.

Er sagte: »Das wollte ich schon immer mal tun.«

Ich hatte keine Ahnung, was er meinte, und dann hielt er mir die Wagentür auf. Seine Anhänger – in Jeans und T-Shirts – standen entspannt im kühlen Nachmittagslicht auf der verkehrsfreien Straße. Er war sich ihrer Zuneigung so sicher, dass er es sich leisten konnte, den Clown zu spielen und mir die Tür aufzuhalten.

10

Auf meiner ersten Fahrt nach (oder durch) Soweto hatte ich Mandelas Haus gesehen, erst von vorn und von der Seite, und dann, als die Straße weiter anstieg, von oben. Es hatte mich beeindruckt. Es war stattlich, aus dunkelroten Ziegeln mit einem Zaun aus dem gleichen Material und einem Steingarten. Dieser Garten passte nicht nach Soweto, und sein Zweck bestand zweifellos darin, den Bewohnern des Hauses zusätzlichen Schutz und mehr Privatsphäre zu gewähren.

Jetzt hatte ich einen Termin mit Winnie Mandela, und an diesem Montagmorgen konnten wir das Anwesen der Mandelas von vorn, durch eines der zwei großen Tore betreten. Fünf oder sechs Wachmänner in dunklen Anzügen waren anwesend.

In der Eingangshalle des Hauses waren viel Kunsthandwerk und Fotos ausgestellt. Die Objekte standen oder lagen auf dem Boden, so wie sie auch auf einem Tisch hätten zur Schau gestellt werden können, und blockierten teilweise den Zugang zu einem Raum, der wie ein Esszimmer eingerichtet war. Bei den Fotos handelte es sich um persönliche Aufnahmen der Familie. Die kunsthandwerklichen Stücke sahen aus wie offizielle Geschenke. Es waren überraschend viele indische Statuen darunter: moderne Versionen indischer Gottheiten, die Gesichter und Körper von Fotos und Filmen beeinflusst und bronzefarben lackiert. Unter den Fotos waren große Aufnahmen von Mandela, manche in Farbe. Er lebte nicht in diesem Haus, aber seine Präsenz war überall zu spüren, und dem Haus fehlte sein Herr.

Jenseits des Esszimmers befand sich ein großer Raum mit

Sesseln, das Wohnzimmer. Eine gläserne Schiebetür stand offen, und ein kühler Winterwind wehte herein. Die Glastür ging hinaus in den Steingarten, in dem ein paar Männer Unkraut jäteten und andere mit Schläuchen wässerten. Ohne das Gießen wäre der Garten so trocken gewesen wie der Rest von Johannesburg.

Wir setzten uns zu dem Mann, der das Treffen arrangiert hatte, und der schlichte Akt des Wartens verlieh Mrs Mandela, als sie erschien, einen königlichen Anstrich. Sie wirkte bescheiden, ihr Körper füllig in einem grauen Hosenanzug, sie trug ihre berühmte Perücke und Perlen um den Hals und an den Handgelenken. Es war schwer, nicht von ihr beeindruckt zu sein, wenn man sie aus der Nähe sah, diese Frau, die man von zahllosen Fotos kannte, in unterschiedlichen Stimmungen, die Frau, die von den großen Ereignissen in Südafrika in gewissem Maß umgangen worden war.

Sie war noch immer voller politischer Leidenschaft, die Ängste, die sie in schlechten Zeiten empfunden hatte, waren ihr nach wie vor nahe.

»Sie haben keine Vorstellung, was der Name Mandela bedeutete. Er bedeutete Inhaftierung und Verhöre. Es gab eine Zeit, als Menschen einfach verschwanden oder von den Sicherheitskräften umgebracht wurden, nur weil sie Mitglieder des ANC waren. Die größte Gefahr bestand darin, dass die Führer im Gefängnis umkamen und die Menschen deswegen den Mut und den Glauben verlieren würden. Deswegen habe ich mich exponiert, und das vorsätzlich. Zu diesem Zeitpunkt hatte ich keine Angst mehr. Wenn man jede erdenkliche Demütigung oder Folter über sich hat ergehen lassen müssen, dann ist nichts mehr übrig. Man hat keine Angst mehr. Eines Abends kamen sie und warfen alle meine Sachen in ein großes Auto, und ich wurde für neun Jahre an einen entlegenen Ort verbannt.«

Sie nutzte die Verbannung und Abgeschiedenheit, um Leute zu rekrutieren und sie im Ausland ausbilden zu lassen.

Es war in Soweto, wo 1976 die Revolution unumgänglich wurde. »Hier hat es angefangen, und ich lebe immer noch hier. Ich denke nicht im Traum daran, mein Volk zu verlassen und in einem eleganten Vorort zu wohnen.«

Sie bezog sich damit indirekt auf die überlebensgroße Statue von Mandela, die auf einem Platz in einer wohlhabenden Gegend von Johannesburg aufgestellt worden war. Sie empfand sie als »lächerlich«, und an dem Tag, als ich sie mir anschaute, spielten zwei weiße Kinder auf den breiten Füßen.

Sie sagte: »Sie dürfen nicht vergessen, dass der Mandela, der reinging« – reinging: ins Gefängnis ging –, »ein Revolutionär war, und der Mandela, der rauskam, predigte Frieden und Kompromiss. Die Statue sollte hier in Soweto stehen, wo alles anfing und wo er lebte. Eine Person schwächt man am einfachsten, indem man sie kommerzialisiert, und das haben sie mit ihm getan. Der Mann, der ins Gefängnis ging, hätte diese Kommerzialisierung nicht zugelassen, ebenso wenig, dass sein Name als Markenzeichen einer Stiftung benutzt wird. Meine Enkelkinder sind zutiefst empört und frustriert über diese Kommerzialisierung.«

Die größere Frustration war der »Kompromiss« der Freiheit in Südafrika. »Wir wurden übers Ohr gehauen. Es war eine Freiheit, die auf Kompromissen und Konzessionen beruhte, und Mandela hat das akzeptiert. Die Beteiligung der Schwarzen an der ökonomischen Macht ist ein Witz. Es war ein Trick, den sich die weißen Kapitalisten hier ausgedacht haben. Sie haben fügsame Schwarze zu Partnern gemacht. Aber die, die gekämpft und geblutet haben, bekamen nichts. Sie leben noch immer in Hütten: keine Elektrizität, keine Infrastruktur, keine Chance auf Ausbildung.«

Wenn sie Mandelas Namen nannte, benutzte sie nie seinen Vornamen Nelson, und sie betonte den Namen Mandela auf zwei unterschiedliche Weisen. Mandela der Revolutionär wurde auf eine Weise ausgesprochen, der spätere Mandela auf eine andere.

Sie sagte: »Ich habe mich sehr schlecht gefühlt, als er mit seinem Kerkermeister De Klerk den Nobelpreis entgegengenommen hat. Warum ist er mit seinem Unterdrücker im Schlepptau hingefahren? De Klerk hat nichts unternommen, um Mandela aus dem Gefängnis zu holen. Die Zeit war reif für seine Freilassung, und wenn es so weitergegangen wäre wie zuvor, dann hätte es sehr heftige Gewaltausbrüche gegeben.«

Wir unterhielten uns über die Wahrheits- und Versöhnungskommission. Ihr Ziel war die Versöhnung der Bevölkerungsgruppen im Land, aber Winnie Mandela (und andere) war voller Verachtung für sie. Sie empfand es besonders für Schwarze, die so viel gelitten hatten, als zu viel verlangt, vor dieser Kommission zu erscheinen und sich selbst für ihren Widerstand zu verdammen.

Sie sagte: »Es sollte eine individuelle Sache sein und nicht der Gesellschaft aufgezwungen werden. Ich halte sie für eine schreckliche Beleidigung der Frauen und Männer, die ihr Leben dafür geopfert haben, die Apartheid abzuschaffen. Sie mussten Rechenschaft ablegen für ihre Taten. Nicht viele Menschen wissen, wie es war, Tag für Tag unter diesem Regime zu leben. Was sie vergessen, ist, dass Schwarze vier

Jahrzehnte lang als Nichtmenschen gelebt haben. Der abnorme Rassismus war für sie zu einer normalen Realität geworden. Die Wahrheits- und Versöhnungskommission war keine realistische Idee. Sie hat Wunden wieder aufgerissen, die sowieso nicht richtig heilen konnten. Man erfuhr etwas über Greueltaten und die Art und Weise, wie die Menschen, die man geliebt hat, gestorben sind. Wie und wo sie umgebracht wurden. Was ihnen und ihren Körpern angetan wurde. Wie kann man so etwas vergeben oder vergessen? Bischof Tutu hat sich diese märchenhafte Sache einfallen lassen. Als er damit zu mir kam, habe ich zu ihm gesagt, dass ich mich nicht entschuldigen würde, damit alle sich gut fühlen, und dass ich überhaupt nicht bedauerte, was ich getan hatte. Ich habe zu ihm gesagt, dass er und die anderen Kommissionsmitglieder nur wegen Menschen wie mir in meinem Wohnzimmer säßen. Es war unser Kampf – das, was wir getan haben und bereit waren zu tun –, der uns die Freiheit gebracht hat. Tutu hat das alles in eine Art religiöse Beichte verwandelt, und er sollte eigentlich wissen, dass Leute, die bereitwillig in die Kirche kommen, um zu beichten, rausgehen und genau das Gleiche wieder tun. So viel zur Beichte, aber andererseits hat der Frieden Helden wie Tutu hervorgebracht.«

Als ich an ihr langes Leben und all das dachte, was sie durchgemacht hatte, kam mir die Frage in den Sinn, wie viel ihr die Stammeskultur der Xhosa noch bedeutete.

Ihre Antwort und ihre Leidenschaft überraschten mich.

Sie sagte: »Ich bin geprägt von meiner Kultur, und ich weiß, dass ich aus dem Land der Xhosa stamme. Ich weiß, dass ich Afrikanerin bin, und von unseren Großmüttern erfahren wir, was wir tun sollen. Die europäische Kultur hat unser Volk beeinflusst, aber unsere Männer gehen noch immer in Initiationsschulen. In meinem Fall war es eine persönliche Entscheidung. Ich will Ihnen ein Beispiel geben. Wenn etwas nicht gut läuft für meine Kinder oder Enkel, fahre ich nach Hause zu den Gräbern meiner Ahnen und bitte sie um Hilfe. Wir glauben, dass unser Ahne mit Gott zusammenarbeitet.«

Als Mädchen wäre sie gern Ärztin geworden. Aber sie wusste eigentlich nicht, was das bedeutete, und sie verlor den Ehrgeiz. »Jetzt gibt es reiche Schwarze, die ihre Kinder auf teure weiße Schulen schicken. Sie wollen, dass ihre Kinder die Ausbildung machen, von der sie geträumt haben, und warum auch nicht?«

Sie war also zufrieden?

»Wenn ich meine Enkel anschaue, komme ich mir vor wie eine Milliardärin. Es gibt nichts Besseres. Aber wenn ich allein in meinem Schlafzimmer liege, dann denke ich an den Todestrakt und die lange Einzelhaft, in die sie dich gesteckt haben, um deinen Willen zu brechen. Das Gehirn vergisst nichts.«

Nicht weit entfernt von Winnie Mandelas Haus stand ein Denkmal, von dem man mir gesagt hatte, dass ich es anschauen sollte. Es war das Denkmal für Hector Pieterson, den zwölfjährigen Schuljungen, der zusammen mit neunzehn anderen im Juni 1976 in Soweto erschossen worden war, während einer Demonstration gegen Afrikaans als Unterrichtssprache in den Townships. Der Protest muss Teil des großen Aufstandes in Soweto 1976 gewesen sein, dem Wendepunkt, über den Winnie Mandela gesprochen hatte.

Hinter dem Denkmal war ein Stand, der Tierhäute verkaufte. Es tat mir leid, das zu sehen. Ich hatte geglaubt, dass der Handel damit in Südafrika verboten war; das Zebrafell war sehr weiß, als wäre es mit einem Bleichmittel oder einem aggressiven Waschmittel gewaschen worden.

Das Denkmal selbst bestand aus einer Trockenmauer und Wasser, das in ein Becken floss: die übliche Metapher für diese Art Denkmal. Ohne das vergrößerte Zeitungsfoto vom Tod Hector Pietersons wäre es nichts gewesen: der tote oder sterbende Junge in den Armen eines jungen Mannes, seine entsetzte Schwester neben ihnen. Zufälligerweise war sie an diesem Morgen da und sprach zu einer Besuchergruppe aus Übersee; als sie fertig war, kam sie zu uns, eine Frau in mittleren Jahren, dreiunddreißig Jahre älter als auf dem Foto, bereit, die Vorfälle jenes Tages erneut zu durchleben.

Trotz der Tierhäute im Hintergrund war die Begegnung sehr bewegend. Dennoch wirkte das Denkmal vergänglich, ging verschwenderisch mit Platz um; dem Foto, dem zentralen Teil des Denkmals, schien es bestimmt zu verblassen, und ich fragte mich, wie lange es dieses Denkmal für echten Schmerz noch geben würde. Es war erst sieben Jahre alt und bereits mehrmals von Kindern aus der Gegend vandalisiert worden, denen architektonische Metaphern nichts sagten. An einem anderen Ort in Soweto, vor einem Café, war das Zeitungsfoto effektvoll und kommentarlos in eine Skulptur umgesetzt worden; sie würde wahrscheinlich länger überdauern.

11

In Südafrika mit seinen vielen Gruppen, seinen vielen Leidenschaften, seinen dauerhaften Spannungen bewegt sich der Besucher, der einen Ruhepunkt sucht, von einer Gruppe zur anderen und wiederholt beständig wie ein Zen-Schüler: »Nicht das, nicht das.« Es ist im Kleinen die Methode von Rian Malans großartigem Buch *Mein Verräterherz*, und die Spaltung seines Herzens – er ist seit neun Generationen Afrikaaner – ist die grundlegende und blutige Spaltung zwischen Schwarz und Weiß. Das Buch beginnt mit einem kurzen und unvollständigen Bericht über einen Vorfahren im achtzehnten Jahrhundert, der sich gegen Gesetz und Brauch auflehnt und mit einer Sklavin davonläuft. Als der Vorfahre wieder auftaucht, ist die Sklavin nicht dabei, und überdies ist er zu einem überzeugten Anführer der Weißen geworden. Der Autor nennt keinen Grund dafür; die Akten nennen keinen Grund dafür; es gibt nichts über das Leben des Vorfahren mit seiner schwarzen Geliebten. Die Sache ist ein Rätsel, und *Mein Verräterherz* suggeriert, dass das Schwanken des Autors selbst diese Qualität des Rätselhaften hat.

Die ungewöhnliche Methode, vor- und zurückzuspringen, von Autobiographie und Reportage, funktioniert, weil Rian Malan ein Meister der Landschaft und ein Meister des Erzählens und der lebendigen Sprache ist, die aus einem vollen Herzen und einem wachen Geist strömt. Doch ein Buch ist ein Buch; es stellt narrative Ansprüche. Die Vor-und-Zurück-Methode trägt ein Buch nicht bis zum Ende; es braucht eine Auflösung. Der Leser muss mit dem Gefühl entlassen werden, dass etwas einen Sinn hat, dass etwas erreicht wurde. Rian Malan ist Schriftsteller genug, um das zu wissen. Er brauchte zwei Jahre, um fast das gesamte Buch zu schreiben, doch für die letzten paar Seiten brauchte er sechs Monate. Die Sprache konnte nicht das Problem gewesen sein, das Problem musste die Auflösung des Materials gewesen sein, das der Autor uns unterbreitet hatte – es ist ein großes Problem in seinem Buch wie im Leben.

Als wir uns darüber unterhielten, sagte er: »Es ist eine Geschichte von Opfern. Außer Mandela, der stolz gelitten hat, gibt es keine wirklichen Helden. Es gibt niemanden, der es ausspricht. Die Apartheid ist vorbei, und vor einem gähnt der Abgrund, und man kommt nur durch arbeiten, arbeiten, arbeiten heraus.« Er war kein Bewunderer von Winnie Mandela, aber seine Haltung zur Arbeit (die auch die Einstellung von Joseph Conrad ist) hätte mit ihrer übereingestimmt. (Aus *Das Herz der Finsternis*: »Ihre Redeweise jedoch war die gemeiner Freibeuter: sie war dreist, ohne tapfer zu sein, gierig ohne verwegen und grausam, ohne mutig zu sein; in der ganzen Rotte war kein Deut Umsicht oder ernster Planung zu finden; und dass es dieser Dinge zur Arbeit in der Welt bedurfte, dessen schienen sie sich gar nicht bewusst zu sein.«)

Rian Malan sagte: »Ich bin besessen von dem, was nach der Apartheid kam. Ein Erbe der Apartheid ist, dass wir das einzige Land sind, in dem die Wirtschaft funktioniert und solide Wolkenkratzer die Skyline beherrschen. Der Rest von Afrika ist eine Katastrophe. Wenn diese afrikanischen Länder wissen wollen, wie es geht, sollten sie sich Südafrika ansehen.«

Mein Verräterherz endet mit einer Parabel (der Autor selbst benutzt das Wort). Es ist die Geschichte eines weißen (oder englischen) Paares, das durch ein Leben harter Arbeit und Selbstaufopferung in einer verlassenen und trostlosen Gegend versucht, in das Herz Afrikas vorzudringen (wenn man es so ausdrücken will). Aber nichts bei Rian Malan ist, wie es scheint, und diese Parabel eines scheinbaren Triumphes ist eigentlich die Geschichte einer Tragödie, zweier verschwendeter Leben. Doch Rian Malan, der dies eingesteht, erhebt sich auf seine unbeugsame Art über die Geschichte und legt nahe, dass dies ein Weg in die Zukunft für das weiße Südafrika sein könnte: ein Land, in dem es keine Garantien für die Weißen gibt.

Das Paar in der Parabel sind Neil und Creina Alcock. Sie ziehen auf ein Stück Kirchenland an der Grenze des weißen Südafrika und betreiben die Art einfache Landwirtschaft ohne Maschinen, die für Afrikaner anziehend sein mag. Es ist ein fürchterliches Stück Land. Es wird nie – wie Teile des weißen Farmlands – aussehen wie Zentralkalifornien. Es ist felsig und trocken, und immer wieder kann eine Dürre die Arbeit von Jahren vernichten. Das Land muss zu viele Menschen ernähren. Und in diesem Grenzgebiet herrscht der Hass: der Hass der Weißen auf die Schwarzen und der unvernünftige Hass der Zulu-Fraktionen untereinander, der nicht selten in Krieg mündet. Dennoch bewirtschaften Neil und Creina dieses wenigversprechende Land, bis die Kirche (die ihren eigenen Krieg führt und Creina nicht vergibt, dass sie afrikanischen Frauen die Antibabypille gibt) sie fortschickt. Sie haben Glück, erhalten hundert Kilometer entfernt ein Stück Land von einer südafrikanischen Firma und fangen dort von vorne an.

Zuerst wollen sie eine Vieh-Kooperative gründen. Die Weidefläche könnte in dem stark erodierten Land in Segmente unterteilt werden, und die Wiesen könnten sich erholen. Doch die Zulus neigen traditionell zu Viehdiebstahl; Hunderte nicht bewachter Rinder wären eine große Provokation. Die Idee der Viehkooperative wird wieder aufgegeben, und Neil und Creina versuchen stattdessen, ein sich selbst tragendes landwirtschaftliches Projekt zu entwickeln. Für das Wasser sorgt der Fluss; sie installieren experimentelle Solarkocher und eine Biogasanlage. Das Projekt verfügt über elf Hütten im Zulu-Stil: Lehm, Steine und Stroh. Neil und Creina leben von fünfzig Dollar im Monat. Besucher kommen, manche verbringen eine Nacht in einer der Hütten, und es sieht so aus, als würde das schwierige Projekt glücken.

Die einzige Bedrohung für Neil scheinen die weißen Farmer auf der anderen Seite der Grenze darzustellen. Ihrer Ansicht nach lässt Neil den Afrikanern zu viel Unterstützung zuteil werden, insbesondere in Zeiten der Trockenheit, wenn er Grenzzäune einreißt und die Rinder und Ziegen der Afrikaner auf den üppigeren Wiesen jenseits der Grenze grasen lässt. Doch Neil scheint zu beiden Seiten der Grenze eine Art Narrenfreiheit als Verrückter zu genießen. Und als ihm tatsächlich Gefahr droht, kommt sie aus einer völlig unerwarteten Ecke: von einem Zulu-Krieg, der eigentlich keinen Grund hat und in erster Linie Ausdruck der Freude der Zulus am Kämpfen ist.

Und – die letzte schreckliche Ironie der Geschichte – weil er einverstanden ist, den kleinen Zulu-Krieg zu beenden, wird er in einem Hinterhalt getötet. Die Krieger einer Fraktion haben sich hinter Felsen am Straßenrand versteckt und zielen auf ihn, den Friedensstifter. Er wird in den Nacken getroffen, öffnet noch die Tür des kleinen Busses und fällt tot auf die Straße.

Das Leben wird schwer für Creina. Eine Witwe in Afrika ist nichts wert, und Creina verliert alle Autorität, die sie als Neils Frau hatte. Kleine hungernde Jungs, die sie aufgenommen hat, wenden sich gegen sie und bestehlen sie. Sie stehlen ihren Kassettenrecorder, ihre Schreibmaschine. Sie stehlen das Geld, zweitausend Dollar, die sie beiseite gelegt hat, um die Frauen auf der Farm für die Perlenarbeiten zu bezahlen, die eine wichtige Einkommensquelle sind. Jetzt muss sie sie in Raten von ihren fünfundsiebzig Dollar Gehalt im Monat bezahlen. Es ist leicht, Creina zu bestehlen, ihre Türen haben keine Schlösser. Und es wird noch schlimmer. Ein Mann klagt sie fälschlicherweise an, acht seiner Ziegen getötet zu haben. Er will Geld für seine Ziegen; sonst wird er sie töten. Leute, die sie kennen, flehen sie an, die Farm zu verlassen. Aber sie will nicht.

Sie sagt zu Rian Malan: »Wenn man wirklich in Afrika leben will, dann muss man in der Lage sein, hinzusehen und zu sagen: ›Das ist der Weg der Liebe, diese Straße entlang. Schau genau hin. Dorthin wird sie dich führen.‹«

Das ist die Auflösung dieses wunderbaren Buches. Sie ist nicht leicht zu akzeptieren. Creina ist so viel feiner als die ungehobelten Leute, die sie ausbeuten. Vielleicht besteht das Problem darin, dass »Liebe« nicht definiert ist. Ohne diese Definition kann man Creina nur schwer folgen, wenn sie zu Rian Malan sagt: »Ich glaube, Sie werden verstehen, was ich meine, wenn ich Ihnen sage, dass Liebe nichts wert ist, solange sie nicht von ihrer eigenen Niederlage einer Prüfung unterzogen wird.« Vielleicht findet der Autor in dieser Parabel sogar einen Weg, etwas sehr Schwieriges auszudrücken: dass nach der Apartheid eine Lösung nicht wirklich möglich ist, solange die Menschen, die sich Afrika aufdrängen wollen, nicht einen essentiellen Teil ihres Wesens hintanstellen.

März 2008 – September 2009